U0579353

曾智中 著

三人行

鲁迅与
许广平、朱安

四川文艺出版社

图书在版编目（CIP）数据

三人行：鲁迅与许广平、朱安 / 曾智中著. 一成都：
四川文艺出版社，2020.1
ISBN 978-7-5411-5450-8

Ⅰ.①三… Ⅱ.①曾… Ⅲ.①传记小说－中国－当代
Ⅳ.①I247.5

中国版本图书馆CIP数据核字（2019）第235149号

SANRENXING LUXUN YU XUGUANGPING ZHUAN

三人行：鲁迅与许广平、朱安

曾智中　著

责任编辑　余　岚
封面设计　叶　茂
内文设计　史小燕
责任校对　段　敏
责任印制　唐　茵

出版发行　四川文艺出版社（成都市槐树街2号）
网　　址　www.scwys.com
电　　话　028-86259287（发行部）　028-86259303（编辑部）
传　　真　028-86259306

邮购地址　成都市槐树街2号四川文艺出版社邮购部　610031
印　　刷　四川华龙印务有限公司
成品尺寸　145mm×210mm　1/32
印　　张　12.75　　　　　　　字　　数　320千
版　　次　2020年1月第一版　　印　　次　2020年1月第一次印刷
书　　号　ISBN 978-7-5411-5450-8
定　　价　49.80元

|国内首部鲁迅婚恋传记|

代序

一代人有一代人的心事

曾智中

1983年夏天，我开始留心鲁迅的情感场域并动手搜集有关资料，开始是想写鲁迅与许广平，1985年时又关注起朱安来。1986年5月中国青年出版社来蓉组稿，谈及这一写作计划，他们要我写一提纲，后提纲通过。1987年3月底，中青社为此邀我赴海南参加全国传记文学会议。会后的大半年遂专心从事此书的创作，年底脱稿，一次就通过了出版社的一、二、三审。以后出版陷入危机，但中青社的许多老师对此稿已很有感情，始终不愿放弃，几经曲折，终在1990年秋天出书。

这本书在当时产生过相当影响，时过境迁，此不必向今日读者絮叨。不过有一个"坎"是绕不过的，创作本书时，我曾多次考虑过是否要向鲁迅先生之子海婴老师请教。"一切由自己判断和负责！"这古怪执拗的念头使我终于没有这么做。后来又收到了精装本，丑媳妇总要见公婆，踌躇再三，我最终还是呈他一册。

大约半月后，收到回信，信末署"海婴　九二年四月一日"。他说——

　　昨日到单位取到你寄来邮包，内有你大作《三人行》精装一册。看到此书十分欣喜，因为数月前在杂志上看到介绍此书的广告，我托北京鲁迅博物馆购买。他们说买不到，因而感到十分遗憾。今天得书，稍稍一翻，就感到你花费许多心血，实在不易。近来开会，待有完整时间，当拜读一遍。

他的鼓励，使我的不安之心趋于平和。

这本书最后一页有一注释："朱安居室，许多年中一直被用来存放书箱。近年此屋已恢复朱安居住时的原状，可惜无说明与介绍。"这是我前几年所看到的情况，现在，海婴老师告诉我——

　　从文后注释看到，北京故居朱安女士的居室，现已恢复原貌，她睡的床曾由×××家××拿去，故居以新床换回。特此奉告。

考虑到海婴老师是许广平先生所生，而朱安女士是鲁迅研究长期的一大禁区，不由人不肃然起敬，联想起其母之风仪。当年许寿裳为鲁迅做年谱，拟将朱安写入，征求许广平的意见，她回答："朱女士的写出，许先生再三声明，其实我绝不会那么小气量，难道历史家的眼光，会把陈迹洗去吗？"

此为仁者之心，源于崇高心性，发乎深刻良知，超越宽广空间和辽远时间，历久而弥新。

又不禁想起1946年8月22日朱安写给海婴的信，她不识字，是请人代的笔——

> 你母亲七月廿日来信，我已收到了。谢谢他（原文如此。——笔者注）对我这样费心。钱汇来时，我也有信去过，想已收到了吧！北平物价曾一度低落，最近恐怕又要涨，大米，最次的一斤要七百多元，白面次的要六百元左右，小米三百多元，玉米面二百多元一斤，煤球一百斤两千六百元，劈柴一百多一斤。近来时局又不乐观，人听了总要难受的。事情我一个人又做不了，总要用个人，每天最少就要两斤多粮食，别的零用还不算，我前存的一点粮食也快完了。北平近来时时大雨，房子也要修理，昨天瓦匠来看过，最低要三万余元，每一个大工每日工资五千元，小工三千元之多。我的脚已好啦！不过多走了路还是要痛的。咳嗽、气喘不容易好的，三五天总是要犯的。我现在花点钱实在难受，总要你母亲这样费心，但是总实在不经花，又总是不够用。我记得李先生（指李霁野，鲁迅的学生、友人。——笔者注）每月送五十元，还可以够花，现在只买一个烧饼，真有点天渊之别。你同你母亲有没有最近的相片，给我寄一张来，我是很想你们的……

这是镌刻在历史阴面的铭文，沉郁暗哑，与前述文字同读，令人百感交集，又无从言说。

许广平先生、朱安女士、周海婴先生均已作古，抄录他们这些遗言，揣摩他们的心事，感同身受，不是一件愉快的事情。

3

日暮散步，道旁有构树，6月初才见它挂果，6月底就见它落果，这也不是一件愉快的事情。

本书初版，笔者在作者小传里介绍自己："业余研究鲁迅，深感此事的迷人与累人，故此书一出，或一发不可收，或洗手不再干，这里都难预料，所以只有请读者诸君——走着瞧了！"

石火电光，岁月流走，我果真再不言此事，金盆洗手了——无他，"迷人"隐，"累人"显而已。

使我重"累"的是已故的出版家吴鸿先生，他惦记着这本书——大约是前年秋天，在商业街口求知书店的店堂内，他对我和我妻子说，应该把《三人行》重新出，你们来找我。

见他太忙，不忍给他添事，就一直没有找他，一直拖到他在远天远地做了不归家的旅人。

偶然和四川文艺出版社总编辑张庆宁女士谈及，她以职业的敏锐立即判定了其中的价值，大力推动。

文艺社的诸位老师出力不少，特别是责任编辑余岚老师付出心血最多，在此谢过。

近年来，每周六下午，我和冯至诚、张义奇、谢天开、雷文景、董维微、彭雄、王跃诸文友在北书院街老街边茶馆茗谈雅集，他们对本书的修订也贡献良多，在此也一并谢过。

此次重新出版，听友人忠告，做了一些修订。主要的工作是依据新的研究成果订正了相关的史实：如许广平生子，她说鲁迅送了她一盆盆栽的小松，鲁迅日记中明确记为云竹，径改；鲁迅、周作人兄弟家庭冲突，川岛回忆是老二用铜香炉向老大抛来，许寿裳回忆是远远地用一本书掷来，显然许说更合情理；对杨荫榆女士，新增注释，试析其一生功过是非。等等。

改正了一些说得过头、过满的话头，特别是一些花哨之处。

相当于朱安的遗书的补入，也是初版所无——相信读者自会留意。

本书初版时，我的妻子非常振奋；此次重出，她平淡如水，很少言及——想想这也正常，太多的人关心有关鲁迅的枝枝叶叶、是是非非的时代已经翻篇了，一代人有一代人的心事。

但我无法像她这么坦然，修订这部旧稿，当年心事历历在目，试抄两段当初在讨论这部作品的讨论会上自己的发言——

这本书从酝酿到写成之时，正是中国大地上改革开放的春潮涌动之日，思想解放的春风吹散了鲁迅研究中种种"左"的迷雾，阳光灿烂，心灵之门洞开，精神之鸟自由飞翔！以后每当世事纷繁、心情忧郁、无所事事时，我都会情不自禁地回想起写作此书的那些日子——那些个心智舒张、精神丰满、灵魂生气勃勃的日子！

我想谈谈传记文学的当代性问题。我们的许多传记文学，是"传记"而非"文学"，作者关注的是历史的风景线而非当代人的心灵风景线，失去了作品的当代品格，自然被当代读者弃于视野之外。

我写《三人行》，却渴望当代读者能接纳它。要做到这点，必须使历史的风景线与当代人的心灵风景线重合，使二者产生感应与交流。

但这种重合、感应与交流，又不应是肤浅的、简单的类比，而应具有一种本质性的生命的本体意义；同时在表现手法上应该有传统的，也应该有当代的，甚至前卫的即称得上具有文体探险意义的种种文学试验，我们都没有理由拒绝。

这些言说，早已随风飘零。今日录之，如面陌生过客，鲁迅所言"广大的虚无"，莫非如是？

2018年夏草于锦城抚琴台之西

目录

1   楔 子

3   第一章 破落与困顿

17   第二章 "礼物"的筹备

35   第三章 "母亲娶媳妇"

56   第四章 寂寞与孤独

74   第五章 烦苦与怆恼

108   第六章 从"广平兄"到"小鬼"

134   第七章 "广平少爷"

147   第八章 "害群之马"

173   第九章 "向着爱的方向奔驰"

194　第十章　大波与大爱

228　第十一章　海边的"傻孩子"

274　第十二章　碧月照大夜

299　第十三章　第一次离别（1929年5月—6月）

311　第十四章　小红象

324　第十五章　第二次离别（1932年11月）

332　第十六章　夫与妻之间

358　第十七章　尾声：历史与文献

390　初版后记　黄昏中的沉思

楔子

银色柔波一浪一浪，热情吻着灰褐色沙滩赤裸的胸脯，有暖暖长风从大海之东拂来——那里灿烂阳光在波浪上流淌，东海正涌动着深不可测的蓝色幽光。

穿蓝洋布大衫、个头略矮、瘦削的中年男子走过来。

海风梳立他黑硬的发，理直他浓浓的一字胡，深陷的眼窝中有两片亮的海在闪烁，手中捧着一大把色彩斑斓的贝壳。

一群赤脚渔夫越过他，向鼓浪屿方向的大海走去，咿咿呀呀唱着一首难懂的闽南情歌，词句模糊，在九月深远的海空下弥漫。他眼中的海顿时变得更亮，手中的贝壳也变得更斑斓夺目。

轰—— 一声笨重粗鲁的嚎声传来，他不禁惊愕地望去。

原来是一匹污黑蠢拙的猪，正在向一片美丽的相思树进攻，横扯竖拉，将枝叶胡乱塞进挂着长长涎水的嘴筒。

“相思树叶子是不该给猪啖的！”

他丢下贝壳，愤怒地冲上前去，向那畜生头上狠狠一脚踢去。

猪退了，人胜了！

“哈哈，你怎么同猪决斗起来了？”恰好这时，他的一位同事路过，嘲讽的目光在近视眼镜的玻璃片后面闪烁着。

他并不搭话。

"哈哈——"眼镜的笑声愈加洪亮爽朗。

他回答了，冷森森地——

"老兄，这话不便告诉你……"

……

第一章 破落与困顿

有谁从小康人家而坠入困顿的么？我以为在这途路中大概可以看见世人的真面目。

——鲁迅

1

1893年，苏州阊门码头。暗绿色河水中泊着各式的大小舟船，其中最惹眼的是本年浙江乡试主考殷如璋大人所乘的官船。他是阴历七月二十以后路过这里的，因为此地不是自己的主试之地，他对来客也就不大回避。近几日内，就有许多心事重重、神情复杂的客人，踏过那闪悠悠的跳板，来到这宽绰的官船上，与舱房里的主考大人畅叙。末了，当他们又踏过那闪悠悠的跳板走向码头时，神情就明朗得有如沉沉河水上那一抹明晃晃的阳光了。

七月二十七，副主考周锡恩前来拜见主考大人。两人一边饮茶，一边品评苏州诸园各自的妙处。正在兴头之上，家人揭帘进来，呈上一个大信札。

"老爷，刚收到的。"他的神态有些拘谨。

"知道了！"殷大人就势将信掷到茶几上，朝他拂了拂袖子，"退下吧——"

副主考不经意地也了乜信封，端起了茶碗。

"锡恩兄！"殷大人亲切地呼道，"不知你以为沧浪亭的妙处如何？如璋以为它不像其他园子深藏密闭，而是复廊漏窗，疏朗开敞，内外一气，自成格局。"他边讲边闭上双目，下颔频点，似回味无穷。

突然，一声大喊如滚雷般轰进舱来，"老爷，银信为什么不给回条啊？"

副主考一怔。

"大胆！"殷大人拍案而起，满脸怒容，朝舱外大喝一声，"给本官将来人拿下！"

"大人有事，锡恩就告辞了。"副主考放下茶碗，不紧不慢地说。

"锡恩兄！"殷大人一把抓住他，将信硬塞到他手中，"此书还烦你启视，否则……"

副主考也不推辞，撕开封皮，展视，神色大变——

这是丁忧①内阁中书、浙江会稽②人周福清贿买考官，打通关节的一封密函，称已联络地方望族五姓子弟，共出银子一万两，收买主考官，以取中举人；并附银子期票和五姓子弟名单，还约定了作弊的暗号。

怒不可遏的殷大人，当即将信及一脸蠢相的送信人交给副主考，托他一并移交给苏州府查办，以明自己的心迹。

当这一干人踏过闪悠悠的跳板时，船头上的主考大人有点怅然若失，他分明又看到了昨天从昏暗暮色中走上这跳板的周福

①　旧时称为父母守丧为"丁忧"。
②　即绍兴。

4

清——那老头啊……

送信人后移押浙江，审讯中供称，他叫陶阿顺，本是绍兴城中陈顺泉家佣工，今年七月间，周福清向陈顺泉借他去伺候。七月二十五至苏州，二十七周福清将信交给他，嘱送至殷主考船上……因此无罪释放。

周福清自首投案，最后判为“斩监候，秋后处决”。依大清律例，如秋后不予处决，则可再拖一年。

其子周伯宜也被拘押，因“并不知情”，故只受“斥革”处分，但从此不许再参加科举考试。

其长孙为周樟寿（后改名为周树人），一场地塌天崩般的家庭大变故，正向这位小康人家的大少爷、书香门第之子的头上压来——这时，他只有十二岁！

2

一弯瑟瑟冷月悬于寒江之上，素白的淡光将那艘乌篷船的身影衬得更黑，像是一个黑纸盒，在迷蒙的水汽中一沉一浮，一浮一沉。

船是天黑尽时才从绍兴划出的。“船头脑”[①]坐在后舱一边用手使劲划楫，一边抓紧用脚蹋桨，船头激起了汩汩水声，桨则发出了沉闷的嘎吱嘎吱声。

中舱，樟寿靠左，郁闷地坐着，两只瘦手托住下巴，凝视坐在对面的阴沉的母亲。几个匆忙中收拾好的布包，横在母与子之间。

十岁的二弟櫆寿[②]卧在前舱，将手伸出舷外，拍打着流水。

① 绍兴俗语，指专门以摇船为业的师傅。

② 即鲁迅二弟周作人。

"头脑！"母亲打破了沉默，对后舱轻声而沉静地吩咐，"不要向谁提起我家这两个男丁。"

"好的。就当今晚没这码事。"

"老二！"她朝向前舱。

櫆寿并不吱声，只管自个儿玩水。樟寿连忙爬过去，轻轻搂住他的小肩头。兄弟俩平素感情极深，所以他并不挣扎，反而就势依偎在大哥怀中。

樟寿觉得弟弟的手凉津津的，连忙牵起衣襟替他揩拭。

弟弟乌亮的小眼珠幽幽地闪着，樟寿觉得好像是看到了天边那凄楚的小寒星。

母亲暗黑的大眼睛沉沉地泛着泪光，樟寿觉得好像是望见了半空中那惨白的大星星。

"老大，老二！去大舅家躲躲。这可不比以前……端别人的碗，分别人的饭……耍不得娃娃脾气……不过，也不必太低眉顺眼呢……少吵，少哭，多吃，多想……"

绍兴到皇甫庄是三十里水路，母亲的话像潺潺的流水一样，一直在兄弟俩的耳边鼓涌着。

3

硕大的麻纱帐子垂在雕花大床上，帐门紧闭。淡淡的一缕烟香从帐子中钻出来，飘飘冉冉，满屋游荡，帐内一盏烟灯红亮着。

樟寿轻手轻脚走进屋来。

"舅！"

樟寿轻轻地唤着，也不敢去揭帐子——大舅父嗜好鸦片是很有名的，终日不下床，床下那双干干净净的布鞋就是明证。

"嗯……"帐内含含糊糊地应了一声。

"舅！"樟寿又叫了一声，因为他太难见到大舅父一面了。

咚咚咚，舅母端着早餐踏进屋来。她是后妻，没有为舅父生有一男半女，所以终日是一副寂寞的脸相。她一声不吭到了床前，撩开帐子，乒乒乓乓，将饭菜在床边的矮桌上排列开来。

舅父打了一个大呵欠，多毛的瘦腿从被子下伸出来，撑起身子，只着短衣短裤，就伏在矮桌上大嚼起来。

有许多饭粒从他嘴边漏到床上，樟寿看着有些厌烦，就说："舅！我走了，您老请慢慢吃。"

"嗯……"这次的回答还是这样含糊，但眼神却再清晰不过了，是一团鄙夷不屑的恶白。

樟寿的心一沉，但还是尽量挺直矮墩墩的身材，镇定地往屋外走。

"讨饭的！"身后传来舅父舅母的嘟哝。这一年中，他已听了许多这样的冷言冷语了。

他孤零零地跑到河边，独自钓了很久的虾。好像虾子也惧他似的，好半天才得到一两只，伶仃地躺在小瓷碗底。

后来来了几个赤脚的农家孩子，他们将自己钓到的虾全倾在他的碗中。

瞧着那活泼热闹的虾族，他心中痴痴地想：虾们也比我幸运啊！

4

"我们还是回去吧！"

樟寿热泪滚滚地对前来探望的母亲说。

鲁瑞眼圈也红了，使劲地点头——是时，祖父看到自己牵累全家人受难不是办法，就硬着头皮到了杭州府投案。主犯自首，别人的干系相对就减轻了。

跟着母亲，深受刺激的樟寿与二弟离开舅父，回到了风雨飘摇的家中。

周家祖居老台门黑漆竹丝台门的上方，从前曾挂着祖父的蓝底金字的"翰林"匾，现在被取下来了。

家中卖掉了二十多亩水田，才打通了官府的一些关节，免祖父一死。但他还是被关在"斩监"里，不知"候"到何年何月，才会有一个明确的结局。因此他老人家的一呼一吸自然成了压在全家人心上的一块巨石。

父亲周伯宜虽然无罪开释，但年轻时苦读争得的秀才功名却被革夺了。他心境恶劣到了极点，饮酒，吸大烟，丢筷子，摔碗，终于弄到了有一日——

哇！

一大口鲜血，汪汪地从父亲口中喷涌而出，溅到地上，渍成红浸浸的一大洼。

家人急疯了，连忙抱来一锭硕大的墨，在那硕大的砚台中，轰隆隆地研。

墨汁翻着乌黑乌黑的泡沫，倾入茶里，匆匆递到了他的手中。

深深的黑盖过了嘴皮上殷殷的红。

据说陈墨可以止血！这只是中国传统的"医者意也"学说博大精深的小例证而已。

待了几日，父亲好像稍稍有了一点精神。有一天，在大厅明堂里同两三个本家聊起话来。

"唉！"一位长者长喟一声，"甲午一役，我大清竟不敌弹丸岛国，思之使人悲愤莫名。"

"唉！"众人也叹息起来。

父亲青白的脸罩上了一层暗影，木然地发了一阵愣，艰难地掉过头来，摸了摸樟寿圆乎乎的脑袋瓜，然后有气无力、断断续续对他妻子说："我们有四个儿子——我想——将来可以将一个往西洋去——一个往东洋去留学——"

宽眼睛、大嘴唇、性格强毅的鲁瑞使劲地点头。

伯宜瘦削的黄脸上泛起了温和的笑意，呆滞的目光久久停在大厅上方那块写着"德寿堂"的匾上，停在两旁柱子上的对联上——

> 品节祥明，德行坚定
> 事理通达，心气和平

这目光像刀子一样，在樟寿脑海中刻下了深深的痕迹。

没过多久，家人惊恐地发现父亲的腿肿胀起来，轻轻一按就是一个窝。

5

"老大，你把这件狐皮女袄拿到质铺去当了吧！"

"好的。"他沉静地答道。

"你可愿意？"母亲凄苦地问，她想起了充满痛楚的那句绍兴乡谚"穷死莫去当，屈死莫告状"，想起了樟寿这两三年中进出当铺所受的奚落与白眼。

"愿意。"他依旧是那么沉静地答道，默默地接过包袱，默默地向东咸欢河沿的"恒济当"走去——这家当铺的老板夏槐青是祖父旧交，以前祖父为官时，夏老板与他称兄道弟，逢年过节，还互有赠礼，星星沾了月亮光，连樟寿也被尊奉为"王子"……

几位衣着鲜明，潇洒风雅的公子，见了樟寿，停下，指指点点，窃窃私语。

樟寿佯装不知，浓眉一挑，步履沉重，继续走自己的路。

很远就可以看见"恒济当"门前左面的墙壁上，有一个两三米见方的硕大无朋的"当"字。以前樟寿一看到它，就有些心悸，现在见惯了，也就木然了。

当铺四周有高大坚固的围墙，用整块整块的石板做墙脚，俗称"包沿火墙"。它一防邻居失火，二防挖洞偷盗，用心不可谓不周密。

门框用大石条砌成，门用铁皮包着，漆成黑色，百姓称为"石库台门"。

门框上方挂着一块长方形的黑底金字招牌，上首横书"恒济"二字，正中是一个大"当"字，赫然地占了招牌的四分之三的地盘。

樟寿跨进大门，穿过天井与廊檐，高而黑的柜台就扑入了眼中。

他一辈子都记得这柜台，像个黑乎乎的大怪物，高得异乎寻常，有自己身长的两倍，须仰着头才能把东西往上送。

从柜台上铁栅栏窗口中探出一只长爪来，一把抓去了他的小包袱。

"哦！又是周家的！"传来了坐柜的朝奉①的嘟哝声。

半晌，一张当票掷了出来，上面写着比草书还难辨的张牙舞爪的当票字。这种字相传是明末的傅山先生所创，它的最大妙处是当户都认不得。

"先生，请念念。"樟寿踮起脚，郑重地将当票递进窗口。

"羊皮烂光板女袄一件——"朝奉的声音悠悠扬扬，尾音延长了许多。

"是狐皮！"樟寿幼稚的嗓音中已隐隐透出一种稳重。

"哦？我再看看——对，是狐皮的——狐皮烂光板女袄一

---

① 当铺职员的代名词。

10

件——"这次，朝奉将"烂光板"三字咬得特别重。

樟寿接过当票，也不再申辩——申辩无益，再好的东西落进当铺，马上就会破旧，不然当值怎能压低呢？他年龄虽小，当龄却长，自然通晓了这其中许多的机关埋伏。

当他从账房先生手中接过典当来的钱时，夏老板捧着白铜水烟袋踱出来了，一看，神采飞扬地叫了起来："唉！又是周大少爷。尊府真不愧为翰林府，拖到如今，还有狐皮袍子让我们开眼界……哈哈……哈哈……"

樟寿身上起了一层鸡皮疙瘩，一阵悲凉直透心中。他渴望想出几个刻薄的词来，叫这老狗也难受难受，但他想不出，只得快步奔出铺外的街上，让那快包不住的眼泪痛痛快快地流淌下来。

他捏着从侮蔑的典当中得来的钱，急匆匆地赶到水澄巷"震元堂"药店。当街的曲尺形柜台和他的身长一般高。柜台的药店倌和他已十分熟稔，立即迎上来，从他那颤巍巍的手中接过那张哗哗直响的处方单。

当他拿着药包和剩钱赶回家中时，已是掌灯时分。母亲斜斜地倚着门柱，焦虑地盼望着。她远远就看见了在迷茫的暮色中，长子那越来越清晰的短而瘦的身影。

"老大，累不？"她一把将辛劳而受尽侮辱的孩子搂进怀中。

他想告诉娘，我很累，特别是心更累。但他没有说，反而摇头，默默地将药与钱交到母亲手中。

……

整整有四年的岁月，樟寿生命的历程都被死死限制在当铺与药店这两点之间了。

6

长大以后，他曾做了一个梦——

他在陋巷中行走，衣履破碎，像乞食者。

一条狗在背后叫起来了。

他傲慢地回顾，呵斥说：

"呔！住口！你这势利的狗！"

"嘻嘻！"它笑了，还接着说，"不敢！我愧不如人呢。"

"什么？"他气愤了，觉得这是一个极大的侮辱。

"我惭愧：我现在还不知道区别铜和银；还不知道区别布和绸；还不知道区别官和民；还不知道区别主和奴；还不知道……"

他逃走了。

"且慢！我们再谈谈……"它在后面大声地挽留。

他拼命地逃，尽力地跑……

7

1896年，农历九月初六。

父亲躺在房里大床上，烛光摇晃，忽明忽暗，映着青白脸色，映着渐渐暗淡的酒盅一样深的黑眼窝。

樟寿、槭寿、松寿兄弟三人坐在床里侧，一声不吭，像三只伏在黑沟里的小兽，惊恐地看着那只越来越衰微的老兽。

他哀痛的目光在三个儿子的身上游移，声音细如游丝：

"老—— 老四呢——"

母亲连忙把只有四岁的椿寿叫醒，他在另一间床上早已睡熟了。她赶紧将他抱到伯宜床边。

12

父亲嘴角抽了抽，眼珠子定住，进入了弥留状态，只有喉间还有憋出的沉闷的喘息声。

他喘了很久，很吃力；大家听着，也觉得很久，很吃力。樟寿的心中竟至于电光一闪似的想道：还是快一点喘完了吧……他爱他的父亲，希望他尽快地解脱。

母亲哽咽着，将父亲考取生员时穿的缎马褂给他换上。然后又把一卷《高王经》烧了，将纸灰捏在他无力的拳中——据说古时有人被处死刑，刑前念《高王经》千遍，受刑时刀枪不入，所以死者握有此宝，阴府受刑，兴许也能减免些磨难。

"父亲！父亲！！"孩子们悲怆地叫着。

他不答应。

母亲幽幽地哭，樟寿沉沉地哭，櫆寿、松寿汹汹地哭。椿寿不哭——不是这个男儿坚强，而是已经又睡熟了，但马上又被哭声惊醒，就尖声细气地哭得死去活来。

绍兴旧例，三十六为本寿，人活到三十六岁以上而病死，算是已满本寿，可称为寿终正寝；如不满此岁而死，算是夭亡。

周伯宜生于1861年，算起来早满本寿，诚属周家一大幸事也。

8

乘人之危，本家长辈们不失时机地集会，商议重新分配族中房屋。

商议的结果自然与孤儿寡母的弱者地位相称，分给樟寿家的房子既差又小。

本家长辈们面带喜色，纷纷在契约上签上了自己的大名。

"樟寿，该你了！"他们和颜悦色，极恳切地将约纸和笔递给他。

深重的屈辱感塞满了他的心。他没动，两手执拗地袖在袖筒中。

"樟寿，签！"这次近乎呵斥了。

他压住怒气，平静地对那些失去城府的花白胡子们说："我不能！"

"胡说！"花白胡子们全翘了起来，"你是长子，你不签谁签？"

"还有祖父大人啊！不请示他，樟寿怎敢自作主张。"少年的话显出十足的老成—— 一个少年不该有的让人心痛的老成。

"哦？！"翘起的花白胡子大多失望地伏下了，有几根则不然，由翘到抖，越抖越烈，最后干脆声色俱厉地大骂起来——世道汹汹，人心不古，连这黄口小儿都敢顶撞白发叔祖……

后来，樟寿去杭州监狱探望祖父，叙及此事，坐了六七年狱的周福清也只有摇头叹息而已。头摇累了，就向孙子讲他从前爱做的那个不累人的美梦——把两个儿子（伯宜、伯升）和樟寿培养成翰林，在周家台门口悬一道"祖孙父子兄弟叔侄翰林"的匾额。边讲边命樟寿仍要从塾师学八股文、试帖诗，所作诗文一定寄杭州送他审阅。

樟寿不得要领，只好模糊地点头。

临走，祖父郑重地拿出一本《恒训》来，这是他在狱中绞尽脑汁撰写的给子孙的家训。

樟寿翻了翻——

　　勿信西医；
　　旅行中须防匪人，勿露钱财，勿告姓名；
　　……

对祖父开的这些良方，樟寿只有苦笑——家庭破败到如此地步，真正的出路何在呢？

有一日，本家的一位叔祖母热心地与樟寿谈闲天。

"有许多东西想买、想看、想吃，只是没有钱。"樟寿叹道。

她诧异地说："母亲的钱，你拿来用就是了，还不就是你的么？"

"母亲没钱。"

"可以拿首饰去变卖啊。"

"没有首饰。"

"也许你没有留心。到大橱的抽屉里，角角落落去寻去，总可以寻出一点珠子一类的东西……"

这些话樟寿觉得似乎很异样，便离开了她。但不知怎的，有时他又真想去打开大橱，细细地寻一寻——只是想而已。

此后大约不到一月，族中就传开了一种流言，说樟寿已偷了家里的东西去变卖了，卖的就是珠子一类的东西。

樟寿有如掉在冰水中。流言的来源，他是明白的，但他太年轻，骂不出来，自己反而仿佛觉得真是犯了罪，怕遇见人们的眼睛，怕受到母亲的爱抚。

他受侮辱、压抑、奚落，小小的心灵饱受野马快意的践踏；他的胸中塞满了痛苦、愤懑、冤屈；他要反抗、呼喊、复仇……

好，那么，走吧！

但是，哪里去呢？故乡人的脸早经看熟，连心肝也似乎有些了然，他又总不肯学做幕友或商人——这是绍兴衰落了的读书人家子弟所常走的两条路。他决心要走异路，逃异地，去寻求别样的人生。

在灾难中煎熬的母亲体谅儿子的苦心，挣扎着筹来八元川资，黄昏时分，将他送到西郭门外的夜航船上。

"我们绍兴有句古话，叫作穷出山，你要给娘争口气，好好读书。"强毅的母亲吩咐他。

他点头，忧伤地望着母亲额上的深深皱纹，鬓边的丝丝白

15

发——再见了，母亲！孩儿去远了，再也不能为你分忧解愁了……

樟寿先赴南京读书，然后又东渡日本求学，其间易名为周树人。

第二章　"礼物"的筹备

这是母亲给我的一件礼物，我只能好好地供养它，爱情是我所不知道的。

——鲁迅

1

一个孩子，圆脑袋、圆眼睛、圆酒窝，头上有三仙发，穿着藕色斜领的衣服，手里捏着一朵兰花，活泼地立在那儿……

母亲痴呆呆地望着他，泪如雨下——他是四子椿寿，只可叹的这不是活鲜鲜的他，而是画师画的一幅小照。他1898年12月19日患急性肺炎，第二天就死了，只在这世上待了六年。悲恸的母亲万分怜爱这幅小照，将它悬在自己卧室里。朝朝暮暮，母子俩你望我，我望你，就像他还在这世上一般。

那天早上，鲁瑞刚醒过来，两眼蒙眬之中，看着椿寿在朝自己一个劲儿地笑，露出一口白白净净的小虎牙，她连忙披衣下床，想把四儿一把搂在怀中，然后再亲他的酒窝窝——

"椿寿！"

画片无声，在熹微的晨光中寂寥地悬着。

"椿寿啊——"鲁瑞清醒了，嗡嗡地哭泣起来。

笃笃笃！有人在敲墙，鲁瑞抬起头来。

"嫂子，又哭椿寿啦？"那人隔着墙高声发问，是尖而高的年轻妇人的嗓门儿。

"嗯……"鲁瑞应道，胡乱地抹去了眼泪。

"你看，你看！我劝过你多少次了。你不怜惜别的，就怜惜怜惜我费的唾沫星子吧。太医说过唾沫可金贵了，一点唾沫星子可以养一分精神……"

"谦少奶奶，我明白你的好心，可椿寿……"

"好了！好了！你昨晚睡得可好啊？"

"比前晚好，前晚老做噩梦。"

"今早吃过啦？"

"劳烦你问，吃过了。"鲁瑞撒了一个小小的谎，她不愿老向人流露自己的悲痛。

"吃过就好。没吃，又哭，像大斧砍嫩树，三下两下……"

"谦少奶奶，椿寿过世，你最亲近我，怎么感激你好呢？"

"呀，呀，呀！看你说到哪里去了——我不知前世积了什么德，今生有缘分有这么一个好嫂子……好了，好了，明天夹塘有社戏，我们雇船去看吧！"

"有社戏？吓！别的，我没心思；论看戏，我是第一个喜爱的……"

隔着墙，两个女人亲热地、叽叽咕咕地话着家常。

墙外那个女人，是墙内这个女人的远房妯娌——她是绍兴望族观音桥赵氏人；她的丈夫姓周名谦，故人称她谦少奶奶；她的公公周玉田小名"蓝"，是周福清的堂兄弟，算起来是椿寿的叔祖了；她的婆婆人称"蓝太太"，母家丁家弄朱姓，也是有名的大族。

2

今天，鲁瑞的心情分外地舒畅。

谦少奶奶雇的是一艘三道明瓦窗的大船，阳光从舱篷口的蛎壳薄片上透过，亮堂堂的；前舱与中舱之间，有书画小屏门，写有"寒雨连江夜入吴"的诗句，画有松、梅、竹岁寒三友，靠中舱的两侧有"十景窗"，摆着书与糕点；中舱放有四人可以对坐打牌的四仙桌，靠后舱处有几把供长辈坐的太师椅；后舱有睡铺；船头两侧还摆着两个雕有狮子的石墩。

"啧啧！"鲁瑞对谦少奶奶叹道，"让你破费了，雇这样大的船！"

"是得开销几个，可招待嫂子，值！要是从前啊，嫂子才不稀罕这样的船呢……"

鲁瑞的脸一沉，她想起了从前家里的那艘船，那艘写有"德寿堂•周"字样的乌篷船，心中像打翻了五味瓶似的。

谦少奶奶漂亮的鹅蛋形圆脸上，飞快地掠过一朵粉红的窘云，她自知失言，赶紧岔开："昨天我就来码头打招呼，要雇那艘摆有两头白铜狮子的大船，可今天只有这样的破船了，只得委屈嫂子了。"

"行！"鲁瑞爽快地跨上船头，"太奢华了，死后阴间下油锅，小鬼要给你多添柴（财），你怕不？"她笑眯眯地回头问谦少奶奶。

"怕！"谦少奶奶娇憨地叫了一声，轻移莲步，上了船头。

船航到夹塘时已是黄昏时分，阳姑娘将半边粉脸枕在山的胸脯上，河水中像铺开了一千匹红缎子，临河的戏台上已有红红绿绿的人影，演鬼魂戏用的号筒已在森森地吹着。

谦少奶奶指着夕阳兴奋地大叫："嫂子，我们好运气，已经见了'一头红'了。"

鲁瑞笑呵呵地点头——绍兴旧俗，演《目连救母》戏只演一夜，也就是从太阳即将下山演至次日太阳出山止，绍兴人叫"两头红"，以表示吉祥的意思——她从前不大相信这些，但自从家庭大变故、椿寿离世后，就开始试着相信了，不过她信得灵活，凶兆往往略去不计，而吉兆往往毫不犹豫地记在长子名下。

"往近靠！"谦少奶奶指挥"船头脑"，将船划来挤进戏台前的那一片乌篷船中。

鲁瑞的心开朗得如从乌云中钻出来的明月，只觉得今夜的戏分外好。单是那闭眼像笑、睁眼像哭、单脚行路的无常一出场，她就吱吱地笑开了——他连打一百零八个喷嚏，连放一百零八个响屁。号筒一声连一声地模仿着这些奇音妙响。

后来又有许多名目：唱定场诗，自报家门，痛骂世态炎凉，记起了阎王叫他巡查勾魂的公事，突然间又想起一件冤枉事来——

> 大王出了牌票，
> 叫我去拿隔壁的癞子。
> 问大起来呢，
> 还是我勒个堂房阿侄，
> 生啥个病呢？
> 伤寒还带痢疾。
> 看啥个郎中呢？
> 下方桥陈念义的儿子。
> 开啥个药方呢？
> 附子、肉桂，外加牛膝。
> 头煎吃落，
> 冷汗发出，
> 二煎吃落，

两脚笔直。
我道阿嫂哭得悲伤，
暂放他还阳半刻。
大王道我是钱买放，
将我捆打四十！

　　这诙谐的念白，纯用土头土脑的绍兴方言，喜得观众狂放地浪笑，鲁瑞一手捂着肚皮，一手勾着用手绢掩住口浅笑的谦少奶奶的脖子："笑煞我哉——给揉揉——"
　　无常吃了这冤枉以后，下决心六亲不认，秉公执法，但肚子已饥，觅食途中，又被狗咬一口。于是他就来了一段"骂狗"，把那些"只认衣衫不认人"的张家狗、李家狗、黄毛狗、黑毛狗、来路狗、拦路狗、把门狗、烂脚瞎眼狗、红毛西洋狗大骂了一通。
　　"骂得好！"鲁瑞跺着船板，高声大气地叫着。
　　"嫂子！你看——"谦少奶奶却拉着她往东望，那边朝日已涌出了鲜红的半轮。
　　两头红！大吉兆！

3

　　散戏回航。
　　因为已用不着赶路，谦少奶奶就叫"船头脑"把桨停了，任缓缓的河水托着船款款地走。
　　妯娌俩依着"十景窗"，看着如画的江岸。
　　黛色的远山明明灭灭地出没于云气之中。竹树环绕的农家屋顶上，已有鲜蓝色的炊烟冒出，漠漠的水田之中，有三只苍鹭飞了起来，其中两只长颈相依，兴冲冲地落于河边的深草之中。另一只孤独地鸣着，掠过船篷，歇在对岸一株露出水面的枯树上，望着河水发呆。

谦少奶奶的腿有些乏力了，她扶住鲁瑞的腰："嫂子，歇歇吧！"

"这么好的景致你都会看累啊？"鲁瑞大为不解地问，但还是顺从地退回到太师椅上坐下。谦少奶奶将船家早已泡好的两杯平水珠茶①揭开，茶汤碧绿澄清，一股浓郁的香气漫了起来。

鲁瑞打开了那盒绍兴水澄巷"孟大茂"香糕店制作的香糕，共有四色：香味悠长，伴有桂花的"桂花香糕"；色泽鲜亮，中嵌玫瑰红条纹的"玫瑰香糕"；味道特别，甜中带咸的"椒盐香糕"；咸味为主，形如鸡骨的"鸡骨香糕"。

品着香茗，尝着香糕，妯娌俩针尖线长、盐咸醋酸地拉着家常，絮絮叨叨，就像两舷那流不断的碧水。

讲着讲着，谦少奶奶突然放下杯子，将头凑近鲁瑞："嫂子，你想樟寿么？"

"想！"鲁瑞伤感地点头，"弟兄中就他最懂事，最体谅我的难处。从他一走，我胸中就闷得慌。"

"我这笨人儿给你想个妙法子。"谦少奶奶亲热地抓住鲁瑞的手，"给他说门亲，找个姑娘，替他陪着嫂子，嫂子早晚也好有个人儿说说话，解解闷儿。"

鲁瑞的眼睛一亮，但沉吟片刻又使劲地摇头。

"为什么？"谦少奶奶急了，将她的手捏得生痛。

"周家遭难，谁还看得上我们孤儿寡母？老话说，鸟登高枝，人走旺门！"

"我来做媒，保成。"

"此话可真？"这次是鲁瑞将谦少奶奶的手抓得生痛了。

---

① 盛产于绍兴平水一带的一种名贵绿茶。

"真的，我念着嫂子好，早就多生了一只眼睛，为你留心合适的媳妇。东挑西选，现今真找到一门好亲呢。"

"谁家姑娘呀？"鲁瑞急得眉头都皱紧了。

"嫂子呀！"谦少奶奶吃吃地笑起来，拣了一片长糕，掰成两截，一截递给鲁瑞，一截徐徐地送入自己的口中，然后又用香茶漱了漱嘴，才不紧不慢地说，"姑娘吗？是我家婆婆的内侄孙女，丁家弄朱宅人，长辈的都叫她'安姑'。"

"人品怎样？"

"没说的，模样好，脾气更好。"

"周家现在这样，她知还是不知？"鲁瑞将"这样"二字咬得很重。

"她听婆婆和我的——她的父母早就拜托给我了！"

"那好，我就要樟寿听我的。"鲁瑞决断地说，她性格中的强毅劲头又出来了。

4

绍兴习俗，定亲时先由男方出"求帖"到女家求婚，女家同意就收下"求帖"，另具"允帖"送还男家，表示应允，这叫"出口"；然后男方要求女家告诉女方的生辰八字，这叫"请庚"——这事由男方提出，并且男方的生辰八字是不必与女方交换的。

"请庚"后，谦少奶奶打了几个干哈哈，告诉鲁瑞："嫂子，我现在才知道，安姑是庚辰年①生的。"

"哦！我家老大要晚一年，是辛巳年的②。"

---

① 即公元 1880 年。同时还有朱安生于 1877 年、1878 年、1879 年诸说。

② 即公元 1881 年。

"嫂子，你看呢？"本该谦少奶奶答题的，她却轻轻地支开，反将考卷掷给鲁瑞。

"没说的！"鲁瑞果决地说，对于艰难困厄中谦少奶奶来提的这门亲，她生怕节外生枝，钻出什么意外来，"要论岁数，我比伯宜还大三岁呢。"

"女大三，抱金砖。"

"不说抱金砖，反正周家这个门面，全凭老娘这把骨头硬撑着。"

于是鲁瑞欢欢喜喜将彩礼给了媒人。绍兴旧俗，定亲聘礼按姑娘岁数成反比例论价，年岁越小，岁价越高。如十四五岁的姑娘，每岁大洋十元；姑娘二十出头，岁价就只有五六元了。这订婚的彩礼叫"头把钱"。时朱安已过二十，鲁瑞遂按后价付洋，谦少奶奶也就收下了，好像没有怨愤之色。至于看人，鲁瑞压根儿没想过，完全相信谦少奶奶——她是极要好的本家妯娌，而非职业媒婆，哪能不护着樟寿呢？

于是母亲就请族叔周冠五代笔，给儿子去了一信。

5

黄昏的东京，夕阳匆忙地在天边铺开了一片又一片的猩红，暮色偷偷地跃上了路人的眉梢。

一位瘦高的邮差，急忙跨进位于本乡区汤岛二丁目的"伏见馆"——清国留日学生的一处住宿之地。

面目和善的门房探出头来："是信吧？"

"嗯！"

"谁的？"

"周树人君。"

"哦！是周先生的。"门房兴奋地笑了，在收文簿上签上了名。

他捏着信，嘴里嘟哝着什么，爬上楼梯，在靠过道的第一间房子前停下，轻轻地叩着那有8号字样的屋门。

门开了，一位肤色白净，身子瘦弱的中国青年走了出来。

"周先生，您的电报。"

"哦?"他向门房笑道，"多蒙关照! 让您受累了。"

"没什么。"这位日本老头儿亲热地笑了笑，"伺奉周先生这样用功的先生，是最愉快不过的了。你若要茶水，按按电铃，我会送上来的; 浴室也很干净，一周两次，免费……"他唠叨着下楼去了。

树人掩上了门。这间屋子只有四张席子大小，矮桌上摊满五花八门的书，最惹眼的是章太炎主编的《民报》，树人自己所著的《中国矿产志》、自己所译的《地底旅行》。

他将故乡来信摊在桌上——

定亲!

姑娘是叔祖母蓝太太同族，绍兴丁家弄朱宅人。

笔迹是族叔周冠五的。

口气却明白无误是母亲大人的。

他愣住了——继而又苦笑——继而觉得根本笑不出来——继而只觉心一个劲儿地往下沉……

6

潇潇秋雨在玻璃窗外疏疏地斜织着，瑟瑟的秋意顺着树人的笔端注入了他的心底。

"形不吊影，弥觉无聊……"

他正给故乡的友人写信。当这八个暗黑的字跃然于白纸之上时，他掷笔而起，点燃了一支低价的"敷岛"牌香烟，喷出几个大而呛人的烟圈来，在日本经历的一幕幕就在这烟气中若隐若现了——

一踏上这岛国，听到人们议论他的第一句话，就是指着他背后的发辫，叫他"半边和尚"，他一气之下剪掉了辫子。但许多留学生仍然愿做大清臣民，将发辫盘在脑门儿上，再扣上学生制帽，鼓鼓的好像一座"富士山"；更有甚者，不是在留学生会馆里大学跳舞，搞得烟尘乱抖，就是关起门来大炖牛肉吃。

在祖国的宝贵资源被外国人鲸吞蚕食的危急时刻，他苦心孤诣写了《中国地质略论》和《斯巴达之魂》，但号角警钟难醒沉睡之邦，一石投下，竟波纹不兴。

他本着为民治病的热忱之心到仙台学医，可有的日本人根本怀疑他有学好的资格。他还见到有的商店干脆将"卖完"一词，按日语汉字的谐音，写成"支那完蛋"。

日俄战争爆发，有日本人在街道上向他挑衅："为什么不回去流血？还在这里读书做什么？"所有的血都涌到了脸上，他和那人冲突起来。有的日本人，则想拿树人做练习中国话的对象，他觉得他们无非是想取得在中国行动的方便，就常常装作不懂而迅速走开；走不开了，则干脆以日语应答。

他还写了不少稿子，自以为不错的，就寄回国内上海商务印书馆去投稿。于是等着，等候登载着他那文章的刊物寄给他。可是等了许多时候，寄给他的不是登着他那文章的刊物，而是他寄去的投稿。他并没因此灰心，继续写文章，仍然寄到商务印书馆去。不久又退回来了，而且附了字条，说是这样的稿子，不要再寄了。这自然使他失望。但他仍然不灰心，还是写文章寄去……

烟气渐渐地稀薄而至于散尽，只有那股辛味还挥之不去，一如他心中的烦躁与郁闷。

"日暮里"！

——从东京到仙台的铁路上，有一个冷僻的小车站，就是取的这样一个站名。

不知怎么的，到现在树人还清晰地记得它，记得站台上那一位孤零零的旅人——迷茫的夕阳在他的眼中洒了一层迷茫，他也就迷茫地望着来来去去的列车，好像已弄不清自己该上哪一列似的……

他写完给友人的信，吸了三支烟，闭目默思，苦笑，又摊开一张纸，给母亲回信——请朱家姑娘还是另嫁他人为好……

7

鲁瑞觉得儿子的回信像是给了自己一闷棒，胸口一阵阵发痛，但这个坚强的女人立即镇定下来，也不去与谦少奶奶商量，关起门来想了半日，然后直接找到周冠五，要他立即给树人写明以下诸点：

如是退聘毁约——

一、无法向朱家启口。

二、对周、朱两家声誉不好。

三、对不起安姑娘，退约后更没有人娶她了。

结论：仍按母意办！

周冠五笔走龙蛇，迅速地拟好了这封分量不轻的短札，然后又抑扬顿挫地读给鲁瑞听。

"好的！"母亲的眼圈子红了，牵起袖子拭了拭，心里却在痛楚地呼叫——

老大，听娘的话！

8

心灵上的阴影正在一片又一片地扩大，因为树人痛苦地感到：身体正在背叛自己！

他从少年时代，就不见得壮健。七八岁即患龋齿，自然便不能像其他孩子那样吃硬而甜的东西，他是何等妒忌那些幸运儿嘴中咯嘣咯嘣的咀嚼声啊！从那时到现在，他都一直提心吊胆，担心牙齿脱落，想象着各种临时应急措施。他想，待几年干脆全部镶上牙，就可祛除隐患，一劳永逸了。

到日本后，仙台医学专门学校那些令人敬重的先生们所传授的科学的医学知识，更使他对自己的身体状况有了一个极分明但又不愉快的认识！

因为牙齿不好，常常减削了胃肠的活动力，因而会发生胃肠加答儿、消化不良等病。

肠胃病最易营养不良，由此而生成的孱弱体质更易招来祸患，结果终会酿成结核性的体质。

他常常快意于自己头脑的冷静、客观、辛烈，但快意一消，一种不祥的预感就涌上了心头，这不是结核性体质的透彻过敏的特征吗？日本明治时代的文学家子规、红叶、樗牛莫不如此，他们都躯干瘦削、筋肉薄弱，不是以肉质来经营生命，以筋力来工作，而是多凭精神生存下去。

少年时候——特别是祖父进监，家道中落后，他曾有一段时间特别消瘦、潮热，现在看来，也许就是染上了肺结核吧——中医的称呼更为可怕，唤作"肺痨"。而父亲曾经吐过血，四弟椿寿死于急性肺炎，莫非周氏家族的肺部都有毛病么？

一想及此，他就灰心、颓唐，甚至预料自己活不久了——因而若做事，则拼命干，抱一种"废物利用"的苦念头；对自己的生活，则不愿多花心思去打算了。

9

某一日，树人所参加的那个秘密的反清组织派人来找他，三言两语，交代了任务，命令他去刺杀清廷的某位要员。

先前，他对暗杀这样的手段就不太热心，现在他想，如果自己去做了，大概将被捕或被杀吧。如果自己死了，剩下母亲怎样生活呢？

他想明确知道这点，就直言不讳地向头头讲了。

马上就有了答复："这样记挂着身后的事情，是不行的，还是不要去吧。"

他因此就不要去了。

他爱母亲，特别是回信拒绝了她的定亲，他一直惴惴不安，常常望着墙上挂的那件黑棉袄出神——以前在南京读书时就穿着它，后来破了一个洞，白棉絮露出来了，怕母亲发现，他就在破处糊了一张纸，用墨把纸涂黑。

还是被母亲发现了，她的眼中蒙上了一层哀痛悲怆而又无可奈何的泪光，默默地替他补好了。以后母亲又发现他在南京穿夹裤过冬，吃辣椒御寒，这时她越发哀伤得连泪水都没有了，眼窝子暗暗地潮红，木然地、孤立无援地愣在那儿……

也许母亲给予他的过多，因而他的报答之心就过强。但凡事一过度，超过应有的量，就会造成巨大的心理压力，成为沉重的思想重负。

随着年龄的增加，阅历的展拓，特别是到日本后，他弃医从文，决心以文学改良社会，强烈的个性得到了丰满结实的发展。而母亲在战胜家庭的灾难中形成了自己的权威，并且传统的道德力量早就赋予父辈母辈以另一种权威。树人常常尝到这两种权威合力的滋味。他觉得母亲成见太深，时时向她进言却很少采纳，因而他常常忐忑不安，有时干脆一叹置之。母亲这一面，也有许多地方看不惯他，觉得他的行动可笑。因此树人从内心深处感到一种与母亲的不协调和隔膜——这也许就是20世纪初的两代人间的"代沟"吧？

所以，当他又接到母亲的回信时，一种愤懑与焦躁油然而生。"天下无不是的父母啊！"他哀叹道。

树人细读来信——

"一、无法向朱家启口。"——无非是面子问题嘛！

"二、对周、朱两家声誉不好。"——还是面子问题！中国人重视面子的程度，可以说仅次于生命了。

"三、对不起安姑娘，退约后更没有人娶她了。"——这？天啊！由于母亲的固执己见，竟要由儿子来为一位从未谋过一面的女子的命运负责！

他苦苦思索，痛苦、忧郁、恼怒、烦躁，搞得他神经衰弱，而对身体的悲观估计，又使衰弱的神经更加衰弱了。

终于，在这异国的一个最静的夜晚中，他的头脑忽然异样地沉静了下来——

"既然根据自己的身体来预料是活不久的，又何必这么认真地去为自己的生活计算呢？不妨一切听人安排好了。

"现在正值革命时代，自己反正死无定期，母亲愿意有个人陪伴，也就随她去了……"

他不忍拂逆母亲的心意，不忍看到母亲失望的样子；对母亲真诚的爱充满了他的心，对母亲应负的责任感燃烧着他的心！

他决定按母亲意思办！按大清国天经地义的"父母之命，媒妁之言"的结婚规则办。

10

  十天以后，鲁瑞与谦少奶奶在院子中，边晒太阳，边做针线。

  "嘿！樟寿有信了。"

  "哦？他怎么讲？"

  "这孩子啊！"

  "他还悔婚吗？"

  "不！瞧你急的——他说，要娶朱安姑娘也行，有两个条件。"

  "哪两个？嫂子，你快说啊！"

  "一要放足，二要进学堂。"

  "这孩子，去了一趟东洋，就学了这么多祖宗没有的鬼名堂……也罢，看在嫂子的情分上，我去给安姑过过话。"

  "又劳累你了！"

  "劳累算什么？只要他们能成，嫂子高兴，我也就心满意足了……"

  又过五日，鲁瑞与谦少奶奶又在院子中，边晒太阳，边做针线。

  "嘿！安姑回话了。"

  "哦？她怎么讲？"

  "这孩子啊！"

  "她同意了吗？"

  "不！瞧你慌的——她说，足已经放不大了，女孩子上学堂读书不大好，不是闺阁千金体面的事。"

  "唉！我怎么给樟寿回信啊？"

  "我再去劝劝安姑——可能也是白费口舌，这姑娘性情温柔，彬彬有礼，一举一动，都合祖宗家法。要她一下变过来……"

"算了，别去劝了，再劝兴许劝出一些波折来——樟寿这边，还有我做主呢！……"

又过一月，鲁瑞与谦少奶奶仍在院子中，边晒太阳，边做针线。

"樟寿有回信吗？"

"没有。"

"这孩子！"

"这孩子啊——"

又过了一月，鲁瑞与谦少奶奶又在院子中，边晒太阳，边做针线。

"嫂……你听说了吗？五马坊曹家的二少爷从东洋回来了，辫子剪了，上街就装个假的。他说还看见你家樟寿啦！"

"樟寿在干啥？"

"他真能呀！娶了个日本老婆，领着孩子在神田的街头散步。"

"不可能！不可能！曹少爷是看错了人吧！"

"我也是这么想，樟寿是实性子的孩子。只是朱家听了这些风言风语，就风风火火地来催我，说女儿大了，还是尽快把婚事办了为好，两家老人也好了却一桩心事。"

"好！我马上找冠五叔，让他给樟寿发电文……"

11

昨夜树人做了一些断断续续的梦——

他先梦到儿时在故乡所吃的蔬果：菱角、茭白、香瓜、罗汉豆；依稀还听见几个小儿女在唱："油菜开花黄如金，罗汉开花黑良心……"

然后他仿佛觉得似坐小船在经过山阴道,两岸边的乌桕、新禾、野花、鸡、狗、丛树和枯树、茅屋、塔、寺庙、农夫和村妇、村女、晒着的衣裳、和尚、蓑笠、天、云、竹……都倒映在澄碧的小河中,随着每一打桨,各个夹带了闪烁的日光,和水里的萍藻游鱼一同荡漾。诸影诸物,无不解散,而且摇动,扩大,互相融合;刚一融合,却又退缩,又近于原形。边缘都参差如夏云头,镶着日光,发出水银色焰。河边枯柳树下的几株瘦削的一丈红,该是村女种的吧。大红花和斑红花,都在水里面浮动,忽而碎散,拉长了,像缕缕的胭脂水,然而没有晕。茅屋、狗、塔、村女、云……也都浮动着,大红花一朵朵全被拉长了,成为泼剌奔进的红锦带。带织入狗中,狗织入白云中,白云织入村女中……在一瞬间,他们又都退缩了。但斑红花影也已碎散、伸长,就要织进塔、村女、狗、茅屋、云里去。

他所见的,都很美丽,幽雅,有趣,而且分明……他凝视着……

骤然一惊,他醒了——近来他的生活习惯是晚上看书写字,睡得很晚,一般在第二天上午十点钟醒来。

门房送来了一封故乡来电——

"母病速归"。

五千里之外的母亲在呼唤儿子,虽是隔着重洋,这声音也是那么真切,震得他的耳门子嗡嗡直响。

他呆闷闷地凝视着矮桌上的景泰蓝花瓶:这是日本出产的,称为七宝烧,是在上野参观"东京博览会"时,他花五角钱买的。高三寸,口径一寸,上下一般大,方形略带圆势,里面黑色,外面浅紫,上现一枝牵牛花,下有木座。

可瓶中却始终空空如也,从来没有插过一次鲜花,而湿润多雨的日本列岛,经年累月都有开不尽的花卉:先是点点洁白的春雪轻盈地落在深红的茶花与梅花上，然后是漫山遍野像绯红的轻云一样的樱花，然后……

他望着瓶中那片空虚，昏沉沉的脑海之中也是一片空虚……

"回去吧！"他听见了自己屈服了的灵魂在叹息……

它在那一片空虚中叹息。

第三章 "母亲娶媳妇"

> 那时家里的人因为我是所谓的新人，担心我不拜祖先，反对旧式的婚礼，但是我默默地按他们说的做了。
>
> ——鲁迅

1

丙午年①的五月，恼人的梅雨天刚过，一切都还湿乎乎的，阴处黄中杂黑的霉斑，一大朵一大朵地怒放着，让人疑心是恶魔故意植在阳世的冥花。

在这样的五月之夜，再裹上一条多年没有拆换过的如冷铁一样的被子，鲁瑞睡不着，像烙饼一样，在床上翻过来，覆过去，压得那架老床咯吱咯吱地响。

其实她本来也没有多大的睡意，樟寿的事已焦得她失眠了好几夜——

前几日，她回母亲家，好话讲了许多，才借到一百元，托谦少奶奶转交给朱家，算是给女方办嫁妆的"二把钱"。

---

① 即公元 1906 年，是时鲁迅二十六岁。

对远在东洋的樟寿，母亲更是一日日地悬望，信写了——而且不只一封，电文也发了，依然不见他归来。有时鲁瑞又疑心是不是那些函电将孩子惹恼了，用沉默来表示抗议，这时她真后悔不该发那么多的信，应该少一些，话语应温和些。可她又相信孩子的孝心，相信自己在樟寿心目中至高无上的地位，相信长辈对后辈那无所不在的约束力量。所以有几夜，她尖耸的耳朵似乎听见了屋外有"笃笃……"的脚步声——樟寿回来了！她惊喜地披衣下床，冲出门去……庭院中没有儿子的身和影，只有夜的暗和凉，与往日的夜一样的暗和凉……母亲从未出过远门，她只知道儿子是在东边很远的海那边，那儿离家乡很远很远，儿子回来一趟一定很累很累吧？他一回家，一定想洗洗脚吧？于是母亲就久久地立于暗和凉的夜中，任凉气偷偷地潜入了披着的衣衫之中……

今夜有月亮，素光将窗户纸衬得薄而透，像块四方形的冰凌。鲁瑞连被子都没有展开，在朝北的大木床的床沿上呆坐了一阵子，就站了起来，想再去看看那预备做新房的屋子。

周家的祖上，原来都住在绍兴覆盆桥西面的一所宅子里，后来人口繁生，房族增加，住不下了。当时距覆盆桥不远的东昌坊口王家有紧连在一起的两宅要出卖，周家就买下了西面较大的一宅，为了以示区别，就把原住宅称为"老台门"，新买进的住宅称为"新台门"。

"新台门"不是樟寿一家居住的，而是由组成周氏大家族的六个房族共住的——里有礼、义、信三房，叫里三房；外有兴、立、诚三房，叫外三房。樟寿家是属于兴房的。每三房的房子都楼上楼下相互穿插着居住。这是因为深谋远虑的祖上怕子孙败掉家业，故使产权共有，互相牵制，这样即使有一、二房想卖，也是卖不动的。

兴房原是"新台门"西边五楼五底的那排房子中的一部分。

这些年家境每况愈下，就与立、诚两房共议，将这排房子东头的一楼一底与西头的一楼一底，以四百元钱的价格典给了别人。

母亲将分得的钱细细数过，裹上，锁好，任家中再窘迫，也没有动过一文——她的心早已虑及樟寿的终身大事，她的眼睛早已在自家屋后的另一幢破烂房子上转动了。

这房子楼下两间，楼上两间，只有东头楼下一间是兴房的，楼上那间是属里三房的；西头的一楼一底则是立房的，由立房的一位孤老太婆住着，她悄悄地死后，立房就没有人住了。

也许是历经的年头太久了，这老屋一天天地现出一种衰败景象，东头属里三房的那间楼房先倒塌了，牵连着其他的房子也摇摇欲坠，战战兢兢。有一日，鲁瑞大着胆子，爬上楼去。只见东头那间已没有楼板，空空荡荡的；西头虽有房子，却是窗户全无，隔墙是梁家的竹园，萧萧的竹声时时涌来，墙角梁上则有借住的种种鸟兽的点点粪迹……

前些日子，鲁瑞出面与里三房交涉，请他们把那间楼房修复，这样其他几间房子就可保住。可是他们说，我们没有能力修了，你们没有地方住，由你们修你们住好了。

于是母亲打锁，解开裹布，兴奋地将典房分得的钱拿出来，细细数过，去泥水行请来一班匠人，把这幢房子修了一次，然后将家搬了进去……

今夜的月将四下照得分外地明，鲁瑞的卧室在东头楼下的后半间，前半间大家叫它"小堂前"，是见客、吃饭之地。西头楼下的前半间是樟寿祖母蒋氏的卧室，后半间作过道，并安有上楼的楼梯。

鲁瑞沉稳地沿着楼梯拾级而上。楼上共两间，她推开西头这间虚掩的门。

也许是楼上比较干燥的缘故，没有那种难闻的霉湿气味，只有一种新鲜油漆的淡香，暗暗地飘来，溶溶的月色从明瓦上透下，将粉刷得十分洁净的四壁漂得更白了。

她又走进了东头那间……

樟寿！这是娘给你准备好的新房啊——母亲的心中涨满了难以形容的幸福。她在屋里痴痴地走着、摸着，有时还要和儿子对谈几句。

楼外，明月则越来越皎洁……

2

踏上故园的土地，冒着六月的暑热，树人行色匆匆，赶到了钱塘江南岸的西兴镇。

去绍兴的夜航船就停在江边，那船船身很大，下层装货，上层搭上板、铺上席子就可乘坐，船上备有被褥，供乘客租用来开铺睡觉。因为是夜航，沿途也就不停靠了。

绍兴人是很熟悉这条水道和这次航班的，因为这样走既省钱，又省时间，也很安全。西兴镇到绍兴一百里，如在夜航船上开铺，只需付小洋四分；不开铺的话，则两角钱就够了。要是单独雇一只脚划船，起码得付大洋一元，另付船夫小费一角，还得请他一餐晚饭；而且经过的西小江江面宽阔，若遇风暴，夜间航行还有生命之虞。

因为天热，树人也不想开铺，花了两角钱，得了一席之地。习习的江风拂着他的脸，他沉静地坐着，默看着暮江两岸熟稔而又陌生的山川，默想着久别的母亲——如果她真的是染病了的话……

他越不想说话，偏偏就有一位船客来找他谈闲天。

谈着谈着，那人突然感慨起来："先生，你的中国话说得真好。"

"我是中国人，而且和你是同乡，怎么会是……"

"哈哈哈，你这位先生还会说笑话。"

树人实在没奈何——他明白，是自己像日本人一样矮的身体，像日本人一样上翘的胡须，使对面的这位同胞将自己视为日本人了。看来，只有一个办法：就是不说话。

于是他一直没有说话。

夜航船到达绍兴西郭门外码头时，已是第二天清晨。

久违的故乡正从晨光中慵懒地苏醒过来，它依旧是别时的那种衰败景象，连河中的水也像当初那么暗黑，只是靠岸边水面上的白泡沫、烂菜叶、死猫死狗，好像更多了一些。

树人顺着码头的石阶往上走。

"嘻嘻！"背后传来了笑骂声，"这冒失鬼！""假洋鬼子！"

他明白他们是在研究自己那剪去了辫子的头，他不想理睬。但笑骂声却高了起来，他光火了，将手杖拼命地打了几下。

背后竟渐渐地不骂了。

他的心中却渐渐地悲哀起来，在日本时，报上曾登载一个游历南洋和中国的本多博士的事，此公研究林业，是不懂华语和马来语的，人问他，你不懂当地话，怎么走路呢？他拿起手杖来说，这便是他们的话，他们都懂！树人因此气愤了好几天，谁知道现在竟不知不觉他自己也这么做了，而且背后那些同胞居然也懂了……

深切的悲哀牵扯着他的心房一阵阵地悸动，他想歇一歇，而迎面却有一位中年妇人过来了，她憔悴的脸上的黄眼珠，匆匆地乜了他一眼，匆匆地低头走了。

疑惑！惊诧！恐慌！——他读出了那双眼睛中的全部内容。

那双眼睛有点像母亲的！如果真的是母亲呢？

他不敢想下去，只觉后脑勺凉悠悠的，下意识地打开了箱子，机械地拿出那条假辫子。这是他在上海买定的。市价两元。

这两元给了他在故乡路上行走的勇气。

3

他从西郭门外虹桥旁的那座贞节牌坊下走过。

有几个热心的闲人，伸长了脖子——很像一只只长颈板鸭——眼球上凸、全神贯注地读着牌坊上那块刻着梅花的石板。

这是绍兴有名的"梅树牌坊"，为旌表一节妇而建。她十七岁出嫁、十八岁守寡，留下一个遗腹子，但矢志守节，侍奉公婆，抚养遗孤，足不出户。苍天有眼，后来儿子做了官，为母亲请来"旌旨"，建了此坊。节妇生前酷爱梅花，故刻一梅，平素只能依稀辨出，而天将雨时，却枝叶分明，清晰可见，人们都说是节妇的神灵显现。

树人从那几个热忱的望客中穿过。

望客们让开他，又只管望自己的。

4

他从"清洁堂"前经过。

高高的院墙上耸着一丛丛的荆棘，堂门口立着两个老女人，如两段槁木，只有白眼珠子还有些活泛，一翻一翻地防范着路人。

树人停住了脚步，往寂无声息的堂门里瞧了瞧——里面有许多活寡妇，在苦苦清洁，只有清洁到死，功德圆满那一日，她们才能出这堂门——只见路径上落满了暗绿色的树叶，几只不啼的鸟儿，闷恹恹地伏在地上。

他沉重地叹了一口气。

门旁的那四只白眼珠立即反弹出四道白色毫光来——尖而

利，凶而狠！

他受不了这种光的折磨，赶紧低首走自己的路。

5

他走过南塔子桥头的长庆寺——这儿离家已经很近了。

寺门大开，里面传来一阵吹吹打打的乐声，是在演奏一支世俗的喜庆曲调。树人脸上浮出一种会心的微笑，沉重的步子异样地轻快起来，跨过高门槛，伸长脖子往里望。

一位胖胖的年轻僧人，提着一把胡琴走了过来，仔细地瞅了瞅树人，惊异地大叫起来："樟寿师兄？"

"传奎师兄！"树人也兴奋得大叫起来。

"多年不见，从东洋回来了吗？"

"母亲说她生病了……"

"生病？八成是好事哦……师兄，我成亲了，还生了一个儿子呢……"

"幸亏龙师父有远见啊！"树人感慨地说。

原来树人是大户人家长男，生下来时父亲深恐养不大他，不到一岁，就依旧俗将他抱到长庆寺，拜住持龙师父为师。龙师父给他取法名为"长根"①，赠一件用各色小绸片连缀而成的百家衣，一条"牛绳"，上挂历本、镜子、银筛之类零星物件，据说可以"避邪"。

那龙师父是一位颇为特别的人物，瘦长的个子，瘦长的脸，高颧骨，细眼睛。照规矩，和尚是不应留须的，他却有两撮下垂的小胡子；和尚是不许讨老婆的，他却偏要讨老婆——不仅要讨，而且闹的还是"自由恋爱"呢！

---

① 鲁迅一笔名"长庚"即源出于此。

那是龙师父年轻时的浪漫逸事。当时他是一个漂亮而能干的和尚，和各色人物都能打堆。一回乡下演社戏，他和演员熟识，便上台去帮他们敲锣。头皮精光，与灯争亮，长袍崭新，耀人眼睛。哪有和尚不念经拜佛而上台演戏之理呢？于是有人就在台下骂起秃贼来，这龙师父也不示弱，就与台下对骂，于是就有雨点似的甘蔗梢头飞上台来。于是龙师父寡不敌众，拔脚就跑。于是后面的人，蜂拥追来。于是龙师父被逼得只好逃到一户人家避难，而偏偏这人家又只有一位年轻的寡妇。于是寡妇救了和尚——只是光头是隐于粗布石榴裙后还是裙下，龙师父语焉不详。于是和尚就爱上了寡妇，寡妇也爱上了和尚。于是和尚与寡妇，或者说寡妇与和尚，就结成了一对恩爱夫妻。

　　树人还记得初见师母的情况，其时她大约四十岁，胖胖的，穿玄色纱衫裤，在院子中纳凉，她的孩子就来和树人玩耍，有时还有水果及点心吃呢。

　　龙师父不但自己讨老婆，还主张寺里的和尚都可以讨老婆。为了实现这一主张，他到学士街、永福街、唐皇街去请了一班民间艺人，教小和尚吹吹打打，下决心把他们教成"吹敲和尚"。因为在当时森严的法戒里，只有一个特殊的例外："吹敲和尚"是可以公开讨老婆的。

　　龙师父此举，泽及自己的徒弟——除穷人舍在寺里的大徒弟王传荣外，四个徒弟（实际上也就是自己的四个儿子）王传忠、王传奎、王传方、王阿毛纷纷娶亲，纷纷都有了好儿女。难怪传奎要宣传他的和尚讨老婆的哲学："和尚没有老婆，小菩萨哪里来！？"

　　……

　　此时，传奎正陷入一种伤感的情怀之中："树人，师父好像已走了十年了……"

　　树人也伤感地点点头。他环视庙内，从佛座长长的阴影中，那从来不教自己念一句经，不教一点佛门规矩的师父，仿佛又笑嘻嘻地提着锣钻了出来。这位剃光了头发的俗人，这位花和尚面对长根，乐呵呵地举起了锣槌……

长根渴望听见师父的锣声，特别是现在。

可是庙里好静啊！

6

从坐西朝东的长庆寺出来，树人向南走了几十步，转弯到了东昌坊口，然后又往东，远远地就看见了新台门正中那六扇竹丝门了。

那门大概刚用黑油漆漆过，亮得扎眼。他觉得有些异样，正在迟疑，背后有一位老妇人大呼了起来：

"樟寿，你可赶回来了！"

他一掉头，见是二姨母鲁莲，她抱着一大包长长短短、五颜六色的布料与绸料，一种神秘的笑意挤在宽宽的脸上。

"姨母，你忙？"他恭敬地问道。

"忙？哈哈——"鲁莲响亮地笑着，"我是来帮你母亲的忙。"

"哦！母亲可好？"

"好，好，能吃，能做，比我这老姐子强。"

"那么，老远把我从日本叫回来，是有别的事了？"

"是什么事，见了你妈就知道了。快进去，快进去——好像路上不累似的，老站在这台门口说话。"

"好的，好的。"他平淡地答道，好像没有探究根底的兴趣。

姨母兴冲冲地走在头里。他们进了大门侧的边门，穿过第二进平房，再沿走廊走，就到了原先兴房所居的那一排房前。

姨母并不停步，穿过走廊继续往前。

树人心知有异，只是瞅了瞅熟悉的老屋一眼，又默默地跟着姨母走。

看见屋后的那幢房子了——他觉得认不出来了，一半新，一半旧，结果是又不能说新又不能说旧，无从评判。

"妹子，你看是谁回来了——"姨母朝那屋子高声大气地叫了起来。

话音还没落地，母亲、祖母、二弟、三弟、谦少奶奶、蓝太太、大姨母、二姨母的儿子郦荔丞、姨表弟郦辛农……全都从屋里拥了出来，又兴奋，又担忧地将树人围住。

"娘，我回来了……"他觉得自己的嗓门儿有点不对头。

"终于回来了……"母亲的厚嘴皮动了动，欢喜得说不出话来。

"让樟寿上楼看看！"谦少奶奶热烈而从容地喊。

"上楼！上楼！"

众人欢叫着，抢下他的行李，簇拥着他。他觉得四面八方都有手托着自己，推着自己，自己的脚已不属于自己，晃晃荡荡，怎么也捞不到地面——内心深处，他想反抗，至少推开他们，自己走，也学一学白人的毒辣勇猛；但他不能，他明白包围自己的全部是些"爱我者"，任何一拳打出去，都会伤害一颗爱"我"的心，因此他有太多的顾忌、犹豫、彷徨、忧虑、踌躇，他苦涩地嘲弄起自己曾有过的"超然独往"的内心激情了……

张的灯。结的彩。粉刷一新的旧墙。嘎嘎作响的楼梯。西屋——书屋。东屋——洞房。崭新的家具。宽绰的雕花双人床。母亲的笑。祖母的笑。二弟的笑。三弟的笑。谦少奶奶的笑。蓝太太的笑。大姨母的笑。二姨母的笑。郦荔丞的笑。郦辛农的笑……

猛然间，他的头空了，陷入了一片虚无之中。

"樟寿，娘是叫你回来成亲的……"

好半天，他才隐隐约约地听清了母亲的这句话——他觉得这话仿佛来自另一个非常遥远、非常遥远的世界。

"好的！好的！一切都是可以商量的。"他答。

好半天，众人也才隐隐约约地听清了他的这句话——他们全都觉得，这话仿佛也来自另一个非常遥远、非常遥远的世界。

7

下午，几位三味书屋读书时的同学来访。他们是开机房织丝绸的高幼文、大云桥慎余钱庄店倌章祥耀、管账先生周兰星、丝行店倌莫守诚、末科秀才李孝炎与莫守忠。

友人见新台门内张红挂彩，相对茫然，故探问是为何事。

"母亲娶媳妇。"树人认真地答曰。

8

光绪三十二年夏，也就是丙午年的六月初六①，大清国国民、绍兴府人周树人和朱安以明媒正娶而结为伉俪，夫二十五岁，妇二十六岁。

时距"辛亥革命"还有五年。

距"五四运动"还有十三年。

距《呐喊》出版还有十七年。

——而树人逝世于民国二十五年，即公元1936年，年五十五岁。

故此时距他生命历程的终结，仅有三十年。

9

一领空花轿歇在院中。

---

① 即公元 1906 年 7 月 26 日。

45

男婚女嫁乃终身大事，场面是得认真计较的，特别是新娘子，对能显示自己身份的花轿，是万不肯马虎的，推敲讲究，如老吏判案。其实，这是为日后的家庭争端埋下伏笔，到时如真的发生口角，女方就可以理直气壮地说："我不是自己走来的，是你们用花轿抬来的。"所以鲁瑞不管手中如何拮据，她还是咬紧牙关，雇来这么一领像模像样的花轿。

那轿顶上有锡制的"五岳朝天"状的饰物，轿身四周彩绸结束，绸面上饰有鸳鸯戏水等图案，四角则挂有红绿彩球，四面各有一个用明瓦（俗称琉璃）镶嵌的窗门。抬轿的杠子是两根大杠，用红绸结成扣索，前后各穿一根小杠，号称"半副銮驾"①，由四个壮汉来抬。前面还可用大红灯笼开道，红纱灯引路，对锣喝道。

一大早，鲁瑞就围着这花轿转悠，摸摸彩结，撩撩帘门，甚至还试了试杠索，一直折腾至谦少奶奶和四名轿夫到来。

"嫂子，前天我将'三把钱'送到了安姑家，她爹娘说不出的高兴呢。"谦少奶奶满面春风地说。

鲁瑞还有几分担忧："我怕给得少，朱家办喜酒不够花。"

"够，够，够！"谦少奶奶说得万分肯定，"嫂子娶媳妇，每一步都办得合规合矩的。"

"我一来是怕长辈笑话，二来也是想给伯宜家挣挣面子。"鲁瑞有些伤感了，赶紧又拿出钱，递了一些给谦少奶奶，"这是给安姑的'开门钱''上轿钱'，就麻烦你交给她好了。"然后又打发了轿夫们一些酒钱。

目送花轿渐渐地去远了，鲁瑞长长地喘了一口大气——樟寿的婚事终于妥帖了！谁说孤儿寡母只有啼饥号寒的本事？来看看鲁瑞吧！一种空前的自豪感与幸福感，充溢了她那因过度操劳而

_____

① 銮驾：皇帝的车驾。

疲惫万分的心，使它又强有力地搏跳着。

她觉得一切都很圆满。但这种太圆满的圆满，又使她觉得有点信不过，胡思乱想了很久，也没有挑出哪怕针尖大的不圆满之处来。

母亲干脆不去想它了——虽然她总是疑心有一处是自己没有考虑到的……

10

新郎出来了！

他是英俊的，脸上生着白白的皮肤，戴着一顶罗制的筒帽，装着一支拖出在帽下的假辫子，身上穿着袍套，外面再罩上纱套，脚上穿着靴子。

他彬彬有礼地立在门口，迎接川流不息来喝喜酒的客人。

他在笑——向有资格从始到终连吃两天的亲戚和房族笑。向只吃一顿饭或一天饭的邻居笑。向熟悉的客人笑。向不熟悉的客人笑。向半生半熟的客人笑。向有关系的客人笑。向无关系的客人笑。向过去无关系，今天却显得特别有关系的客人笑。向心中不喜气洋洋、脸上却比自己成亲还要喜气洋洋的客人笑……

他笑得很累，面部肌肉由于长时间的牵动，酸酸地，板结成了几大块。他知道马上就要变成皮笑肉不笑的那种笑了，但他更清楚地知道自己有责任、有义务笑下去，笑与不笑的权利不属于自己。

有一刹那，他想哭——不顾体面，不管他人，自由自在地放开喉咙，汹汹地号啕，像卞和抱璞泣血、阮籍穷途痛哭，像荒漠中被飞沙走石击得浑身鲜血淋漓的野狼一样大声哀嗥……

可他没有哭，仍然笑，而且笑得更认真、更标准，更使贺客们满意。

但他明白，为了这笑，他将在内心哭泣一辈子！

11

"来了！来了！"

谦少奶奶抹去满头的汗水，两片脸颊潮红得像绽开的桃花瓣，兴冲冲地一头冲进新台门。

所有的客人都拥到了屋门前。

母亲紧倚着树人，那一声比一声近、一声比一声高的鼓乐，引得她的心房一阵阵地怦怦乱跳。

新郎虽然笑累了，但这种浓烈的喜庆气氛越来越紧地包围着他，浸渍着他那颗紧闭的心，麻痹的神经渐渐地舒活起来，他才开始缓缓地意识到，眼前所进行的这件事情的确和自己有一些关系——而且按别人派定的角色，自己还非得充当主角不可！看着那越抬越近的花轿，他对自己这繁重的表演任务开始生出一些畏缩，一些恐慌，一些怨恨，但一见母亲那幸福而激动的泪光，他又拼命忍住了，强使自己进入目前这种规定场景内应有的内心体验中，然后再去找出与之相称的合拍的形体动作。

轿顶上的五岳在晃荡。杠索在吱吱作响。轿夫的脚步吧嗒吧嗒。鼓乐像是在耳边吹。

司仪洪声亮嗓地长吟起来——

日吉时良，
天地开张；
新人到此，
万事吉昌。

花轿在堂门前停住了。

吹鼓手憋足劲头一阵狂吹。

鞭炮噼噼啪啪地在炸响。

司仪更加洪亮地长吟——

> 东方一朵紫云升，
> 西方一朵紫云来；
> 两朵紫云来相会，
> 迎接新人下轿来。

一位公认是福气最好、年事最高的本家长辈被大家拥到轿前，伸出颤巍巍的手去撩轿帘。

众人都踮起了脚跟，紧盯着那只青筋暴突的手。

> 花花轿子刚落平，
> 有福之人牵新人，
> 女有福来男有福，
> 喜气洋洋福满门——

司仪将尾字拖长，挽了两个花腔，正准备挽第三个时，从掀开的轿帘中，一只较大的绣花鞋掉了出来，"噗"的一声，落到地上。

哦！众人不约而同地叫了一声。

又见一只缠得尖尖的小脚伸了出来，费力地想去勾地上的那只鞋。大家哄笑起来，他们全都明白了，娘家是想掩饰新娘的小脚，就替她穿了一双较大的绣花鞋，脚小鞋大，加之人又矮小，坐在轿里，上不着天，下不着地，慌乱中，鞋子就"脱颖而出"了。

母亲不安起来。

"不吉利！不吉利……"她身旁几个脚缠得更尖的老太太在嘟哝。

树人面色有些阴沉，因为他估计事情也许要比预想中的更糟。

新娘终于将脚放进了鞋中，下得轿来。她个子不高，身材瘦小，蒙着盖头，身披红纱，下身着黑绸百褶裙，步履缓慢不稳，由傧相搀扶走着。

司仪又高声地长吟起来——

一步一莲花，
二步二莲花；
三步莲花朵朵开，
四五六步上堂来……

12

母亲的心绪越来越乱，只是身份不由人，必须打起精神撑持整个场面。

当矮小的安姑从轿里出来，刚走上那么几步时，鲁瑞的心猛地一沉，暗暗叫苦。出乎她的意料，竟上了本家极要好的妯娌的当，于是她情不自禁地瞪了忙碌的谦少奶奶一眼。

这业余媒婆却不恼，万分坦然地迎着鲁瑞的目光，挤了过来，凑近她的耳朵道："嫂子，这门亲事不错吧！"

"不——不赖——"母亲费了点心思，才想出了这么个比较客气的词儿来。

"不错就好！不错就好！我也算是对得起嫂子的了，不讲别的，光鞋都跑烂了几双……"

"鲁瑞记得你的大恩大德。"母亲几乎是耳语地说——她极不希望别的人听见。木已成舟，米已成饭，她也不愿再多想了，只希望这喜庆的场面能够维持，这自己一手操办的婚礼能够圆满结束——她很怕喝过洋水的儿子挑剔发作，当众给自己来一个难堪，她在心中呼喊儿子："樟寿，祖祖辈辈都是这样，你也将就点吧！娘对得起你，你也应该对得起娘……"

树人倒也的确对得起母亲，他不言不语，不看不望，不怒不恼，不烦不躁，别人叫他入喜堂他就入喜堂，别人叫他拜堂他就拜堂，别人叫他谢媒人他就谢媒人，别人叫他反手他就反手，别人叫他揭盖头他就揭盖头——

> 淑女头上顶红纱，
> 来到荣华富贵家，
> 新郎反手来揭盖，
> 现出芙蓉一枝花……

在司仪悦耳的歌咏中，新娘子的头部渐渐地显露了出来，她脸型狭长，色微黄，前额与颧骨略略突出，好像带几分病容，眼睛有些下陷，但大小适中，流露出一种羞怯，一种温顺，一种希冀，一种对未卜的前途的不安……

13

母亲呆坐在自己的屋中，望着那添了一道油的灯发愣。

楼上传来一阵哄笑声，接着咚咚咚，楼梯上一阵乱响，是最后一批闹洞房的人尽兴而归了。

杂乱的人声与脚步声渐渐去远，渐渐地消失了，而屋前石阶下几只夏虫的吟唱却渐渐地清晰、真切起来。

又坐了很久，灯焰暗红了，逸出一缕黑烟，盘旋着往上浮。

她拖着疲乏的身子站起来，摸到剪刀，剪掉灯花，又添上了一些新油。

到灯焰又暗红时，她轻轻地将灯吹灭，然后走出屋来。

因为是月初，月色不大分明，她暗中摸到了楼梯前，试着用脚触到了第一级。

蹑手蹑脚地往上登。走两三级，她就停下，四下里听听，待自己的喘息平稳了，再往上。

新房在东屋，她悄悄地摸进了隔壁的西屋，将一只母亲的耳朵，紧紧地贴到那间壁上——

长时间的沉寂。

"你在看书吧？"——新娘的声音。

"嗯……"——新郎的声音。

又是长时间的沉寂。

"累吗？"

"嗯……"

又是长时间的沉寂。

"灯都残了！"

"嗯……"

又是长时间的沉寂……

14

周氏家族有一个宗祠，在城内的状元弄，为各房所公有。从前男子上十六岁叫作上丁，春秋节便须往祠堂祭祀了。而妇女只在结婚的次日上午，和新郎上祠堂去拜一次祖宗，以后一般不再去了。所以这次拜祖，于新婚夫妇来说，是一场必须花大力气的重场戏。

而且，族人好像特别关注树人拜不拜祖这个问题似的。因为在他们看来，他的确是一异类，既不肯学生意赚银子，又不肯做幕友吃官饭，反而去东洋跟倭鬼子学剖人的肚子，这样的新人的确新得可怕。因此他们预料对于婚礼仪式，他是一定要变些新花样来坏祖宗大法的。但族长与热心之士商议的结果，是不怕，拭目以待，且看他如何动作。

可迎亲时树人的举动，很出乎他们的意料，大家心上的重担都放下了，但又似乎觉得反而加重了，觉得太异样，倒很有些可虑似的。而昨日新娘子的短处已十分明显，他们更有理由担忧新郎会借事出徐州，今日做出非分之举。所以六月初七这天一早，同族中有事无事之人、有心无心之人，全都聚到家庙里；晚到的，位子就劣了，只好站立在堂前的石阶上。

族人耐心地候着，脸上分外地庄重，心中分外地雀跃。族长叫人传话了，祖宗堂前，大家排成阵势，互相策应，如树人无礼，就合族并力与他做一回极严厉的谈判。

他到底来了，神色沉静，穿着昨日的礼服，身后紧跟着有些畏缩的朱安。

新郎恭敬地向长辈问安，然后带着新娘子跨进祖宗祠。轰，晚到的人立即拥过去，堆在祠门口，从人缝中往里瞅。但他们视线太差，只好央站在前面的花白胡子的七斤公公做现场直播。

祠堂里忽然安静了下来。

"啧啧！"七斤公公赞叹起来，"在给祖宗牌位行礼了——那腰弯得好到家……"

"啧啧！在跪拜了……"

"啧啧！在拈香了……"

一切如旧，一切循规蹈矩！

见酿不成一种出人意料的洪波大浪，热心的看客灰心了，

"轰"的一声，走散了一半——他们忙着赶回去告诉自家女人，那东洋留学生也不敢多吃一碗干饭，祖宗面前，还不是像你我一样，规规矩矩……

15

当天晚上。

树人一直看书，而且是在楼下母亲的屋中看。

楼上悄无声息——也许新娘子在静静地、痴痴地等候吧！

啪！偶尔听见灯花在爆，母亲倚在床边，默默地看着儿子，听他哗哗的翻书声。

夜静极了。

"樟寿，该歇息了！"

"嗯……"儿子没动。

乒！楼上有响动，但立即沉寂了。

"唉，安姑才来两天！大家都觉得她性情好，懂规矩，对我这阿婆和别的任何人都有礼貌。"

"只要母亲喜欢，我也无话可说了。"

乒！楼上又有响动，但立即又沉寂了。

母亲鼻子一酸，无声地抽泣起来——据说受了重伤的母狼，就是这样哭而无声地。她想起自己唯一的女儿端姑——那孩子才一岁多就病死了，当时母亲有好几个月都是和衣而睡，总是忘不了这个一直贴在怀里的可爱小女儿。她想起了卧病多年，吐血而死的丈夫。她想起了病逝的幼子椿寿，他的相片现在还挂在床前。她想起这些年家中的风风雨雨，想起了樟寿婚事的曲曲折折……

"我好命苦啊！"她哀叹道。

树人放下书，走到母亲面前，用自己的手绢替她拭去泪水，迟疑了一下，说——

"这样吧，今晚，我，还是上楼好……"

16

六月初八晚，树人仍在母亲屋中看书，后来终于没有上楼，就睡在鲁瑞床边的另一张床上。

六月初九，他与二弟周作人、朋友邵铭之等四人一道，启程返回日本。理由呢？只有一条——学校的功课不能耽误！

人去了，只剩下新娘子朱安一人，独守着偌大的空荡荡的两间新居。

后来，在海军的叔父的夫人从上海回来了，鲁瑞就叫朱安把西首的那一间让给她住。

"安姑，这下好了，你有伴了！"阿婆对媳妇说。

"阿婆，这下好了，我有伴了！"媳妇对阿婆说。

第四章　寂寞与孤独

这于我太痛苦。我于是用了种种法，来麻醉自己的灵魂，使我沉入于国民中，使我回到古代去……我的麻醉法却也似乎已经奏了功，再没有青年时候的慷慨激昂的意思了。

——鲁迅

1

从潮湿的生着暗绿色苔藓的墙底，一只蜗牛一点一点地挣扎着往上爬。

它头上顶着圆锥形的往右旋的大硬壳，触角顶端耸着一对可怜的小眼睛，扁平扁平的足顽强地向上攀缘着。

一分、两分……它爬得很累，很慢，离墙顶还很远很远。

但它还是固执地爬呀爬……

有时它遇到了大不幸，无声地坠到了墙脚。

它就躺上一会儿，或半天，然后又开始了它新的悲壮的爬行……

谁也没有留心过它——除了朱安。

2

1909年的8月，树人回到了祖国。

在日本的这三年中，他没回过一次家，放弃了医学，在东京专门从事文学活动，写了许多历史、科学、哲学和文学的文章，也译了不少的小说。可挫折与失败也接踵而至，译文集《域外小说集》出版了，只卖掉了二十一本；与许寿裳、周作人等筹办的《新生》杂志，也因缺乏资金而流产。

而这个时候，仍在学校读书的周作人同日本姑娘羽太信子恋爱，准备结婚，故乡母亲也需要资助。作为长兄、长子的树人，只得暂缓自己在日本的求学和事业，决定回国。他不无痛苦地对挚友许寿裳说："你回国很好，我也只好回国去，因为起孟①将结婚，从此费用增多，我不能不去谋事，希望能对他有所资助。"他深爱作人，作人也敬重他——如果这是牺牲，他情愿！

回国后，树人先在杭州、浙江两级师范学堂任教，近一年中，只身在外，没有接眷同居。

1910年7月，他辞去这一教职，回到故乡，先后任绍兴府中学堂博物教员、监学，师范学校校长。

同事和学生们简直不敢相信周树人先生刚过三十，只见他身上穿一件黑色布棉袍，从秋到冬，不曾见他换过；下着一条玄色西装裤，黑袜黑皮鞋，浑身是黑；嘴里含着双刀牌香烟，一支又一支，不息地抽，每天都有四十多个烟头，在那绿玻璃的烟灰缸中，重叠出一座显赫的山来；因为胃病，经常不上饭厅，以几枚苹果香蕉充饥。所以瘦削的面部经常是苍白的颜色，仿佛是

---

① 周作人号起孟，又作启明、岂明，笔名仲密。

四五十岁人的那种衰颜，唇边留着一撮小髭，不常整容，特别是头发，长到一二寸，也没有修剪，根根竖起，像茅草一样地杂乱——

"周先生，你的头发怎么不去理一理？多难看啊！"有同事说。

"噢！我出钞票，你们好看？"

3

星期六的晚饭，朱安早早地做好了。

"阿婆，吃晚饭了！"

"好的！"

鲁瑞爽快地来了，并不诘问开饭的提前—— 她体谅媳妇的苦心，树人平时住在学堂里，只有星期六晚上才会回家来。

吃完饭，收拾完毕，朱安就习惯地走到鲁瑞房里，恭敬地依着床上的阿婆的下首坐下。她是来尽媳妇陪伴婆婆的责任的，几年中从未间断过一天。只是她生来少言少语，而最终说出来的那么几句话，又味薄趣淡，所以这例行的陪伴，主讲人倒是活泼的阿婆。

"安姑，好好歇歇！"鲁瑞见媳妇伸手去端盛着针线、剪刀、尺子、粉袋、线板的生活篮，连忙拦住了她，"放到桌上去。"

朱安端起篮子，小脚缓行，将它放到窗前桌上。

阿婆乐呵呵地笑起来："安姑，瞧你那脚啊—— "边说边将自己那双放大了的脚伸出来，一个个奔放的脚指头，自在地动着。

朱安有些发窘，又有些不安——丈夫不喜欢小脚，自己想讨他的好，下花轿时却出了丑——但她对婆婆的大脚，绝无仰慕之

58

心，反而有些不以为然，妇道人家脚这么大，不好看，也不合规矩嘛！但她不愿讲出来，反而很有兴致地问：“听说阿婆当初放脚也不大容易啊！”

“可不是吗？”鲁瑞劲头来了，“当初我放大了脚，本家的一位长辈——算了，我不讲他的名字了——反正他绰号叫‘金鱼’，到处去说，某人放大了脚，要去嫁给外国鬼子了。”

“讲得好难听啊！”朱安羞得低下了头。

鲁瑞冷冷一笑：“我才不去找他评理呢。他再说，我就回敬他，嫁外国鬼子，可不是么，那倒真是很难说的呀。”

朱安掩住口，不出声气地笑了起来。她觉得阿婆讲得痛快有趣，可又觉有些不妥，究竟什么不妥，她也模模糊糊。

院子里有脚步声，接着就听见树人的声音在叫：“娘，我回来了！”

朱安赶忙站了起来：“阿婆，我上楼去了。”因为她知道，树人一回家，总是要先待在母亲屋里，和她老人家谈谈天的。

果然树人走进屋来，在母亲的床沿上坐下，把这一段时间的时事新闻讲给母亲听。

听着，听着，母亲温和地微笑起来：“好了，好了，上楼去吧！”

他又讲了起来，不过换了一个话题，讲的是他所爱吃的一种糖，叫摩尔顿糖……

“好了，好了，娘不爱听了！”母亲不耐烦地挥了挥手。

他退出了母亲的屋子，挺不情愿地……

然后他又挺不情愿地走进楼上的西屋——

朱安静静地在床边抽着水烟。

树人默默地将油灯捻子挑得更明。

朱安悄悄把水烟袋放到柜子上。

树人缓缓解开从学堂带回来的一个蓝布包，拿出一大摞作文本来，翻开了第一本……他会看到一两点，或者三四点钟的……

"我睡了！"她说。

"好的。"他答。

的确是好的！——她想——他今晚毕竟是回来了啊！有时说是工作忙，到星期天白天才回来，而晚上就又回学堂了……

4

树人开始孜孜不倦地搜求起植物标本来。

假日里，他和三弟建人及工友王鹤照一起，各背一个特制的白铁筒，带着两把柄长一尺左右的铁铲，就进山去了。待植物采回来以后，树人连夜分类、烘晾，用标签标明它们的学名及性能等。

辛亥①年三月十八日这天，天气晴和，他们往会稽山进发。入山门后大约行了六七里，到了禹祠。只见苍老冷绿的苔藓爬满院墙，败树槁木密布于地，二三个农夫寂寥地坐在冰凉的石阶上，默默地瞅着他们。

他们折向右行，沿着会稽山的山脚又走了里把路，到达了一座小山上。

这山不很高，松树与杉树并肩生长着，有些树木生着小芒，刺着人的衣衫。

再往上走，那些生芒的树渐渐稀少了，只能见到一些花草，都是常品，他们采集了其中的两种。

好不容易爬到了山巅，只见脚下是万丈绝壁，再也不敢往前走半分了。他们小心翼翼地伏在崖边往下俯瞰，只见满山满谷的古苔，毛茸茸的像一领大裘衣，中间夹杂着一种小花，五六朵成

---

① 即公元 1911 年。

为一簇，大约有几十簇，累积起来，有一丈左右宽。

树人又往崖边挪了挪，伸出手去，采到了离他最近的那一株。仔细端详，它一叶一花，叶碧花紫，就是世称的一叶兰——原来人们是用"一"来标明它的叶数，用"兰"来对它归类啊。

这时，细雨密集，有一位樵夫上来了，刨根问底打听他们采来何用。

"做植物标本，用来研究呀！"树人认真地向他讲明。

他不懂，摇头，大为困惑。

"做药。"树人开始骗他了。

樵夫又问："这药有什么用呢？"

"吃了可以长生。"

"长生怎么可以凭药就办到呢？"

"这正是我之所以来找它的原因啊！"

山腰有条横路，他们于是沿着它往山下走。树人边走边想，大凡山上的纵径，如是上易下难，那么山腰必然生出一条横路来，人们不期而用之，它果真就成一条大路了，再也不会荒芜了！

5

树人开始孜孜不倦地汇集、抄录、校勘古代逸书。

每天晚上，绍兴府中学堂他那间卧室中，灯柜上铜质煤油灯到更深夜尽，都还燃着。借着这微弱的灯光，他或把头枕在床架上，聚精会神地读书；或是在北窗那张黑漆的二斗长方形桌子上与古人打交道。

他搜集和辑录了《释草小记》《南方草木状》等古代植物学著作。收入有关会稽古代历史地理逸文的《会稽郡故书杂集》、汇集大量古典小说资料的《古小说钩沉》，也是这时辑录、校勘、整理成功的。

光是为了完成《古小说钩沉》，他就用宽窄相异、颜色不同的小纸条，做了六千多张资料卡片，以后又分门别类加以整理，全部写清楚后集中装订成十大本。

就这样，他一日日沉湎于其中，一日日地做下去。

有学生心疼他，关切地说："周先生，你一歇也不歇，人要吃力的。晚上就不要写文章和看书了吧！"

树人笑着回答："一个人做他喜欢做的事情，不大会觉得吃力的。所以我的抄写或看书，也就是我的休息。"

6

他真的喜欢吗？不！在内心深处，他深刻痛苦地怀疑，这是否是自己理想的、热爱的工作。

他在给许寿裳的信中说道："仆荒落殆尽，手不触书。唯搜采植物不殊曩日，又翻类书，荟集古逸书数种，此非求学，以代醇酒妇人者也……"

原来如此！

但社会太黑暗，家庭太寂寞，灵魂太痛苦，他又不得不如此！

而更可怖的是，他明明已意识到不该如此，但又不得不如此，而且还是自己主动去如此——每一刻都清晰地意识到自己在吃麻醉剂，但每一刻又起劲地把药往下咽……

辛亥革命爆发，中华民国临时政府成立。1912年2月下旬，应教育总长蔡元培先生的邀请，三十二岁的树人离绍兴去南京教育部任职。

这年4月初，南京临时政府决定迁往北京。

5月初，树人离开家乡去北京，同行者为许寿裳先生。

7

那只蜗牛，从潮湿的生着暗绿色苔藓的墙底，一点一点地挣扎着往上爬。

它头上顶着圆锥形的往右旋的大硬壳，触角顶端耸着一对可怜的小眼睛，扁平扁平的足顽强地向上攀缘着。

一分，两分……它爬得很累，很慢，离墙顶还很远很远。

但是它还是固执地爬呀爬……

突然，它遇到了大不幸，无声地坠到了墙脚。

也许是摔得太重了，它卧在那里，僵而硬，全然不动。

——起来，起来，你起来又爬呀！

朱安在心里焦虑地催促着它。

8

北地是单调而乏味的！

一眼望去，灰暗的天空下横着黄苍苍的土地，间或有些草木好像也绿不成气，成了暗黄的一抹。这沉沉的黄帘子一直坠在树人的眼睛上，遮没了一切，使他觉着无趣。

5月5日下午约7时，火车到了北京城，他在前门车站下了车，投宿在骡马市大街的"长发客店"里。

第二天上午，他决定搬到南半截胡同路西的绍兴会馆。这会馆是从前绍兴在京做官的人出钱建立的，凡是同乡举人到京应试，或是同乡官员到京候补，都可以借住在这里。

树人走到这条胡同的北头出口时，不禁有些愕然，这不是菜市口吗？清廷杀人"弃市"之地、戊戌"六君子"殉难之处！以后时时经过，履之所践，说不定是谭嗣同鲜血涌流处呢。他心头一沉，匆匆向路西的会馆走去。

穿过门庭，迎面有一块照壁，再折向南院，小门后就是会馆管事"长班"的住房。

"哈哈，现在是你，从前是祖上——"还没等树人开腔，这位老资格的会馆太史公就滔滔不绝地讲起先前的掌故来，"老周大人就在这住过，后来阔了，娶了姨太太，就在会馆外面住了，房子好了，架也打得多了……"

树人很不好受，但也无可奈何，只得听任长班将这部演义兴致勃勃地演绎下去。

老头子将他安排在西北面的藤花馆，后来为了避免吵闹，又移入西南面的补树书屋居住。

从这一夜开始，树人在这会馆里住了七年零六个月，这是他从十八岁离开绍兴老家到逝世为止，居住时间最长的一处地方。

而在这漫长的七年半中，他只回绍兴探亲三次，加起来为时不过八十天，其余时间则是一人在会馆中独居——他好像有家，又好像没有家；如果一定要说有家的话，这冷寂的会馆倒像他的家。

当夜，躺下还不到半小时，三四十只老而肥的臭虫就来欢迎他。树人受不了这种过分的亲热，连忙避卧到那光光的桌上。

第二日，长班换掉床板，树人才得安睡之所。

9

这房子是很老旧的，窗门是和合式的，上下都糊着花格纸，没有玻璃，到了夏季上边糊一块绿的冷布，做成卷窗。

但旧有旧的好处，住得久了，就能领会老屋纸窗的韵味。秋风陡起时，窗前枣叶簌簌乱落如雨，听得分外真切，如是换成玻璃窗，情趣就完全两样了。而一到春天，大黄风震撼着老屋，午夜躺在床上，听着呼呼之声，似乎房架子吹得都在摇动；于是，梦到江南的树人就再也不能将那场好梦续完了。夏天呢？则可以听到知了声，胡同中卖冰的冰盏声。冬天则可以听见远处的犬吠声，窗边的密雪声。

在部里上班，午饭往往就在邻近的小饭馆吃；有时就与三位同事一道，专包一顿，四人同吃，每顿共四样菜，每人每月五元。

在会馆中，饭托长班代办，菜就叫他的儿子随意去做，当然不会可口了。有客时则到胡同口外的一家有名的饭馆"广和居"去叫，但它的名菜如潘鱼、砂锅豆腐等是不大叫的，要的只是炸丸子、酸辣汤等。那盘碟如猫碗狗碗一般，实在坏得可以，好在价钱便宜，只是几个铜圆罢了。

吃茶是一直不用茶壶的，只在一只上大下小的茶盅内放一点茶叶，泡上开水，也没有盖子，请客人吃的也只是这一种。

衣被脏了，则多半请人浆洗，洗净一床旧被，工钱为三十枚铜圆。

北地苦寒，刚到的头一年冬天，树人架不住冷气的煎熬，得了气管炎、胃病，牙齿也越发不好使了。他只得自己照料自己，有时去日本人开的医院看病，有时则蒸山药①来滋补滋补。

隆冬天寒地冻，砚水成冰，他将门上的竹帘换成布帘。又购一小白泥炉，那炉身是胶泥搪的。外刷北京特有的大白粉，像一个绍兴酒坛子，底部有炉条，肚皮上开个小洞，用来通风与捅灰，装在一个一尺多高的铁架上。

炉中木炭彤红，室内暖意融融，树人围炉独酌，炭红酒温，

---

① 学名薯蓣，可入药，也可作菜及点心。

颇忘旅人之苦，遂用悦耳的乐音，低吟出白乐天居士的那首诗来——

> 绿蚁新醅酒，
> 红泥小火炉。
> 晚来天欲雪，
> 能饮一杯无？

10

嗡嗡空竹声、沙沙风车声、啪啪鞭炮声……在除夕的夜空中响着，从下午就吹起的北风，又把它们汇拢，往灰白的晚云上送。

远远的胡同里传来断断续续的叫卖吆喝声，这是些极困顿的小贩，虽辛劳一年，也不肯早早回家度岁，还想抓住今年最后的几个时辰，在这冷风横扫的长街上，再找几个小钱：

"卖芝麻秸、松木枝儿哟！"——这是卖给人家"踩碎"用的，除夕夜将芝麻秸撒在地上，大家踩过来、踩过去，噼啪作响，踩得粉碎，"踩碎"即"踩岁"，图个吉利而已。

"买大本皇历！"——旧皇历翻到了最后一页，赶明儿得用新皇历了。这叫卖声是最沉郁不过的，谁听见都会生出一种怅惘：一年匆匆过去，人生的大历书又变薄了许多！

丁巳年①的除夕之夜，独坐会馆的树人又听到了这一年一次的吆喝声。

他站起来，环视这已独居了五年的小屋：

堂屋当中破旧方桌上，寓京浙籍友人送的粽子与冻肉勾起了

---

① 即公元 1917 年，鲁迅到北京的第五年。

他淡淡的一缕乡愁。

书桌与书架上，陈放着进京五年来所研习的佛学典籍：《三教平心论》《释迦如来应化事迹》《华严经决疑论》《大乘法界无差别论疏》《金刚般若经》《金刚经心经略疏》《大乘起信论梁译》《唐高僧传》《阿育王经》……内中还有自己为庆祝母亲六十寿辰出资捐刻的《百喻经》；陈放着进京五年来校辑的古籍，搜集的六朝造像及墓志拓片；陈放着进京五年来从琉璃厂淘来的一大堆线装书。他感到自己五年的生命已陈放在这里，已凝固在这里了。

靠墙有一个小盒，夏秋时树人在里面养了一些壁虎，天天拿东西去喂它们。别人认为壁虎有毒，但他的结论是壁虎的确无毒，有毒是人们冤枉它。

——五年了！

他的心分外寂寞，也分外平静：没有爱憎，没有哀乐，也没有颜色和声音。于是拖出某一古人的墓志，他又静静地抄录起来。越抄越觉爆竹声离得越远，换岁的感觉也就消失得无影无踪了。

"先生，你抄这些死人的墓志，目的安在呢？"有学生曾问过他。

他说："这等于吃'鸦片'而已。"

此刻，正是这"鸦片"上劲的时候……

11

我觉得我已经死了，只是不知装我的棺材掩埋了没有。

手背触到身子下草席的条纹，觉得这裹尸的衾倒也不坏。可惜！不知道是谁给我花的钱买的，但是，可恶，那些收殓的小子们！我背后小衫的一角皱起来了，他们都不给我拉平，抵得我很难受。你们认为死人无知，做事就这样地草率么？哈哈！

我的身体似乎比活的时候要重得多，所以压着衣皱便格外地不舒服。但我想，不久就可以习惯的；或者就要腐烂，不至于再有什么大麻烦。此刻还不如静静地躺着想。

"你好？你死了么？"

是一个颇为耳熟的声音。睁眼看时，却是勃古斋旧书铺跑外的小伙计。多年不见了，倒还是一副老样子。我又看看六面的壁，实在太毛糙，简直丝毫没有加过一点修刮，连锯绒都还是毛毿毿的。

"那不碍事，那不要紧。"他一面说，一面打开暗蓝色的布包裹来，"这是明版《公羊传》①嘉靖黑口本，给你送来了。你留下它吧。这是……"

"你！"我诧异地看定他的眼睛，说，"你莫非真正糊涂了？你看我这模样，还要看什么明版？……"

"那可以看，那不碍事。"

我即刻闭上眼睛，因为对他很厌烦。停了一会儿，没有声息，他大约走了。但是好像一个蚂蚁又在脖子上爬起来，终于爬到脸上，只绕着眼睛转圈子……

12

一只冰冷的槐蚕落在树人头颈上，凉森森的，直往心里去。

他不禁停下摇着的蒲扇，仰头去看头顶上那高高的槐树。

据说多少年前有一个女人就是在院里的这棵槐树上缢死的——因此之故，以后会馆特别定了一条规定，凡住户都不得带

---

① 一部阐释《春秋》的书。相传为战国时期齐国人公羊高所作。在木刻书中，明版本是较名贵的。

家眷——那时这树也许还不高大，所以那妇人上吊还够得着，现在它已经高不可攀了，如要寻死，就只可触而不可吊了。

夏夜的青天在那密叶缝里一点一点地嵌着，神秘地对树人眨着诱惑的眼。

他不愿看它们，于是目光移向自己寓所的那排房子——黑乎乎的，多少有点像具寿木。好在访客少，也没有什么问题与主义来找麻烦，即使自己的生命在这里暗暗地消去了，他也高兴——因为这时他唯一的愿望，就是使自己的生命暗暗地消去。但在这样的夏夜，老朋友钱玄同却来访问树人了。这位胖人将手提的大皮夹放在破桌上，脱下长衫，对面坐下，因为怕狗，似乎心房还在怦怦地跳动。

"你好——猫头鹰！"他招呼树人。

"爬翁好！"树人答道。

两位老朋友会心地一笑，扯起当初在日本留学时的逸事来。他们曾与周作人、许寿裳等一起，在东京听章太炎师讲《说文解字》。玄同听讲时，很不安静，经常爬来爬去，树人遂呼他为"爬翁"；玄同则因树人不修边幅，毛发蓬然，常凝然冷坐，就称他为"猫头鹰"。

打趣了一阵，爬翁翻出猫头鹰所抄的古碑来，研究似的质问："你抄这些有什么用"？

"没有什么用。"

"那么，你抄它是什么意思呢？"

"没有什么意思。"

"我想，你可以做点文章……"

树人懂得他的意思，玄同与陈独秀、胡适等人正在办《新青年》，他们的事业好像不仅没有人来赞同，并且也还没有人来反对。他想，他们也许是感到寂寞了，于是他说：

"假如一间铁屋子，是绝无窗户而万难破毁的，里面有许多熟睡的人们，不久都要闷死了，然而他们是从昏睡进入死亡，就并不感到走向死亡的悲哀。现在你大嚷起来，惊起了较为清醒的几个人，使这不幸的少数者来受这无可挽救的临终的苦楚，你倒以为对得起他们么？”

“但是几个人既然起来了，你就不能说绝没有毁坏这铁屋的希望。”

“这——”树人觉得难以回答了。

玄同去了，会馆又回复到先前的暗与静中。树人一支接一支地抽烟，烟头在暗中红亮，咝咝声在静中飘荡——

是的，希望是绝不能抹杀的，因为希望在于将来。

我虽然有我的悲观，但绝不能以我所认为的希望的无，来推翻他所主张的希望的可能的有……

于是他磨好墨，摊开纸，吸了四五支烟，提起笔来，写道——

狂人日记

鲁　迅

……

我翻开历史一查，这历史没有年代，歪歪斜斜的每页上都写着“仁义道德”几个字。我横竖睡不着，仔细看了半夜，才从字缝里看出字来，满本都写着两个字是“吃人”！……

13

中国文坛被这一声春雷震动了。

新文化运动主将、《新青年》的主持人陈独秀，对鲁迅的小说满心佩服，花了最大的力气，一回又一回地来催，催几回，鲁迅就做一篇。

他深知陈独秀是不主张消极的，必须遵奉这位主将的将令。鲁迅努力压抑自以为苦的那种寂寞感，发出了勇猛的呐喊，想以此慰藉那在寂寞里奔驰的猛士，使他不惮于前驱，想使青年摆脱消沉与冷气。

鲁迅参加了《新青年》的编辑工作，并成为主要撰稿人。他一发不可收，小说、随感录、新诗、评论……什么形式的作品都写，有时一期就有七篇之多。

但他的内心深处，仍然有一种化不开的浓重悲凉。

他有时终日在会馆里坐着，至多也不过看看窗外四角形惨黄色的天，想写随感录吧，真不知感在何处——只有几封套话连篇的来信，只有几个哈哈连天的来客，都是祖传老店的文字语言，写的说的，既然有口无心，看的听的，也便毫无所感了。

但是有一天，编辑部给鲁迅转来一首诗，是不认识的一位青年寄来的——

爱　情

我是一个可怜的中国人。爱情！我不知道你是什么。

我有父母，教我育我，待我很好；我待他们，也还不差。我有兄弟姊妹，幼时共我玩耍，长来同我切磋，待我很好；我待他们，也还不差。但是没有人曾经"爱"过我，我也不曾"爱"过他。

我年十九，父母给我讨老婆。于今数年，我们两个，也还和睦。可是这婚姻，是全凭别人主张，别人撮合；把他们一日戏言，当我们百年的盟约。仿佛两个牲口听着主人的命令："咄，你们好好地住在一块儿吧！"

爱情！可怜我不知道你是什么！

鲁迅读着，一遍又一遍，像有一阵阵强大的感情的雷暴，轰隆隆地震撼着他那沉寂无声的灵魂……

14

哦！这首诗对我是有意义的，有意义的——

诗的好歹、意思的深浅，姑且勿论；但我要说，这是血的蒸气，醒过来的人的真声音。

爱情是什么东西？我也不知道。中国的男女大多是一对或一群——一男多女——地住着。不知道有谁曾知道过爱情。

但从前没有听到过像这青年这种苦闷的叫声。即使苦闷，一叫就错；青年老年，一齐摇头，一齐痛骂。

但是无爱情结婚的恶果，却连续不断地进行。一对对形式上的夫妇，既然大家都各不相关，年轻的就另去姘人宿娼，老年的就再来买妾：麻痹了良心，各有各的妙法。所以直到现在，大家都不成问题。只是曾造出一个"妒"字，略略表现出他们曾经在此事上苦心经营过的痕迹来。

但东方已经发白，人类向各民族所要的是"人"，——这种"人"从生物意义讲自然也是"人之子"——而我们没有"人"，我们所有的只是"人之子"，是儿媳妇，是儿媳之夫，是不能献出于人类之前的。

可是魔鬼手上，终有漏光的地方，掩不住光明：人之子醒了，他知道了人类之间应有爱情，知道了从前一班青年的老年的所犯的罪恶，于是他有了苦闷，张口发出了这叫声。

然而在女性这一方面，本来也没有罪，现在是做了旧习惯的牺牲品。我们既然自觉自己应有人类的道德，良心上不肯犯那班青年的老年的所犯的罪恶，又不能责备异性，也就只好陪着异性做一世的牺牲，完结这四千年的旧账了。

做一世的牺牲，是万分可怕的事；但这样做血液毕竟是干净的，声音毕竟是醒而且真的。

我们能够大叫，是黄莺便黄莺般叫，是猫头鹰便猫头鹰般叫。我们不必学那才从私窝子①里跨出脚，便说"中国道德第一"的人的声音。

我们还要叫出没有爱的悲哀，叫出无所可爱的悲哀……我们要叫到旧账勾销的时候。

---

① 暗娼所居之地。

第五章　烦苦与怆恼

你要是爱谁，

便没命的去爱他，

你要是谁也不爱，

也可以没命的去自己死掉。

——鲁迅

1

他最后看了看这祖居的熟识的破败的老屋。

它早该易主了！

鲁迅是昨天午后与族人一起，在出卖房产的公同议单上画押的。分得的这笔款子，再加向友人借的，共三千五百元，买下了北京西直门内公用库八道湾十一号院子，又花用近六百元稍事修整，购置一些家具，二弟作人夫妇先行搬入。这一切都安排停当了，1919年12月，鲁迅才回老家搬家。

再见了，我的故乡！再见了，我七年的幸福的独居生活！

船缓缓地移动了，故乡黑乎乎的街巷与瓦房无语地立于昏黄的暮色之中。他在心中默默地与它们话别——这一去，他就永远没有再回来过了。

他觉着痛楚，本来就不舒畅的心情越发地郁闷了——他甚至觉得这也许是个不好的兆头吧。

舱前灯笼薄而淡的红光出现在船首的江面上……

2

四十岁的胡妈在西直门"老妈作坊"①等候雇主，已经有半个月了。这一天，徐坤来替主人雇女仆，把胡妈带到了八道湾十一号院。来到这所宅院，徐坤向胡妈指点——

门道东边这两间是门房住房，我就住在这儿。

门道西边头三间是大先生的住室。

后三间还没有住人，只堆杂物与旧书。

这一排房子后是一堵大墙，墙当中有四扇油漆木门。

门后是中院，北边三间大屋，西边一间是太夫人鲁老太太的卧室，中间堂房用来洗脸、吃饭，东边一间是大太太朱氏的卧室。②

中院后是后院，它的后面也有一排九间的北屋，三间为一套：东三间为内客房，中间一套是三先生一家的住房，西边的一套是二先生一家的住房。

刚说到这，一位身着和服的东洋妇人从西屋里跑出来，手中拿着一盒精致的日本点心，手指与嘴唇上都扑了一层白粉末，斜倚着门框，叽叽咕咕向胡妈讲着日本话。

胡妈茫然了——她觉得这位太太有点咄咄逼人，又有点神经质。

徐坤满脸堆笑，不断地点头哈腰，待东洋妇人转身进去后，

---

① 佣工介绍所。

② 鲁母与朱安居住情况有两种说法，此处从周丰一之说。另一说见许羡苏所述，她称她所见是鲁母居东，朱安居西。

他不笑了，神情严厉地对胡妈说："二太太吩咐你，好好干，勤快点，手脚麻利些，她以后多多地有赏。她的话管用——她不仅是这周家院子的内管家，还是日本人！真正的日本人！赶上有事啦，日本使馆还派人来看望啊！这老大的北京城几人有这么风光啊？"

胡妈有些厌烦，但一想已停工半月，就赶紧忍住了，而且把已到嘴边的一句问话也咽了回去，这句话是——

为什么大先生与大太太同住一院，却分居两室呢？

3

周家共雇两个女佣，王妈专门服侍老太太，胡妈负责买菜、煮饭、打扫。烧菜则是由大太太自己动手。他家还有一个特殊规矩，就是两个女佣除拿工钱，吃白饭之外，是不许吃菜的，每天由大太太发给她们每人四个铜板，叫她们自己另外去买菜吃，这在普通家庭是很少见的。

胡妈新到，没多久也感到了这个家庭的奇怪——

首先，她发现大先生与大太太之间，当面没有任何称呼，而背后是随周围人的称呼称对方的，如大太太称大先生为大先生，大先生则称大太太为大太太或大师母。

她又发现两人常年四季都无话可说，彼此间每天只有极简单的三句话。

早上，她还在打扫院子，就照例听见大太太到大先生窗前喊："起床了！——"

"嗯……"里面照例应答一声。

吃饭时，大太太又是一声："吃饭了！"

大先生自然又是一声："嗯……"

晚上大先生睡觉迟，大太太睡觉早，她总要问院门关不关，他则简简单单地答"关"或者"不关"。

只有大太太向大先生要家用钱时，他讲的话里面才会多一两个词儿。如"要多少？"或者再顺便问一下什么东西添买不添买。但这种较长的话，一月之中，不过一两次。

白天大先生去上班、讲课，或在自己的房中做自己的工作；大师母有时到太师母屋里坐坐，有时在厨房料理饭菜，有时就在自己屋里做针线或吸水烟。晚上则各人到各人的屋里睡觉。

他俩平平静静，淡淡泊泊地过日子。但偶尔也有例外——

有一天，大先生回来很晚了，就直接到堂屋去吃饭。

大太太熬的稀粥早就盛好了，放在桌上，他端起来，鼻翼耸了耸，面有怒色，将桌子一拍："我一闻这气味就想发呕！谁做的？"

大太太赶紧低下头，手指紧张地抠着桌面。

"谁做的？"他蓬乱的头发竖了起来。

"我做的！"太师母温和而威严地说。

他的脸上渐渐地有了笑意，埋下脑袋，一口接一口地喝着稀粥，完了，又要胡妈再给他盛一碗。

可当晚，他又大大地发作了一次。

像以往每夜临睡前那样，大太太蹑手蹑脚走进大先生的卧室，替他将被盖铺好，然后又蹑手蹑脚地退了出来——这件事她是从来不要女佣代劳的。

待到很晚，大家都已睡下时，突然听到大先生在喊："这是谁铺的？"

院子中一片沉默。

"这是谁铺的？"随着这喊叫，只听见床板嘎吱嘎吱的破裂声。

"我！是我！"太师母披衣起来了，听见她在檐下苍凉地应答。

大先生屋里安静了下来。灯熄了。

这样的发作，很令胡妈害怕，只是次数极少，也就很快地过去了。

4

胡妈是一个心眼儿灵动的女仆，很讨太师母的喜欢，日子一久，老人家常将这院子里家长里短，明是暗非讲与她听，有一些则是她自己的亲历亲见。

这院里最苦最累的是大先生。整座院子是他奔波了几乎一年才找到的，紧接着便是修理房屋，办理手续。他又监修，又得向警署接洽，议价、收契、家具的购置、水管安装等事务，都落在他一个人身上。房款不足，又四处奔走借贷，甚至向银行纳短期高利借款，除了卖绍兴祖屋所得的千余元之外，其余的全是这样筹来的。而当初卖祖屋的钱，二先生是主张分了用掉的，幸好大先生有眼光，坚持不肯，才又用来在北京买屋，使全家老小有个落脚之处。并且在立房契时，大先生不准备写自己的名字，而是准备写周作人的户主名，倒是教育部的一位同事劝说，才用了周树人的名字。

大先生负担了全家绝大部分生活费用。每月发薪水，他都全交给内当家二太太信子，并按月向东京信子娘家寄款。信子兄弟重久三次到中国，大先生都有专款资助，甚至信子的妹妹福子的学费，也是大先生每月另行汇去的。

他这样做，全出于兄弟情谊，是在硬撑。以前他的收入还不错，但近来教育部欠薪太厉害，大先生有时参加同事向政府的请愿，半夜三更，饿着肚子回家。家里开销又大，没法子，他只好四处去向朋友借贷。刚一借到手，连忙坐黄包车赶回家来。

而二太太一家，一有钱就到向他们"包销"的日本商店去买东西，不管是否急需，吃的、用的、玩的，从腌萝卜到玩具都买一大批；不管大病小病，都要请日本医生来。有时满面灰尘的大先生坐着黄包车回来，正碰上从家里开出去的医生的汽车，他就会感叹一声："我用黄包车运来的，怎敌得过用汽车带走的呢？"

总管徐坤为人机灵，很能讨二先生夫妇的欢喜，连作人买双布底鞋子，做一件大衣，都由他从外边叫人来试样子，可见事无巨细，他是一手包揽的了。不仅如此，徐坤的家眷就住在比邻，他常将食品从墙头往外送。大先生看见过几次，实在觉得不顺眼了，才向管家的信子讲这件事。她把徐坤叫来，狠狠地责骂了一通，骂得最厉害最用劲的是："你为什么偏给他看见？"还有一回，信子的小孩在纸糊的窗下玩火，几乎烧起来，被大先生发觉了，认为应该训诫训诫。信子听了，仍用老话来骂孩子："你为什么偏给他看见？"

二先生起初还要过问过问，他也曾经与信子吵过，但她脸色一白，身子一硬，就躺在地上装死——这一招由来已久，以前在绍兴她就试过，吓得家人束手无策，后来还是被她的兄弟重久拆穿，说是不要理她，她自己会起来的——二先生也就屈服了。他不得不屈服，因为夫人一到北京，就事事请教日本人，常和气焰正盛的日本使馆联系。

二先生这一辈子，由于大先生在前面替他遮风挡雨，受挫折的事自然经历得少，养成了一种恬淡闲散的脾气。他最向往的生活是读古书、看花、生病、问病、闲游、闲卧、闲适、约人闲谈、写楹联、买书、考古、印古色古香的信封信笺、刻印章、谈印泥、说梦、宴会、延僧诵经、搜集邮票、刻木版书、坐萧萧南窗下……整日捧着书本，认为其余一切事情都是浪费精力，完全不闻不问。院子西边有一棵大杏树，春时一树繁花，作人路过多少天也不知道已经开花了。他的孩子常常大哭于旁，而他无动于衷，依然看书如故，仿佛入定了的老僧。

"像这样的本领，我无论如何是做不到的呀！"大先生感叹道。

……

胡妈打扫着静静的院子。

她隐隐闻到了一种火药味……

5

1921年12月4日，北京《晨报》副刊《开心话》专栏里，刊出了署名为"巴人"的小说《阿Q正传》，七天一次，共登了九期。

……

鲁迅正在外院南屋的窗下，孜孜不倦地埋头写作，一篇又一篇的小说、杂文、译作，源源不断地从笔下涌出，同时，他正在北京大学等校兼任讲师，讲授《中国小说史》。

但是在家庭生活中，他却遇到了越来越大的麻烦。

三先生在绍兴女子师范教书时候的学生许羡苏，到北京来报考大学，没有住处，找到了从前的先生帮忙。建人和二太太商量后，同意她搬到里院东边尽头的内客房里来住，吃饭呢？就与太师母、大太太一起在中间堂屋吃，而大先生就改在后面与二先生、三先生及他们的家人同桌吃。

这样一来，鲁迅在饭桌上见不到朱安黄瘦的脸了，却见到了信子那一张气呼呼的脸。

作人的脸色也越来越难看。

鲁迅越发小心，一提笔写小说，人物不是自己就是老四。因为他是长子，写"他"不好的时候，至多影响到自身；写老四也不要紧，反正四弟早就死了。但老二、老三绝不能提一句，以免别人误会。

更使鲁迅心紧的是，教育部的欠薪越来越严重。2月的俸钱，拖到6月才分发了三成三，8月、9月又连续拖欠，部员与各校教员实在熬不下去，向北洋政府当局发起索薪斗争，闹到总理与财政部长都出来见代表。当时在场的人讲话最多的是林语堂。只有两个人没说话，一个是闻一多，另一个就是鲁迅——他不仅没有讲话，反而在那里睡觉。

欠薪一严重，鲁迅拿回家的钱自然减少，信子不但不体谅，却怪他蓄私，作人身在教育界，也不作解释，反而随声附和。他对他的贴心朋友讲，看来要天天创造新生活，则只好权其轻重，牺牲与长兄友好，换取家庭安静了。

但鲁迅还在四处奔走借钱，维持全家生计。每当他走过宽阔的前院，看见侄儿们像开运动会一样地尽情奔跑时，他的心中总要泛起一种欣慰——

让别人过得舒服些吧，自己没有幸福不要紧，看到别人得到幸福生活也是舒服的！

6

鲁迅与作人的挚友郁达夫曾认为——

在笃信科学，赞成进化论，热爱人类，立志改革社会方面，他们弟兄俩是一致的，但所主张的手段却又各不相同：鲁迅一味急进，宁为玉碎；作人则酷爱和平，想以人类爱来推进社会，用不流血的革命来实现他的理想。鲁迅性喜疑人，在冷冰冰的那张青脸皮层下，潮涌发酵着沸血和热情；作人头脑比鲁迅冷静，行动比鲁迅犹豫，斗争使他感到了一种困乏，于是想歇歇，喝一口苦茶润润喉舌，再到东篱下去采采幽菊闲花。

偏偏信子又插进两人中来作梗，有一日，她与妹妹芳子在窗下私议，有一句话冒了出来：

"给他冷清冷清，冷清得他要死。"

鲁迅无意中听到了，很诧怪信子竟然这样，心中陡然像塞满了硬冰。

后来她甚至说鲁迅对她有失敬之处。

本来兄弟俩思想就如此分歧，彼此又如此执着地各自走着自己的路，这根"火柴"一划，"导火线"自然吱吱地响了起来。

1923年的7月14日，晚上天气很闷热，大先生的学生孙伏园来坐了一会儿，就告辞了。

胡妈等了很久，也不见大先生出来吃饭，就到南屋叫他。

门虚掩着一扇，昏黄的灯光遁出一束，抹在屋前的两株丁香树上。

大先生独坐灯下，桌上排着几个小茶碟：煮烂蚕豆，煮咸小花生，豆腐干——都是街口小酒摊上之物，他正一口口地喝着白干，黄黑的脸上泛着暗红的酒潮。

"大先生，到里屋吃饭吧。"

"用不着了。"大先生将一个蚕豆丢入口中，细细地嚼着，"从今以后，我自个儿在这里吃了——你做你的事去吧……"

"为什么？"胡妈很诧异。

"不为什么。"他又狠狠地喝了一大口。

"大先生，你要爱惜自己呀！"胡妈眼圈儿红了，她深知他一旦做出决定是任何人也无法劝阻的，"你看你喝起白干来了，你又刚拔了几颗牙……"

"我会爱惜自己的！"他平静地又端起了酒杯，"不过不是为了自己，多半是为了恨我的那些人……今天是值得我记下来的……"

胡妈赶紧退出来，走到台阶下，她不由自主地想起了十天前的那一幕——

那天大先生、二先生休假，兄弟俩相约一齐出门，去东安市场和东交民巷书店逛了很久，然后又去山本照相馆买了十多张佛像照片……回家时兄弟俩是何等高兴，何等亲热呀……

7

7月19日。

天上密布着云彩，土地上蒸出一阵阵的潮气。闷，热，深而曲的胡同里有贩子在吆喝："冰激凌咧雪花酪，又凉又甜来败心火！"

鲁迅心绪烦乱地坐在屋里，书、笔、纸都静卧在桌上，没有心思去动它们。

作人悄无声息地走进来。他生着团团的面孔，有些绅士模样，但好像又并不使人望而生畏，倒有几分忠厚相，一双近视眼透过眼镜所射到的地方常是很近的。除了身材的矮小外，很难再觅出他与兄长相同的地方了。

他手中捏着一封信，低首向瘦弱的、穿着油渍黑长衫的大哥急急走来，慌乱中在书桌的右角上撞了一下。

大哥亮得出奇的目光坦诚地迎着他。

他的头埋得更低了，将信往桌子上一掷，避开大哥的目光，转身，又像来时那样，悄无声息地走了。"鲁迅先生"！

信封上这四个浓黑的字，猛地钻进了鲁迅的眼中，他小心地将它打开：

鲁迅先生：

我昨日才知道，——但过去的事不必再说了。我不是基督徒，却幸而尚能担受得起，也不想责谁，——大家都是可怜的人间。我以前的蔷薇的梦原来却是虚幻，现在所见的或者才是真的人生。我想订正我的思想，重新入新的生活。以后请不要再到后边院子里来，没有别的话。愿你安心，自重。

7 月 18 日作人

周启孟！鲁迅在心里狂呼了一声，他被信中那些含含糊糊、不明不白的指摘激怒了，被那种"君子不记小人过"的绅士腔激怒了，脚步踉跄，走到庭中，呼来胡妈："请你到后院去请二先生，就说我有话要问。"

胡妈匆匆地去了。

鲁迅在屋里烦躁地走来走去，呼吸沉重，胸口一阵阵发闷。

隔了好一会儿，胡妈回来，为难地摇了摇头："二先生不肯来，他说，他没有什么话可说了……"

"好——吧——"鲁迅点点头，"那就请你去干别的事吧。"

待胡妈一出屋门，他颓然瘫在椅子上。

午饭没吃。

下午，闷了很久的雨终于下起来了，鲁迅亲手种的那两株丁香树在密集狂乱的雨箭中挣扎着。

"大哥呀！——"

鲁迅一恍惚，好像听见风雨中传来了二弟的呼叫——不，那是多少年以前了，作人还不到八岁吧？两兄弟在小床上模仿演戏，有一回是演兄弟失散、沿路寻找的情形，两人在床上来回行走，边走边呼："大哥呀！""贤弟呀！"后来渐渐地叫得凄苦了，这才停止……

他仿佛又回到东京那间只有六张席子宽的房子，懒懒的作人不想译书，他催促，弟弟沉默，他激愤，挥拳在作人的头上打了几下，许寿裳赶来，劝开两人……一想起几十年兄弟间的深情厚谊，他的心痛苦地紧缩起来，一种刻骨铭心的怆痛恼怒，不可遏止地蔓延开来。

唰唰唰！雨声变得更大了。

他明白，在这雨声中，他将再也找不回自己的"贤弟"了!

8

7月22日是星期天，已考入北京女子高等师范学校的许羡苏来看望太师母。

刚一坐下，老太太就红着眼睛告诉她："大先生和二先生忽然闹起来了，也不知道是什么事情，头天还好好的，弟兄二人把书抱进抱出地商量写文章。现在大先生决定要找房子搬出去。"

"哦！有这种事情？"许羡苏一听，很感意外，但一看老太太的焦虑相，不敢再多问，反而安慰她，"太师母，别急，我去找找俞芬。"

"也许俞小姐那里能成！"母亲满怀希望地说。

俞芬也是绍兴人，在北京女子高等师范附中读书，以前在绍兴女子师范上学时也是三先生的学生，与许羡苏是老同学和好朋友。她能说流利的北方话，也能说道地的绍兴话，并且善于买东西，炒好吃的绍兴菜，星期天常常伴了羡苏到八道湾来玩，深受人地二生的太师母与大太太的欢迎，成了两人的特约采购员。

她的母亲已故去，父亲俞英崖长期在外工作，剩下她带着妹妹俞芳、俞藻，住在砖塔胡同六十一号。房产是父亲的朋友纽先生的，眼下纽先生又刚刚把纽太太接到东北去，正好空出了三间北屋来。

鲁迅一听这消息，马上托孙伏园去找许钦文，请他叫他的四妹许羡苏立即来八道湾一趟。这样羡苏成了中间人，代表鲁迅去向"二房东"俞芬商量借住。

俞芬爽快地答应了。

7月26日上午，鲁迅到砖塔胡同来看屋了。这院子半旧不新，西边的一堵砖土墙，露在胡同的西头。墙上的石灰有几处已经剥落，两扇黑漆大门朝北，与斜对面溥仪本家的那座坐北朝南的高大轩昂的王府遥遥相对，不免显得有些寒碜。

门上有一黑底红字的对联："忠厚传家久，诗书继世长。"鲁迅一见，苦笑着摇摇头，继续往里走。

院子很小，只有三四丈宽，共有七间瓦房。俞家姐妹住两间西屋，东屋两间是厨房和下人住房。只有北屋的三间是空着的。但比起八道湾那三间来，显得又小又矮，门如开着，还有些亮光，关上门，光线则很暗淡。

但鲁迅还是决定搬过来——他实在不愿再见到八道湾那几张冷冷的脸了。

当天下午他开始收拾书籍入箱。

7月30日上午，他把装书籍、字帖的大小十二个箱子寄存在教育部——砖塔胡同的房子实在太小，你们还是暂时寄身于高衙大门吧！

当夜，他在庭院中徘徊了很久，听那棵高大的青杨在半空嗦嗦作响，听那两株丁香在暗地里寂寞地低语。

朱安屋里有微黄的灯光在摇曳。

应该找她谈谈——不知怎的，他突然下定了决心。

9

"哦?!"

正在灯下捧着白铜水烟袋默默地抽着的朱安，见神情肃然的大先生拖着重步走了进来，不禁大吃一惊——这是很少有的事——赶紧放下烟袋，去给他沏茶。

他仔细地看了看她，脸色依旧是那么黄瘦与寂寥，只是身上换了一件白夏布大襟短衣，下面穿了一条黑色绸裙，好像比其他季节穿着的色泽要明朗一些。

"请喝茶！"她的手在发颤。

"好的！"他恭谨地说。

两人又无话可讲了，沉默良久，灯光将他们的影子抹到壁上去，加以夸张放大，两人间的距离就显得更加疏阔了。

他终于打破了沉寂："院里的事你全都知道了吧？"

"嗯，娘娘都告诉了我。"她很激动，因为他很少一句话用这么多词儿来和自己讲过。

他又继续讲下去，用更多的词儿组成更长的句子："我自己决定搬到砖塔胡同去暂时住一段时间，请你自己决定，是留在八道湾，还是回绍兴娘家？"

朱安没回答，眼睛瞪得大大的，望着黑乎乎的墙壁发愣。

"如果回绍兴的话，我将按月寄钱，供应你的生活，生计绝不会发生问题的。"他极认真负责地说。

她陷入了紧张的思考之中，又将纸捻子吹燃，点着水烟，呼呼地吸了好一阵子。

他静静地等待着她的回答。

她长喟了一声："我这笨人也许想得不对头，八道湾我是不能住的，因为你搬出去，娘娘迟早也要跟你去的，我独个人跟着小叔子、弟妹、侄儿、侄女过，算什么呢？再说弟妹是日本人，话都听不懂，日子不好过呵。绍兴朱家我也不想去。你搬到砖塔胡同，横竖总要人替你烧饭、缝补、洗衣、扫地的，这些事我可以做，我想和你一起搬出去……"

"好的！"他简单地答道。

他完全明白了，她唯一的希望就是拽着他不要松手——这希望是盲目的，所以只能延续这无爱的婚姻的痛与苦；这希望又是强大的，因为有流了四千年的血与泪来滋养它；这希望又是万不能让它亡失的，稍有道德的人怎么能让异性灭了在这世上"唯一"的一个愿望呢？

她好不容易才听清了他几乎耳语般的吩咐："请准备一下吧……"

10

雨从昨晚一直下到午后，刚一收歇，鲁迅就带着他所不爱的妻子，告别了他所深爱的母亲，告别他所苦心经营过的八道湾院子，搬到了砖塔胡同。

当日的日记，他是这样记载的："（8月）2日，雨，午后霁。下午携妇迁居砖塔胡同六十一号。"

羡苏和俞家三姐妹嘻嘻哈哈地跑来帮忙，搬这安那，使鲁迅觉得这冷落的小院平添了一些活气。

三间北屋，他将朱安安排在西边靠近街门的那一间，这儿白天光线好，就放了一张三屉桌，白天的案头工作一般都在这儿做，朱安则常在厨房里张罗，不进屋去打扰他。

他自己则住在中间的那一间，约莫只有十四平方米，却作了他的会客室、餐室、卧室、夜间工作室，一张半旧的八仙桌既作饭桌又作书桌，一张木板床又睡觉又摊书，客人来得多椅子不够时，客也可坐，主也可坐。

东边的一间则是为母亲暂住准备的①。

胡妈则和俞家雇的齐妈合住在东屋的头一间，第二间是两家

---

① 鲁母与朱安在砖塔胡同的居住情况也有两种说法，此处从俞芳说。另一说也见许羡苏所述，她称她所见是朱安居东。

合用的厨房。

母亲很思念大儿子，再加之作人也不大成话，他虽有男女仆人一大群，但仍然叫老太太自炊自食，所以老太太经常白天来砖塔胡同，晚上才恋恋不舍地回八道湾。有时就干脆住上一两天。每次送别老母，鲁迅简直不忍看她伶仃的身影消失在胡同的深处。为了安慰她，使老人能跟来同住，他又急着四处去找屋子。

这一年的10月底，他好不容易议定购买宫门口西三条胡同二十一号一所旧宅，接着着手修缮，又不断地往返于工地，出入于警署、税务局，为领取房契等事奔波。

他忙得简直不可开交，既要到教育部去办公（他是教育部佥事，社会教育司第一科科长，管图书馆、博物馆等），又要到北大、女师大讲《中国小说史略》，还要到世界语专门学校讲厨川白村的《苦闷的象征》[①]。

为了备课，他经常跑图书馆；夜间不断地有学生和友人来长谈；夜深客散，又开始写文章或者译书。

他的身体越来越坏。本来从6月开始，痔疮就开始发作，行走很不方便；接着就是牙痛，一连拔去了五颗；然后又是咳嗽，好像中寒一般，有时他到医院看病取药，有时就自己服阿司匹林，夜晚睡不着，浑身汗津津的。

他的体力越来越差，精神越来越疲困，情绪越来越恶劣，内心越来越苦闷。

"卖大本皇历！"

1924年2月4日，又到了旧历的除夕，外面的胡同里又响起了这一年一度的沉郁的叫卖声。

鲁迅独坐在偏狭的中屋，喝了特别多的酒。

初二夜晚，他整夜都睡不着，将满满的一瓶酒喝得干干净

---

① 日本评论家厨川白村的一部文艺理论著作，鲁迅曾全文译出。

净……

11

他醉得有些迷糊，一腔血正在涌，眼中仿佛又出现了先前自己所写的寓言中的那只老螃蟹——

老螃蟹觉得不安了，觉得全身太硬了。他知道自己要蜕壳了。

他跑来跑去地寻。他想寻一个窟穴，躲了身子，用石子堵了穴口，然后才隐隐地蜕壳。他知道如在外面蜕壳是危险的，身子还软，要被别的螃蟹吃去的。这并非凭空害怕，他实在是亲眼见过的。

他慌慌张张地走。

旁边的螃蟹向他说："老兄，你为何这般慌张？"

他说："我要蜕壳了。"

"就在这里蜕不很好么？我还要帮你呢。"

"那可太怕人了。"

"你不怕窟穴里的别的东西，却怕我们同种么？"

"我不是怕同种。"

"那还怕什么呢？"

"就怕你要吃掉我。"

12

这是砖塔胡同六十一号院子极平常极平静的一天——

"阿娘，我出去了！"

清晨，鲁迅像往常一样，到母亲屋里转一转，向老人家道了别，早早地出门去了。

母亲一本接一本读儿子替她找来的旧小说。

媳妇一袋接一袋地抽着水烟。

下午，朱安打了一碗米，将它弄得碎碎的，烧成软乎乎的粥糊；然后又拿出一些钱来，请俞芬帮忙到"稻香村"熟食店去，买些大先生平素喜欢吃的糟鸡、熟火腿、肉松回来。

暮色冥冥，小院里又响起鲁迅的声音："阿娘，我回来了。"

他先进了母亲屋里。今天北大发薪水，他按照老习惯，路过一个法国面包房时，买了两块钱的洋点心，上面用奶油堆成各种形状的花，大大小小地装满了两个厚纸盒。

"阿娘，请你先挑！"

"好，好！这点心中吃、化渣……"老太太喜笑颜开，大大小小，随便地拣了几块，放进自己的点心盒里，然后又去翻儿子刚买的那几本才子佳人小说。

鲁迅又走到西屋，一声不响地将纸盒推到朱安面前，揭开。

她很斯文，很小心地挑，拣小的、差的，要了两三块——认真、谦恭，像很古时的那个模范孩子——那个只有四岁就懂得让梨的孔融。

鲁迅又把薪水拿出来，交给朱安——佣人的工资每月两元，房租八元，朱安的每月零用钱十元，柴米油盐菜钱……全部由她去当家开支，鲁迅是非常信任她的。只有一笔钱例外，就是每月给母亲的二十元零花钱，照例是由鲁迅亲交的。

朱安仔细地点着银圆。

"我给你娘家寄了五十元去。"他平淡地交代了一句。

朱安的脸上溢出了一种感激的笑，好半天，才柔声低语地说："娘家也托人给你带了些霉干菜、笋豆来……"

"好的。娘会喜欢的。"鲁迅边说，边往中屋走，将两人挑剩的点心，放到书架最下一格上那个福建漆的八角朝珠盒里。他在大方桌前的那张椅子上歇了一会儿，微闭双目，似养神一般，朱安轻手轻脚地从西屋出来，到厨房里去张罗。

鲁迅赶紧站起来，从自己的床下拖出一只柳条箱的箱底来，将身上那件满是灰尘的长衫脱下，大致叠了一叠，放进去，盖上一块白布，然后又推到床下去。

他又进了朱安的西屋，在右边的屋门后，放着那柳条箱的箱盖，只是盖子翻了过来，口朝上，他揭开上面盖着的白布，下面就整整齐齐放着朱安已替自己洗净的衣衫。

这是外人不易知晓而只有他们两人心中雪亮的秘密。

这是鲁迅想的办法。

目的只有一个——在这家庭中，实在不想多说话，那么就尽量减少有可能对话的机会吧。

到吃饭时，已是掌灯时分。母亲的兴致很高，说说笑笑，对朱家送的霉干菜更是赞不绝口："好中吃的干菜，好久没这样的口福了……"

朱安很感动：婆婆褒扬菜，实际上也是在褒扬媳妇——她老人家多么心疼我啊！

见母亲如此健饭健谈，鲁迅十分欣慰，但一想到明天她将回八道湾自炊自食时，他的胸口就堵得发慌。

"安姑！"母亲眉飞色舞，"你把这霉干菜留上一些，待几天我来给你和老大做一次干菜蒸肉，用五花肉切成块子，在放味精和糖的酱油里浸一下，一层干菜一层肉，放到碗中，蒸上几次，那干菜呀，又黑又软，肉块呀，又红又亮——周家新台门里，就数我会做这种菜。好，待几天，叫你们尝尝我的手艺。"

"我会给阿婆好好留着的。"朱安特地搁下饭碗，郑重其事地说。

鲁迅煞有其事地耸耸鼻子："哦？好香！阿娘只管做这么香的干菜蒸肉，香死了人也不负半点责任啊。"

母亲拊掌哈哈大笑。朱安微笑。鲁迅不笑，眼角却有笑意漾出。

"好了！我不吃了。"老太太拍拍肚子，站了起来。

朱安赶紧问："阿婆不再吃一点？"

"不了！不了！"老太太神秘地眨眨眼睛。

"让她去吧……"鲁迅会心地一笑，"今天刚买了几本热闹的小说……"

母亲一去，饭桌上顿时冷清下来，两人埋着头，一口一口地往嘴里送，偶尔有几句交谈：

"你胃不好，这粥是专门给你熬的。"

"谢谢。"

"好喝吗？"

"好。"

……

"这些都是托俞芬去稻香村买的。"

"好。你也吃点吧！"

"我笨，不会吃。"

"不会吃？"鲁迅诧异了，摇摇头，想说什么，终于又没有说。

两人静静地各自吃饭。

晚上，几乎全院子的人都聚在太师母的屋里。老太太坐在床沿上，兴致勃勃地给站在床前脚踏板上的俞家姐妹，演讲大先生幼年逸事："那时候呀，他长得又体面，又活泼，穿着小红棉袄，别人都叫他胡羊尾巴……"

姑娘们黑而亮的眼睛疑惑地眨动着。

躺在藤椅上的鲁迅，用在北大讲堂上为大学生答疑解惑的教授腔说："誉其小而灵活也……"

姑娘们响亮地笑了起来。

"那时，有个叫和尚的木匠师傅，给他做了一把大关刀，他抢着……"这时老太太站了起来，像关公似的举手往下一砍，"跑到别人跟前，高声喊，给你看看！"

"哦！有这种事体？"鲁迅爽朗地大笑起来，又问俞家姐妹，"小姐们恐怕不会相信吧？"

"相信！相信！"姑娘们欢快地大叫起来。

朱安坐在床前的另一张木椅上，静静听着，有时也随大家笑笑。她很少说话，有时太师母问到她，她才说几句。只是她的话，远不如太师母说得有趣。

夜深了，他们各到各的屋里睡觉。

砖塔胡同六十一号院子，就这样结束了极平常极平静的一天，和北平城数不清的院子一起，隐入了沉沉的暗夜之中……

13

"一、二、三、四、五、六、七、八……

"二、二、三、四、五、六、七、八……"

鲁迅的口令声在洒满晨光的小院中回荡着，他的手臂高扬起来，另外两双纤细的手臂也高扬起来——俞芳、俞藻跟着大先生学做体操，已经好几天了。

朱安站在厨房门口，怔怔地看着，等传出了一阵菜油焦味，才赶紧溜了进去。

"好了！"鲁迅擦了擦汗津津的头，叫着自己给两个姑娘取的绰号，吩咐道，"没事时就照这样练习练习，以后我要检查的。野牛、野猪，听明白了吗？"

"野蛇！"——她们给他也起有一个绰号——"我们明白了。"她们伸了伸粉红色的舌头，吃吃地笑。

早饭后，院里很安静，俞芳、俞藻扬臂，弯腰，踢腿，下蹲，起跳……一板一眼地复习着，口令则自然由姐姐来喊了——

"一、二、三、四……"

朱安从厨房里出来，并不忙着回自己屋里去，而是径自走到院中，站在两个小姑娘身后，瞪大眼睛，贪看着她们的一招一式。

"三、二、三、四……

"四、二、三、四……"

她也跟着做了起来，腰笨拙地弯，腿僵直地踢，刚往下一蹲，颤巍巍的一双小脚，根本无法支撑，瘦小的身子晃荡起来，拼命往上一跃，竟差点儿跌个跟头。

"哈哈哈……"俞藻拍着小手大笑起来。

俞芳赶紧去掩妹妹的口，但她自己脸上也堆满了笑。

朱安有些尴尬，但仍然用央求的语调说："你们继续做呗！我也好捡捡样！"

俞芳毕竟是大孩子，忍不住说了一句："大师母，做操累人，你又何苦呢？"

朱安神情严肃起来："大先生说的做的都是对的，我想试着学学……"

俞芳使劲地点点头，平素她总觉得大师母少言寡语，面容呆板，不大敢和她接近，今天第一次有了一种亲近感。于是她认认真真地教起朱安来。

14

下午，鲁迅匆匆回来，躲进屋里赶写一篇文章。院子门楼外传来了一阵叫卖声："玉米花来，粮炒豆儿！"俞藻一听，飞跑进自家屋里，将毽子寻了出来，拆开底子，抓出那枚小铜圆，又一阵风似的跑了出去。

那小贩挎着两个布口袋，接过铜圆，从一个口袋中抓了一把玉米花，从另一个口袋中抓了一把粮炒豆儿，塞到俞藻的手中。

她捧着刚一进院子，就被俞芳发现了，猛地一声大喝："你哪儿来的钱？"

"我……"小妹开始发抖。

"你说不说？"二姐猛地扬起了巴掌，"不说……"

"哇"的一声，俞藻大哭起来。

朱安从屋里奔了出来，拖着一双小脚，将盛怒的俞芳和可怜巴巴的俞藻隔开，她的脸上全是惶恐与不安："别吵，别吵！你们没看见吗？大先生刚回来……"

俞芳怒气渐渐平息，而小妹却气势汹汹地号啕大哭起来。朱安有些惊恐，将她一把搂在怀里，恳求她："小宝贝，行行好！不要吵了大先生，让他安安静静地写文章，好吧？你答应我——"

俞藻依偎着她的胸，抽抽搭搭地点点头。

晚上，大姐俞芬回来审理这桩家庭大案，俞藻只是哭，俞芳只是沉默，惹得这位家长大人勃然大怒，当即把俞芳逐了出去，不准进屋睡觉。

小小的院子陷入了不安之中。

鲁迅屋里，响起了他的咳嗽声与喝水声。

朱安披衣起来，悄悄摸到俞家屋前。俞芳蹲在门前的黑地里，肩膀一抽一抽的。朱安犹豫了一下，推门进屋。

俞芬怒气冲冲地坐在炕上，盯着小妹那张睡熟了的挂着泪痕的脸。

朱安依着炕头，轻言细语地说："俞芬，天这么晚了，还是让二妹进屋睡觉吧！"

"我不许。"俞芬硬邦邦地顶她。

朱安一怔，停了停，又耐心地劝道："你是姑娘，她也是姑娘，将心比心，你想想，黑天黑地，多怕人啊！"

"三妹也是姑娘。俞芳怎么对待她？"看来这位小家长是不会让步的了。

朱安无可奈何地摇摇头，没趣地退出屋来，踌躇了一阵，拉着俞芳的手说："好妹妹，我陪你进屋去，向大姐认个错，事情不就完结了么？这样顶下去，不是办法啊！"

"认错？我没错。"俞芳寸步不让。

朱安手脚无措，默站了一会儿，到底想出主意来了，轻轻地勾住俞芳的肩："好了，好了，到我屋里，和我一起睡吧！"

"我不！我不……"俞芳挣扎，脚步却跟着大师母移动。

进屋，上了朱安宽大的床，满腹委屈的俞芳鼻子一酸，嘤嘤地哭了。

朱安边替她脱鞋子，边安慰她："好了，好了，明天还要上学，不要哭了。大先生还在隔壁写文章，不要吵着他了。"

俞芳收住了哭泣，蒙蒙眬眬地睡着了。

15

隔了一天，太师母又来了，俞芳激动地向她讲述了这一幕。老太太慈爱地抚摩着她的头："姑娘，你知道么？是大先生叫大师母出面来劝解你们的。"

俞芳姑娘怔住了，眼里噙着晶莹的泪花——多好的大先生！多好的大师母啊！他俩对别人这么好，可自己又为什么很少说话呢！于是她冲口就问太师母："大先生和大师母为什么不像别人那样住一间屋子呢？——他俩都是好人啊！好人应该喜欢好人呗！"

"不见得！不见得！"老太太望着姑娘那双明净的没被世事的阴云染过的眼睛，痛苦地摇着头，"就说大先生和大师母吧，他们不吵嘴，也不打架，平时也没多余的话，就是互相喜欢不起来，两人各过各，不像夫妻……"

俞芳惊愕地注视着老太太那双被痛楚折磨得渐渐暗淡的眼睛。

"我也曾问过大先生，大师母有什么不好，他只摇摇头说，和她谈不来。问他怎么谈不来，他说：和她说话没味道，有时还要自作聪明，比如有一次，我告诉她日本有一种东西很好吃，她说是的，是的，我也吃过。其实这种东西不但绍兴没有，就是全中国也没有，她怎么能吃到？这样，话就谈不下去了。谈话不是对手，没趣味，不如不谈……"

母亲沉重地叹息了一声，俞芳觉得好像被传染了似的，心里也沉甸甸地往下坠。

"就这样过了十几年，他们两人好像越来越疏远，精神上都很痛苦。看着他们这样，我也很苦恼，所以二先生、三先生的婚事，我就不管了……"

老太太将自己枯干的脸紧贴着姑娘圆润的脸，一滴浊黄的大泪珠在两睑间游移。

"我以后再不吵大先生、大师母了……"俞芳小声地嘟哝着。

老太太沉默不语，她蓦地想起了前几年的一幕，俞芳年岁小，是不便告诉她的——

那时，她问媳妇：你怎么没养上儿子呢？

媳妇答：大先生终年不和我说话，怎么会生儿子呢？

这样的答一出，婆婆自然也就无话可问了。

16

一场大雨过后，整整出了好几天的大太阳，湿气与热气在院里流淌，折磨着南头废弃的花坛上的青草，耷拉着草尖，无精打采的。

下午，鲁迅边翻书边扇扇子，身上还一阵阵地流汗，忽然听见院中有人在问："大先生在家吗？"

鲁迅连忙走出屋去，见是北大的学生常维钧，小伙子满头大汗，长衫子也湿透了一片。

"快进屋，快进屋！"鲁迅连忙招呼他。

一落座，鲁迅立即将扇子递给他，小伙子是常客，也不推辞，噗噗噗，一阵猛扇。

朱安进屋来，彬彬有礼地沏上两杯滚烫的热茶，然后退下。

常维钧一愣，转眼看鲁迅，鲁迅将头调往一边。

朱安又进来了，这次奉上的是两碗热气腾腾的藕粉，当她彬彬有礼地退下时，眼中流露出一种无法掩饰的主妇的愉悦。

小伙子捧着烫乎乎的碗，笑也不是，哭也不是，怎么吃呢？额头上又爆出了几颗大汗珠。

鲁迅无可奈何地苦笑："既然拿来了，就吃吧！无非是再出一身汗而已。"

"没事！这有扇子……"小伙子猛扇数下，心一横，以慷慨赴国难般的气势，端起碗来。食尽，汗狂出不已。

鲁迅没动给自己的那碗，呆呆地望着它散出的一缕又一缕的热气。

"大先生，我有一句话，早就想说了，不知当讲不当讲？"常维钧心痛地凝视着自己万分敬重的鲁迅先生。

鲁迅微微地点了点头。

小伙子的声音很低，却很清晰："伏园、川岛，还有我，都是这种看法——"他顿了一顿，好像是在斟酌言词，但最终还是直言不讳了，"既然大先生和朱氏没有感情，如此南辕北辙，干脆就送她回娘家好了，负担她的生活费，这是很客气也很合理的办法，何必为此苦恼自己，和她一起做旧式婚姻的牺牲品呢？"

鲁迅沉默了很久，夹在竹枝般的手指中的纸烟，拖着老长的一截白灰，然后若有所悟地弹了弹："我也这样想过，真正要做，难！很难！——你不知道绍兴习俗有多么可怕，一个嫁出去的女人，如果退回娘家，别人就会认为这是被夫家休回去的，那时家人的白眼、舆论的痛斥，会无情袭来，从此她的处境将不堪设想；连累到她家庭的社会地位，也会一落千丈。性格软弱的女人，一般说是抵挡不住这种遭遇的，有的竟会弄到自杀的地步，了此一生……"

"先生太过虑了。"常维钧恳切地说。

"生于斯世斯国，再过虑也不为过啊！"鲁迅沉痛地摇摇头。

"先生是为别人想得太多，为自己想得太少——或者简直不想。"

"我有时也想多为自己想想，但简直没办法不为别人着想。"

"不，先生是太苦了自己，是背了旧道德的包袱。"小伙子激动得站了起来，"这甚至是与先生自己的主张也是矛盾的。"

"这倒不失为重大发现，我倒想听听，我的手如何打我的脸。"

"先生在《我的节烈观》里说，道德这事，必须普遍，人人应做，人人能行，又于自他两利，才有存在的价值……"

"这好像是我说过的话……其实常先生也大可不必将我的这类昏话记得这么牢靠，我的那些东西最好让它旋生旋灭为好！"鲁迅悲凉地笑了笑，端起了那碗藕粉。

"你不该吃这！"小伙子叫起来。

17

1924年5月25日，是个晴朗的星期天。清晨，鲁迅移居西三条胡同新居。没过多久，他就把母亲从八道湾接来同住。

这原来是一所旧独院，鲁迅向许寿裳、齐寿山各借款四百元买下后，亲自设计，进行改修，它才显得焕然一新，整齐小巧，清幽雅观。

　　这是鲁迅平生第一次独立购置房产，不受他人的羁绊，使得他有条件对布局进行精心的斟酌。

　　东厢房是女工住处，西厢房是厨房。

　　南屋三间，分作两室。靠东两间一室，用作客厅；靠西一间备有一副铺板，是准备留客住宿用的。

　　三间北屋是全院的重心。东面的一间母亲居住，西面的一间朱安居住。中间的一间，靠东有吃饭用的方桌和椅子，西边靠门放着那口柳条箱的箱底，里边自然放的是鲁迅的换洗衣物；向北又延伸出去加了一间平顶的棚屋，突出地伸向后院，像条"老虎尾巴"，这就是鲁迅的卧室与工作室了。

　　"老虎尾巴"内摆设很简单：东墙下有一张三屉长桌，桌上除墨盒、毛笔和笔架等文具用品之外，还有一只带盖的茶碗，一个烟灰缸，一座闹钟和一盏高脚带罩的油灯。因为这儿是贫民窟——电灯光明不照之区，所以鲁迅只好在油灯下写作。桌前有一把带扶手的藤椅，写倦了可以靠在椅背上歇息一会儿。西壁下，有一张茶几，两张木椅。北窗下，则是鲁迅那十分简易的床铺，由两条长凳和一副单人铺板搭成。虽然不宽，却占去了室内四分之一的地方。床上铺着不过一指厚的褥子，布被子是极素朴的一种。床下有一个竹编的网篮，如有风吹草动，可以立即用它装上简单的衣物离家而去——这很容易使人联想到云游和尚的钵盂；这小房子则很容易使人联想到古寺孤僧那清净的僧寮。"老虎尾巴"的建造，比正式的房屋，可以省一半多的钱。虽然房顶低矮，形似斗室，但因北墙上部全是玻璃窗，既可看到大片碧蓝的天空，又可以射进充足的光线，所以并不给人闷促的感觉。

　　它的窗外是小小的后园，园子正中有一口井，沿着周围三面的墙根，鲁迅亲手栽了几株青杨、花椒、刺梅和碧桃等。

再向园外望去，就可以看到墙外有两株树，一株是枣树，还有一株也是枣树。

18

一针又一针，一线又一线……朱安正在给大先生赶做棉裤。

"你看，老大的裤子还是去东洋留学时做的，已经补过多少回了，他还在穿，实在看不过眼了，安姑！你给他另做一条吧……"——她的耳边又响起了婆婆的吩咐，稍一分心，针将指头扎出几滴深红的血珠来。

她伸进嘴里吮了吮，将油灯挑亮了一些，又连忙赶起工来。

夜雪密集，整整地落了一宿。

第二天，大先生上班去了，朱安悄悄走进他屋里，偷偷把新棉裤放在他的床上——

也许他不留神中就会换上吧？……好厚实的棉花……好软和的料子……

念着这些，朱安的嘴角漾出了欢喜的笑意。

下午，新棉裤却被掷了出来。

朱安惊愕得张大了嘴，费力地弯下身子，拾起来，拍着灰，轻轻地……

"你去劝劝大先生！"老太太难过地对孙伏园说，"你的话，他有时还听。"

学生的恳劝，并不能使鲁迅改变主意，他模糊地答道："一个独身的生活，决不能常往安逸方面着想的。岂但我不穿棉裤而已，你再看我的铺板，我从来不愿意换藤绷或棕绷，我也从来不愿意换厚褥子。生活太安逸了，工作就被生活所累了。"

的确，他的房中只有床铺、网篮、衣箱、书案这几样东西。

万一什么时候要出走，他只要把铺盖一卷，网篮或衣箱任取一样，就是登程的旅客了。在他看来，自己好像命定要永远行在奋斗的途中，从来不敢梦想什么较为安适的生活。他虽然处在家庭中，过的生活却完全是一个独身者。难怪他要把在北京的冬天穿一条棉裤，也说成是"安逸"！当时就有人看出了这中间的沉重与沉痛，郁达夫的一个学生，曾和郁谈起鲁迅，说鲁迅虽在冬天，也不穿棉裤，是抑制性欲的意思。他和他的旧式夫人是不要好的。

19

他又看到了自己亲手栽种的那棵青杨——

离别它几乎快一年了，它依然是这么笔挺地耸立在八道湾的前院中，枝繁叶茂，俯瞰众芳，萧萧长响。

旧物无恙，使给了它以生命的鲁迅倍感凄凉，他抚摩了一阵那银灰色的树干，摇摇头，一股火气从心里升腾起来，大步走进前院的小厨房，拿起一个洋铁水勺，从水缸中舀起满满一勺凉水。

"大先生，别喝！"川岛从以前鲁迅住过的那间房里跳出来——小伙子此时正寄住于八道湾——慌忙去阻拦他，"请进屋来喝茶吧！"

"覅①惹祸，管自己！"鲁迅脸色阴沉地说，吓得小伙子不由自主地往后退。

咕嘟嘟！他仰头将一勺凉水喝得干干净净，牵起袖子擦了擦嘴唇，径直往里院去了。

川岛不敢尾随，只是耸着耳朵细听。过了一会，传出了一声

---

① 读 fiào 音，吴方言，"不要"的意思。

周作人的嚷声来，他不敢犹豫，急忙奔进里院西厢房。

　　呀！小伙子不禁心里暗暗叫苦，只见鲁迅不慌不忙地在专心捡书，而作人则用一本书远远地掷入。

　　"二先生！"川岛跳过去，抱住他。

　　鲁迅手指尖点着作人："你——你们说我有许多不是。在日本的时候，你们每月只靠留学的那点钱哪够开支，我便回国做事来帮助你们，帮助你们以后的生活，这总算不错了吧？"

　　作人将手一挥："以前的事不算！"

　　川岛连忙又拖住作人："二先生！二先生！你少说一句，到后院去吧！到后院去吧！"

　　作人好像悟到自己也有些失态了，就倚着川岛，叽叽咕咕地回后院去[1]。

　　川岛回来时，听见信子正在忙着打电话，向她的弟弟重久、朋友张凤举、徐耀辰求助。

　　鲁迅依然埋头捡书。

　　不一会，北大的张、徐两人赶来，正要开腔，鲁迅乜了乜他俩，从从容容地说："这是我们周家的事情，无须外宾费心。"

　　两人一听，无话可说，悻悻然依来路退了。

　　鲁迅终于取了一部分书籍与器物，离开了八道湾。

　　当天晚上，他在日记里详尽地记下了这令人寒心的兄弟相煎的一幕。

　　第二天，许寿裳问："你的书全部都已取出了吗？"

---

[1]　川岛发表于1978年10月11日《人民日报》的《弟与兄》说弟弟"抓起一个尺把高的狮形铜香炉，怒气冲冲地要向兄长砸去"。许广平《所谓兄弟》一文也采如是说。而许寿裳《亡友鲁迅印象记》称"作人则用一本书远远地掷入"。好像许寿裳的说法更符合周作人的绅士风度，而川岛虽是目击者，可能有一些感情因素在内。

"未必。"他答道。

"《越缦堂日记》^①拿出来了吗？"——这是许寿裳赠送给他的。

"不，被没收了。"鲁迅答。

而周作人则写了一篇挖苦兄长的短文《破脚骨》^②拿到《晨报副刊》去发表……

像天上的参星和商星，兄弟俩的距离越来越阔远，以致天海茫茫，终生难度了！

20

我梦见我在长途上跋涉——

我的样子是够吓人的，困顿倔强，眼光阴沉，黑须乱发，玄色短衣短裤都破碎了，赤足穿着一双破鞋，胁下挂着一个口袋，拄着一根和身材一样高的竹杖。

黄昏了，日落了，我得赶紧问路。

几株杂树和一堆瓦砾出现在东面，一片荒凉破败的丛葬出现在西面，其间有一抹似路非路的痕迹，一间小土屋向这痕迹开着一扇门，门侧有一段枯树根，上坐一白须黑袍的老翁，一位紫发、乌眼珠、穿白地黑方格长衫的女孩，正要将他搀起来。

我从东面的杂树间踉跄着跑出来，踌躇一阵，慢慢地走近老翁："老丈，你晚上好？"

老人慢条斯理地答道："啊，好！托福。你好！客官，你请坐。你是怎么称呼的？"

---

① 清李慈铭作，该日记中有大量的读书札记。
② 周作人《知堂回想录》称："方言称流氓为破脚骨。"

称呼？连我自己都不清楚，我只得如实告诉他："我不知道我的称呼，从我还能记得的时候起，我就只一个人。我不知道我本来叫什么。"

　　"哈哈。那么，你是从哪里来的呢？"

　　"我不知道。"我略略有些迟疑，"从我还能记得的时候起，我就在这么走。"

　　"对了。那么，我可以问你到哪里去么？"

　　"当然可以。——但是，我不知道。从我还能记得的时候起，我就在这么走，要走到一个地方去，这地方就在前面。我只记得走了许多路，现在来到这里了。我接着就要走向那边去，"我指了指西面，"就是那前面！"

　　老翁说："你莫怪我多嘴，据我看来，你已经这么劳顿了，还不如回转去，因为你往前去也料不准能不能走完。"

　　"料不准能不能走完？……那不行！我只得走。如回去，就只有驱逐和牢笼，只有皮面的笑容，只有眶外的眼泪。我憎恶他们，我不回转去！"

　　"那么，你，"老翁摇起头来，"你只得走了。"

　　"是的，我只得走了。况且还有声音常在前面催促我，叫唤我，使我息不下。"

　　老翁有些厌烦了："太阳下去了，我想，你还不如休息一会儿的好，像我似的。"

　　"但是，那前面的声音在叫我走。"

　　"我知道。"

　　"你知道？你知道那声音么？"

　　"是的。他似乎曾经也叫过我。"

　　"那也就是现在叫我的声音么？"

　　"那我可不知道。它也就是叫过几声，我不理他，他就不叫了！我也记不清楚了。"

"唉，不理他……"我沉思，忽然吃了一惊，因为我听到了前头有一种声音，"不行！我还是走的好。我息不下。"

　　"那么，再见了，祝你平安。"老翁站起，向女孩说，"孩子，扶我进去吧。你看，太阳早已下去了。"他们转身向门走去。

　　多谢你们。祝你们平安！我徘徊深思，忽然吃惊，我不能！我只得走！我还是走好吧……我奋然向西面野地踉跄闯进，夜跟在后面……

第六章 从"广平兄"到"小鬼"

> 譬如一朵花,我碰到他的时候正在盛开但同时也在一点点走向凋零。其间的哀乐休戚,真是那样的骤忽,不可捉摸……
>
> ——许广平

1

1925年3月,夹着黄沙的春风呼呼地掠过北京城,染黄了路人的眉与发;但他们好像并不恼——这风毕竟比冬日来得温和,何况风静沙定,还可窥见灰褐色的树丫丫萌出的两三点绿芽,还可望见发蓝的空中嬉戏角逐的八九只风筝……

簌簌簌,一层细沙落在那本摊开的《中国小说史略》上。

它的主人许广平——北京女子师范大学国文系学生,一位剪着齐耳短发的二十七岁的姑娘——一看,火了,尖起嘴使劲一吹,书上的沙光了,却有几粒趁势腾起,飞入她大而明净的眼。害得她赶紧用手绢去揉,揉得红红的,像半红的桃。

"鬼沙！"她用带粤腔的蓝青官话①骂了一句，合上书，急匆匆地往教室奔去。

　　这是星期一的午后，离上课还有半小时，但她却等不及了——鲁迅先生的《中国小说史略》的讲授已快两年，在每周三十多个小时的课程中，星期一下午一点钟的课最受同学欢迎，而广平更是盼得心焦。

　　她跑到靠校门的第一排楼的东南角时，已有不少剪着蓬松短发的同学，挟着书与笔记本拥来。

　　广平加快脚步，从楼梯上的人丛中撞开一条道来，咚咚咚地上了二楼。

　　第一间房子是教员休息室，她一瞥，只见提前半小时来的鲁迅先生已被同学包围起来，她踮起脚尖往里望去——

　　先生正打开他的手巾包，将一叠请校阅、批评及指示的稿件拿出来，一边讲解，一边散发，一边又接收着新的。

　　广平见这么多人，叹了一口气，跑过长长的走廊，径直奔向教室。

　　"西瓜皮！"前排有个活泼的姑娘在大呼她的绰号。

　　原来是极要好的林卓凤！广平跑过去，在她白皙的脸颊上抹过来抹过去："好厚一层雪花膏……"

　　"是我不好，先叫你的绰号，"卓凤开始讨饶了，"看，我总对得住你吧——把你的老座位给你先占住了。"

　　"好！够朋友，我就赦你的雪花膏无罪！"广平乐了，拿起卓凤占位子的那本书，感激地递给她，赶紧坐下——她生怕别人将她的老地盘抢了。

　　当当当，预备钟响了，先生还未来。教室里的人虽多，但秩序很好，好像每个人都彼此不相识似的沉默着，有的在看书，有

―――――――――――

① 旧称夹杂外地口音的北京话为"蓝青官话"，蓝青，比喻不纯粹。

的则在准备笔记本。

广平痴呆地盯着黑板上那道裂纹，嘴角漾出一种会心的微笑。

"广平！"卓凤推了推她，"有什么事好乐啊？"

"哦！"广平愣了愣，脸上的笑意更浓了，"我在想先生刚来上课时——"

"那时！"卓凤也笑了。

2

那是1923年开学之始，写《阿Q正传》的鲁迅先生要来给大家上课了！震于他的名声，每个学生都怀着研究这新先生的一种好奇心，等着见面的那一瞬间。

上课钟声还没有收住余音，同学照积习还没有就案坐定之际，忽然，一个黑影子投进教室里来。

最惹人注意的是他那约两寸长的头发，粗且硬，真当得"怒发冲冠"的"冲"字。以前学生们还认为这话有点夸张，看到了这，也顿时恍然大悟。

褪色的暗绿夹袍，褪色的黑马褂，差不多打成一片。肘弯上、衣身上的许多补丁，则炫着异样的新鲜色彩，好似特制的花纹。人又鹤落，从讲坛上跳上跳下，因而两个膝盖的大补丁，也掩盖不住了。

一句话说完：一团的黑。那补丁呢？就是黑夜的星星，特别熠耀人眼——广平得了这样一个奇异的印象。她像顽童一般，迅速在笔记本上把这位怪先生速写下来。以后两人熟识后，她问他是不是特意做成这样的"保护色"，使人不注意，他好像默认地笑了。

而此刻教室里，轰！小姐们哗笑。怪物，有点像出丧时那乞丐的头儿。有人这么想。

但他一开讲，学生不知为什么全都肃然了。没有一个人逃课，也没有一个人在听讲之外拿出什么东西来偷偷做。

钟声刚止，还来不及围着请教，人不见了。真可谓"神龙见首不见尾"。许久许久，同学醒过来了，只觉有一股初春的和风，刚从冰冷的世间吹过，阴森森中感到一丝暖气……

3

上课钟一响，唰唰的脚步声打断了广平的沉思，一群青年拥拥挤挤走进教室来，在他们中间，则夹着身材不高，穿着小袖长衫的先生。

他离开这群青年，走到讲台上，把两只虽不发光却似乎在追究什么的微微陷入的眼睛，默默地缓缓地扫视着教室中那一双双黑眼睛。

一个道地中国味的平凡而正直的严肃先生！没有一丝名流学者自炫崇高的气息！没有一点教授绅士自我肥胖的风度！难怪我要在声声呐喊中见到你——广平感激地想着，坐直了身子，打开讲义，翻到今天要讲的《唐之传奇文（下）》。

他开始讲授了，声音还拖了绍兴语尾，似乎怕有人误解而显得缓慢清晰。整个教室一片肃静，如果不是许多铅笔在纸上记录时，发出一种似乎千百甲虫在干草上急急爬行的细响，那么若是有人站在门外静听的话，也要疑心教室里面只有先生一人在演讲呢。

"元稹的《莺莺传》，其后来的男女主人公的各自分飞，张生解释为'大凡天之所命尤物也，不妖其身，必妖于人'，因而舍弃莺莺，时人多赞许他为善补过者。"

"请周先生谈谈自己的看法吧！"广平站起来，直截了当地说。

鲁迅并不以为忤，只是多看了一眼这个坐在头排的、在听讲时每每喜欢用刚决的言语发言的女学生，笑着宽厚地点点头："好的，好的！我是这种看法的反对者。我同意有人说《会真记》是写元稹自己的事，目的是在辩护自己，是属于辩解文一类，不是为作小说而作的。中国人矛盾性很大，一方面讲道德礼义，一方面又言行绝不相关。又喜欢不负责任，如《聊斋》中的女性，不是狐就是鬼，不要给她穿衣吃饭，不会发生社会督责，都是对人不需要负担责任的……"

同学们微笑，课堂上的气氛活跃起来。

广平只觉得有一种深度的满足、深度的痛快，被先生对国人灵魂的透彻分析折服。

先生不动声色，继续发挥："中国男子一方面骂《会真记》《聊斋》，一方面又喜欢读这些书，都是这种矛盾性存在之故……"

哄堂大笑。学生们拼命记录，生怕漏去一字。

教室门轻轻地被推开了一条缝，溜进一位瘦长的督学来，蹑手蹑脚地开始例行的查堂。

"嘘——"不满的逐声，立即从四面八方腾起。

先生平静而沉默，轻轻将书放在讲桌上，在不满方丈的讲台上来回散步，等待学术空气的澄清。

当"嘘"声把发窘的督学送出教室时，先生微笑起来："我恐怕搅乱他的检查，所以才停下，他却不检查便回去做报告了……"

同学们快乐得大笑，一团团乌黑蓬松的短发，活泼地前后摇动不休。

先生继续讲授，直到钟声响了，似乎觉得还未将问题交代清楚，加速地说着，迟迟不肯下课。

周先生！你累了，该歇息了——望着他那黄绿色的疲惫的面孔，广平在心里默祷。

他咽了咽唾沫，还在讲。

广平情不自禁地想起了另外一些教授，上课钟响后一刻钟，才显示他的责任心似的匆匆忙忙赶来，而离下课还有二十分钟，就不断地看着表了……

哼！她情不自禁地提起一只脚来往下一踩。

"哎哟！"卓凤小声地叫起来，将那张痛得发白的脸探过来，"广平，你在干什么……"

4

"许先生，您走好！我不远送了。"

"东家，请回吧！这道我是走熟了的。"

当广平从崇文门东面船板胡同一家公馆里走出来，疲乏得连打两个长哈欠时，已是晚上九点。

她是到这里来做家庭教师的，东家是外交部的一位司长，要聘一位先生教他的两个儿子，月薪十元，另供应一顿晚饭。应聘者有一百多人，结果广平被录用了。从此她每日下午下课后便去教书，直到晚上才能返回学校。

此刻，冷峭的夜风负着冷黄的路灯光在冷落的胡同里扫，广平把衣领提起来，脖子一缩，顶着冷风，往胡同口跑去。

两团微光在那儿扑闪——那是洋车上的白铜玻璃灯，车夫已拉广平快两年了，每天靠得住这时到这儿来接她。因为从西城的女师大到东城的船板胡同，实在太远，所以广平每日辛劳挣来的微薄束脩，还得支付三分之一给这位和自己一样辛劳的同胞。

蜷缩在车厢里，挡风的棉篷子有些破，一股冷风钻了进来，她连忙移向了另一角落。

吧嗒吧嗒……车夫的脚步声单调而又沉闷，听着听着，她的眼皮乏得像被胶粘住了。

这样的奔波劳顿，苦吗？她问自己。

是的，苦！很苦！

但比起家里，却是天堂了！只要一想起广州高第街一七九号那个聚族而居、亲戚本家有两百人的大家族，这位刚毅的女子忍不住要流下眼泪来……

5

广平的叔祖当过清朝巡抚。父亲是小妾所生，体质又弱，在家族中天生被歧视，偏偏又有三子五女，人口多，家道中落，只得经常借债虚撑门面。

广平生在1898年阴历正月二十二。

她的第一声哭啼，洪声亮气，母亲请算命先生打了一卦，认为性情一定刚烈，如果是男孩，将来一定有出息，只可惜是女身，恐怕不是好兆头。惹得母亲想倒贴一笔乳母费，把她送给一个食不果腹而仍然狂抽大烟的本家。此策不及施行，却被父亲抢了先，她降临人世仅仅三天，就被父亲"碰杯为婚"，许配给一个姓马的劣绅家。此人横行乡里，民愤很大。因此，广平初识字的时候，就模糊地懂得了"所遇非人"这句浸透女子血泪的话的含义。

八岁，母亲要给广平缠足。母亲是最讲究此道的，对女儿说："两脚龙舟般大，会落得人家笑话。"据说她自己刚过门时，花鞋可以端端立在酱油碟子内，可是在酱油碟子之外，却是寸步难行，走路都要丫头搀扶。传到广平的姐姐们，也是照缠不误，结果是上书房都要老妈子背。轮到广平，老法子却不灵了，她号啕大哭；母亲威胁："不缠足一辈子也别见我！"她就增高哭声的分贝来作答。结果是小脚母亲只得作罢，自己继续在酱油

114

碟子中走，眼睁睁地看着大脚女儿往大天地去。

刚上私塾时，广平和男孩们一起用蓝青官话读书。父亲觉得，女孩子只要会记家用流水账就行了，况且将来她还要嫁到乡下去，所以就让老师只用土语教她读。施行的结果却令长者心烦，若用土语教读，这女孩一天下来，连八句课文都背不出来；若改用官话，她却能当场背诵，朗朗上口，一字不差。原来老师用土话教时她早已记得烂熟了。小孩的小计策，击败了大人的大谋略，父亲只得吩咐老师用官话教她。

后来，广平明明白白地向父母表示对包办婚姻不满。马家来了人，她不顾父亲的申斥，当面提出抗议。马家给她银钱，她气愤得掷了一地。

辛亥革命爆发，受当过留学生的大哥的影响，广平读了许多宣传民主共和的报刊，特别是宣传不缠足、不装饰、婚姻解放的《妇女报》给她影响很大。她不戴首饰，不做绸衣，不戴耳环——依照旧俗，只有亲丧三日之内才能不戴耳环，弄得父亲生了一场大气。

广平还入迷地耽读《史记·游侠列传》，决心效法那些慷慨悲歌之士，除暴安良，铲尽天下不平之事。袁世凯称帝时她才十七岁，便写信去约一位好友，欲飨老贼一炸弹，只是事情泄露，才为家人阻止。

广平父母先后逝世，孤女尝尽了世态炎凉。二哥帮助她解除了与马家的婚约，把她带到了北京。以后她又投奔在天津的姑母，用出售家藏古画分得的二百元作为学费，考入天津直隶北洋第一女子师范学校预科；第二年升入本科，因成绩优良获得公费。

在天津求学时，广平先后结识了郭隆真、邓颖超等妇女运动和学生运动领袖，加入了天津学生联合会。许多次抗争中，她都一马当先，冲在前头。

从天津女师毕业，广平做了教师，但她想继续深造，就来到北京，1923年考入了女师大……

6

除夕之夜，学校的熬岁同乐会正开得热闹的时候，广平忽然觉得喉咙隐隐作痛，身子轻飘飘的，困乏得像背了块大石头。她连忙分开欢笑的同学，硬撑着摸回寝室，赶紧躺下。

——她压根儿也不知道，自己已被一种可怕的、致命的细菌传染上了。广平有个很好的叫常端麟的北京同学，一有空闲，常到她家去玩。冬天，常家的三姑娘和四姑娘得了很严重的传染病，侠义心肠的广平，一点不惧，主动跑去照料她们……

来了一位医生，检查、诊断，结论：扁桃腺炎。

好像是小病小灾。常家便让广平住下来将息将息。

病情仿佛趋于稳定，广平心情愉悦，因为有——

"你好些了吧！"一位不好意思的男青年，轻手轻脚地走了进来，局促不安地站到广平床前。

广平活泼的大眼睛，脉脉地凝视着他。

"小辉，快坐呀！"常端麟抿嘴一笑，跑出屋去。

见没了旁人，李小辉这位脸孔黝黑的广东青年，好像恢复了平素的热情、豪爽，从衣包里一把一把地往外掏青果："给你！嚼、含、泡水，都行，能败喉火……"

咚咚咚！一枚枚淡青色的青果落在桌上，更落在广平的心上，激起一阵幸福的狂跳……

他与她是同乡、表亲，又年龄相当，因要参加赴法勤工俭学的考试来到北京，没赶上考期，所以又考入北大学习。两人本来就认识，现在接触更多，他的热情，她的豪爽，他与她共有的自强和进取精神，铺垫出一条渐明渐显的爱之路来……

咚咚咚！透过迷蒙的泪光，不断有淡青色的影子，掠过广平的眼帘，使她觉得有一片生机勃勃的青草地，正一天天在前头展开！

死神却不答应，驱赶黑色的冥卒从四面向她包围、进逼。

广平又连服了几剂药，不知怎的，病情反而越来越重，颈下冒出了一个硕大的肿块，不省人事，进入弥留状态。

常家赶忙请来一位日本医生，才搞清她得的是猩红热，从肿块中挤出一滴滴乌黑的污血，人才渐渐缓过气来。

黑！竟压住了鲜血的红！她惊骇了，疲乏地合上了眼皮，又连忙睁开，她觉得，现在，眼前，应该有那一片温柔的淡青色，让它赶快驱走这一片讨厌的黑色。

一天、两天，她的淡青色没有出现。

三天、四天……一直到很久了……

她奇怪，痛苦，悄悄打听，消息使她如五雷轰顶——小辉在探视她的时候，也染上了猩红热，不久前去世了！

7

吧嗒、吧嗒，脚步声突然停了，车夫歇了车，撩开棉帘子，沉思中的广平不禁打了一个寒噤。

"小姐，到学校了！"

"谢谢！"

广平跳下车，进了圆拱形的铁校门，向还有数点灯光的小饭厅跑去——她已养成了这种习惯，每晚教书回来后，就到这儿上自习，直到午夜才睡，不把做家庭教师耽误了的时间争回来，她是不会睡觉的。

空荡荡的饭厅里，零零落落地坐着几个用功的学生——寝室中灭灯较早，而这里一直到午夜才会灭灯，所以就成了这些认真追求学问、不想混文凭的女学生们的乐土。

"广平！"卓凤连连向她招手，递给她一杯热开水。

咕嘟嘟！广平一口气喝了大半杯，抹去唇上的水滴，感叹了一声："要是有糖就更好了！"

"我也是这么想，可是……"卓凤可怜巴巴地说。

"来，来，来，笑一个！"广平一把将她拖起，两手不歇地搔着她的腋窝。

咯咯咯！卓凤笑得喘不过气来："西瓜皮！你在干什么啊……干什么啊……"

"两全其美——让你快活，让我暖和……"

"好了，好了——看书吧——"卓凤开始讨饶了。

"看书？"广平猛地摇摇头，"这几天，我总看不进去，见到书上的字就觉得像是虫子在爬。"

"就是。想起杨婆子，心头就烦。"卓凤将摊在桌上的书又合上了。

"杨婆子"是女师大学生对校长杨荫榆①女士的称呼。她年轻时有一段不幸的婚姻史，以后成了一个郁郁寡欢的老姑娘，自然觉得满校园年轻活泼的女孩子有些碍眼。她留过洋，回国后当校长，希望学生一门心思地多研究学问，少问政治。哪知当时的时代又是政治气氛十分热烈的时代。以后她又和教育部总长章士钊关系密切，在校内实行家长统治，使校务一天天腐败，引起学生很大的不满，1924年底爆发了反对杨荫榆的风潮。在校学生自治会的领导下，全校十班同学举行紧急会议，结果有七个班的同学全体赞同倒杨，其余三个班，则声明严守中立，决不反对自

---

① 杨荫榆（1884-1938），女，江苏无锡人。曾任国立北京女子师范大学校长，为中国历史上第一位女性大学校长，在治校过程中，力主"念好教育为国民之母，本校则是国民之母之母"，执着其理念，屡显独裁之风，导致了著名的"女师大风潮"，仅一年零八个月去职。1937年，日军侵占苏州，目睹日军暴行数度到日军司令部抗议；1938年1月1日，被日军杀害于盘门外吴门桥，时年五十四岁。许广平后来回忆杨荫榆说："关于她的德政，零碎听来，就是办事认真，朴实，至于学识方面，并未听到过分的推许或攻击，论资格，总算够当校长的了。"

治会的一切行动。于是一致通过，从是日起，即不承认杨氏再掌女师大。杨荫榆见众怒难犯，退到师大附中，筹划对应之道。

"广平，我今天下午听说，杨婆子放风了，某学校要聘教员，同学中有欲担任者，请到校长办公室接洽；还说北京某大学欲聘助教，月薪五十元，倘继续任职者，每年薪俸可加至七百元。"

"无耻！"广平气愤得将桌子一拍，"有人去么？"

"听说毕业班有十几个同学偷偷摸摸地去过了。"

"气杀我也！"广平愤恨得直咬牙，"今日收买一个，明日收买一个……在买者有洞皆钻，无门不入；被买者也廉耻丧尽，人格破产！"

"你们自治会的职员①总不会后退吧？"卓凤担心地问。

广平叹息了一声："难说，她们有的人起先都热烘烘地领着大家干，忽然间就冷冰冰地掉下来了，也不知是何原因。"

"那么你呢？西瓜皮总不会溜了吧？"

"卓凤！"广平激动地捉住她的手，"刚开始时，我觉得校内情况复杂，唯恐不明真相，被人利用，所以旁观，没有出马。现在别人的血凉了，我的血倒热了。我是有血性的，抱不平的，明是非的，伸正义的，无论刀斧在前，我不甘退让。如若别人不干，我也要单独进行我个人的驱'羊'运动。"

卓凤直视着广平那双大眼睛——燃着渴望的火焰，掠过阴沉的乌云，还闪过一丝丝迷惘的光……

"广平，我可没有你这种刚决，我有的只是苦闷、苦闷，十二万分的苦闷。"

"我又何尝不是如此，日日尝着苦闷之果。而它是最最难尝的，虽然吃过苦果之后有点回甘，然而苦的成分太重了，也容易抹杀甘的部分。"

---

① 即干部。当时女师大学生自治会共有职员六人，许广平为总干事之一。

卓凤的眼睛有些暗淡："想来也烦，社会这么黑暗，时间又快如流水，眼看一学期又过去了许多，就学的时间越来越少，直面人生、直面社会的开始即将来临，而我们的学识却如此空虚，处事应对也如此茫然无措。"

"难道我们就安当弱女子？心甘情愿地让人去宰割？哪是出路？……卓凤，我们干脆从我们比较敬仰的教师中，寻求些课外的指导吧！"

"向谁呢？——有一位是最好不过的！"卓凤庄重地说。

"我也想到了他——"广平的神情欣慰而又肃穆。

"鲁迅先生！"

两人几乎是齐声叫了起来——鲁迅先生的心是向着青年的！不说别的，就说前几天吧，一位女同学没有得到家长允许，就和别校的一位男同学去逛公园，父母知道了，到学校大吵大闹，说学校管教不严，"老小姐"校长也指责她太不像话，一桩小事顿时酿成轩然大波。

事件各方正在教务处僵持，鲁迅先生打从门前经过，听了听，一本正经地说："现在风和日丽，有这么两位青年同学一块逛逛公园，有什么不好？那些公园，年轻人都不准逛，难道都得等到成了老头子老太婆才能去逛？"说罢，忍不住一阵哈哈大笑。

在场的人，都偷偷背过身去，暗笑不止，弄得校长哭笑不得，环视全场，见再没人发言，也只好莞尔一笑，走出门去。

事息之后，同学们都说："多亏了鲁迅先生……"

8

鲁迅先生：

现在执笔写信给你的是一个受了你快要两年的教训，是每星期翘首盼着稀有的，每星期三十多点钟中一点钟小说史听讲的，是当你授课时，坐在头一排的座位，每每忘形地直率地凭其相同的刚决的言语、在听讲时好发言的一个小学生，他有许多怀疑而愤懑不平的久蓄于中的话；这时许是按抑不住了吧，所以向先生陈述……

广平一口气写到这，倏然停住了笔——先生会理睬我吗？作为一个讲师，他没有很多时间在校，他会如何看待现时的校政呢？她仿佛看到了先生夹着讲义，躲开那团赤火红红的烈焰，洁身远行；她仿佛看到先生仰首吸着那醉人的一丝丝的烟叶，喷出的一缕缕香雾，升腾，弥漫，模糊了他那张棱角分明的脸……

广平扶着桌子，站了起来，蓦地瞥见窗外西边的办公处，那儿一到晚上就灯火煌煌，人影幢幢——大概是白天不见踪影的杨荫榆，夜里偷偷地回来了吧？大概那些心怀鬼胎，向学生侦询的女职员，在向她报功吧？大概那些白天只担任一两小时演讲术的末流教员，养精蓄锐后，在扎扎实实地为她出谋划策吧？

"鬼！只有夜晚才敢出来的鬼！"广平狠狠地啐了一口，坐下，又提起笔来——

不！我是不怕鬼的。

先生更是不怕鬼的。

我自信自己是个刚率的人。

我更相信先生是比我更刚率十二万分的人。

正因为有这点点小同，我才可以尽量向先生直言，先生定会垂怜在蝎盆中辗转待拔的青年的，定会痛快地将琼脂玉液浸入我的心脾，使我坚固自己的愚直的立场的，定会收录我，作无时地界限的指导的……

广平奋笔疾书，历数"清洁"教育界某些人物的猪仔行径，袒露自己的苦闷心情，恳求先生给以真切明白的引导：

> 苦闷则总比爱人还来得亲切，总时刻地不招即来，挥之不去，先生！有什么法子在苦药中加点糖分？有糖分是否即绝对不苦？……
>
> 现在的青年的确一日日地堕入九层地狱了！或者我也是其中之一。虽然每星期中一小时的领教，可以快心壮气，但是危险得很呀！先生！你有否打算过"救人一命，胜造七级浮屠"呢？……但我现在希望你把果决的心意缓和一点，能够拯拔得一个灵魂就先拯拔一个吧！先生呀！他是如何的"惶急待命之至"！
>
> 撰安！
>
> 谨受教的一个小学生许广平
> 11，3，14 年^①

写完，看看，广平很满意；再看看，她又觉得落款的"学生"二字前，应再加一个限制词；但想想，又觉好笑，提笔又添了几句：

> 他虽然被人视为学生二字上应加一"女"字，但是她之不敢以小姐自居也如同先生之不以老爷少爷自命，因为她实在不配居小姐的身份地位，请先生不要怀疑。一笑。

"好，写得好！"卓凤看后，一阵欢喜不尽，"广平，赶快给先生寄去吧！"

"赶快！"

---

① 此处系西式书信格式，即民国十四年（1925）3 月 11 日。

9

3月11日的下午，大风夹着黄沙在半空呜呜地吹，时时有沙粒落下，扑击着小玻璃窗。

三屉书桌上摊着许广平的来信。

"是她！"读完第一段，看看落款，鲁迅想起来了——就是那个姑娘吧？个头高，在同学中年龄好像有些大，但总喜欢坐第一排，生怕听不清一个字，生怕漏掉一个字，又常常用刚决的丈夫式的言语发言……

写到教育界的丑陋与黑暗，她那雄健的钢笔字中，透出勃勃的积愤郁闷，揭露得痛快淋漓，鲁迅情不自禁地会心一笑。

读到最后一段，他肃然了——从这哗啦啦作响的信纸上，他清清楚楚地听到青年们急迫的呼救的声音，这如何是好？

"假使我真有指导青年的本领——无论指导得错不错——我决不藏匿起来，但可惜我连自己也没有指南针，到现在还是乱闯，倘若闯入深坑，自己有自己负责，领着别人又怎么好呢……"

第二天上午，鲁迅又仔细地读了读广平的来信——

先生！你有否打算过"救人一命，胜造七级浮屠"呢？
先生呀！他是如何的"惶急待命之至"！

他被这真诚的呼喊撼动了，提起毛笔来，开始回信：

广平兄：
今天收到来信，有些问题恐怕我答不出，姑且写下去看。
……

我想，苦痛是总与人生连带的；但也有离开的时候，就是当熟睡之际。……苦茶加糖，其苦之量如故，只是聊胜于无糖，但这糖就不容易找到，我不知道在哪里，只好交白卷了。

鲁迅看了看已写好的部分，摇头——太模糊了，等于不说。他想起广平听课时那双渴求的大眼睛，不！应该将我深切的人生体验告诉这位青年。他急速地写了起来：

我再说我自己如何在世上混过去的方法，以供参考罢——

一、走"人生"的长途，最易遇到两大难关。其一是"歧路"，倘若墨翟先生，相传是恸哭而返的。但我不哭也不返，先在歧路头坐下，歇一会，或者睡一觉，于是选一条似乎可走的路再走……其二便是"穷途"了，听说阮籍先生也大哭而回，我却也像歧路上的办法一样，还是跨进去，在刺丛里姑且走走，但我也并未遇到全是荆棘毫无可走的地方过。不知道是否世上本无所谓穷途，还是我幸而没有遇着。

二、对于社会的战斗，我是并不挺身而出的，我不劝别人牺牲什么之类者就为此。欧战的时候，最重"壕堑战"，战士伏在壕中，有时吸烟，也唱歌，打纸牌，喝酒，也在壕内开美术展览会，但有时忽向敌人开他几枪。中国多暗箭，挺身而出的勇士容易丧命，这种战法是必要的罢。但恐怕也有时会逼到非短兵相接不可的，这时候，没有法子，就短兵相接。

总结起来，我自己对于苦闷的办法，是专与苦痛捣乱，将无赖手段当作胜利，硬唱凯歌，算是乐趣，这或者就是糖吧。但临末也还是归结到"没有法子"，这真是没有法子！

....

鲁迅

3 月 11 日

不知是何原因，他将"12日"落成了"11日"。[①]

10

广平是13日早上收到鲁迅的回信的。

当她打开信封，抽出那带红线的白信纸，打开笺面，第一行三个字跳了出来——

"广平兄"！

她顷刻间有些手脚无措了："不，先生吾师，原谅我太愚小了！我值得而且敢配当'兄'吗？不！不！……"

广平一口气将信读完，仿佛一道雪亮的雷电闪过，劈开一条艰难而壮阔的人生大道来……她觉得先生的心和自己的心之间是如此血脉相通，因而产生了一种深切的感应。

当这种感应达到最深之时，她反而陷入了沉思，竟提不起笔来，回先生只字片语。

广平将信给卓凤看，卓凤连忙把其中的警句，像抄讲义似的工整地抄录下来。

到了15日，广平终于展开信笺，拿起钢笔来。

她很奇怪，同在京城内，因邮政交通的阻隔，自己要前后三天才能收到先生的信；她更奇怪的是，自己也是恰好隔了前后三

[①] 通常的说法是鲁迅收到许广平 3 月 11 日的首次来信后，当天就作了回答。此说很值得推敲，关键是两人信尾所落时间是不大可靠的。鲁迅日记载："11 日……午后大风。……得许广平信。""12 日，晴。上午……复许广平信。"据此可明白无误地知道鲁迅回信是在收信后的第二天上午。

天，才提笔起来陈述自己所要说的话——而读来信三天中自己感应最深时，反而写不出一个字来！

当她发现这种时间上的巧合时，心中涌动起一种感动的浪潮，迅速地写下了抬头"鲁迅先生吾师左右"，把自己的这种发现坦诚地告诉了先生。

她觉得，在他的面前，自己完全可以是自由的，于是她的笔变得流畅起来，大胆地与先生辩论起"广平兄"的"兄"字来。

> ……我绝无此勇气而且更无此斗胆当吾师先生的"兄"的；先生之意何居？弟子乌得而知也。不曰"同学"不曰"弟"而曰"兄"，游戏欤——游戏欤？此鲁迅先生之所以为"鲁迅先生"吾师也欤？！

她很开心，停下笔来，默想先生读到此时的神情，然后笔锋一转，开始攻击教育界的黑暗。愤懑与不平折磨着她，她准备挺身而斗了，可先生却要她实行"壕堑战"，这真如何是好？

而对于先生所训示的"如何在世上混过去的方法"，广平却是十分神往：

> 我也相信，遇着荆棘，正可以尝尝荆棘刺到我的足上那种风味，刺到腿、身、手、面……是什么味，各种花草树木的钩刺……是什么味，对于我的触觉是否起同样的反应？我尝遍之后，然后慢慢一根根地从身上拔下那些刺来，或者也无须把那些刺拔下来，就做我后天的装饰品。

11

广平兄：

这回要先讲"兄"字的讲义了。这是我自己制定，沿用下来的例子，就是：旧日或近来所认识的朋友，旧同学而至今还在来往的，直接听讲的学生，写信的时候我都称"兄"。其余较为生疏，较需客气的，就称先生、老爷、太太、少爷、小姐、大人……之类。总之，我这"兄"字的意思，不过比直呼名字略胜一筹，并不如许叔重先生 [1] 所说，真含有"老哥"的意义。但这些理由，只有我自己知道，则你一见而大惊力争，盖无足怪也。然而现已说明，则亦毫不为奇焉矣。

……

中国大约太老了，社会里事无大小，都恶劣不堪，像一只黑色的染缸，无论加进什么新东西去，都变成漆黑，可是除了想法子来改革之外，也再没有别的路。……

所以我想，在青年，须是有不平而不悲观，常抗战而亦自卫，荆棘非践不可，固然不得不践，但若无须必践，即不必随便去践，这就是我所以主张"壕堑战"的原因，其实也无非想多留下几个战士，以得更多的战绩……

12

鲁迅先生吾师左右：

关于"兄"字的解释，敬闻命矣。"'兄'字的意思，不

---

[1] 《说文解字》的作者，东汉文字学家许慎，字叔重。

过比直呼名字略胜一筹"，与"较为生疏，较需客气"者有别。二年受教，确不算"生疏"，师生之间，更无须"客气"而仍取其"略胜一筹"者，此先生之虚以待人欤？此社会之一种形式之必有存在价值欤？敬博一笑。这种"兄"字的称法，若属别人给我的，或者真个"大惊"，唯其是"鲁迅先生"给我的，我实不觉得有什么可惊，更不要什么"力争"，所以我说"此鲁迅先生之所以为'鲁迅先生，吾师也欤'"……又闻先生"自己制定，沿用下来的例子"，我是多么荣幸啊！而且称谓的"讲义"无论如何编法，总是主笔人一种"无限制权"，不必他人费辞的，现在我再说别的吧。

　　……像这样"黑色的染缸"，如何能容得下去，令它点点滴滴地泼出乌黑的漆来，我想对于这个黑缸，索性拿个大砖头打破它，或者拿铁钉钢片密封它，但是相当的砖头和钢片铁钉之属，这时还未预备出来，可奈何？！

　　……先生处处给予青年一种前进，悲观中未曾无乐观之诱导……这种精神学生是应当效法的。此后自当避免些"无须必践"的"荆棘"，养精蓄锐以待及锋而试……

　　在纸面上得先生的教训比读书听讲好得多了，可惜我自己太浅薄，找不出许多要说的话充分地吐露出来，贡献于先生之前求教。但我相信如果有话要请益时，先生一定不客气的，可是时时在先生最有用最经济的时间中，夹入我一个小鬼在中捣乱，先生写两个"山"字，那小鬼也不去，烧符也没用，先生还是没奈何地破费点光阴吧！小子惭愧则个。

鲁迅先生的学生许广平上
3 月 20 日

13

鲁迅很喜欢两人这种充满虎虎生气的通信，但模模糊糊中又觉得好像不该写这么勤似的——虽然有这种觉得，但忍不住又照旧勤写不误——因此到23日回广平的信时，文字较前面的略有收束，开首还有几分矜持：

广平兄：

仿佛记得收到来信有好几天了，但是今天才能写回信。

……这种漆黑的染缸不打破，中国即无希望，但正在准备毁坏者，目下也仿佛有人，只可惜数目太少。然而既然已有，即可望多起来，一多，可就好玩了。——但是这自然还在将来；现在呢，只是准备。

他打算结尾了，不知不觉中，一种隐隐的热忱代替了开首那一点点矜持：

我如果有所知道，当然不至于客气的，但这种满纸"将来"和"准备"的"教训"，其实不过是空言，恐怕于"小鬼"无甚好处，至于时间，那倒不要紧的，因为我即使不写信，也并不做着什么了不得的事。

14

3月18日，《妇女周刊》上发表了一篇署名为"持平"的文章，题为《北京女界一部分问题》，吁请女师大师生抗争不息，与杨荫榆周旋到底。

3月21日，貌似公允的《现代评论》借"一个女读者"的名义，发表了一封题为《女师大的学潮》的来信，给杨荫榆说好话。仅过数天，3月24日的《京报副刊》，就发表了署名为"正言"的《评现代评论"女师大学潮"》的文章，尖刻地嘲弄了各种支持杨荫榆的荒谬论点。

持平、正言何许人也？读这汪洋恣肆的文字，读者仿佛见到一怒发冲冠的战士，正独自挥鞭，进行个人的但却轰轰烈烈的驱"羊"运动。

此君并非别人，正是许广平。

近来女师大的校事，惹得她满肚子的不平，她决心对拥杨者和杨，施以总攻击，于是接连地掷出了两支投枪。

她投稿从来不喜欢重复用同一个名字。

她觉得自己的文章卑浅，裁夺之权应一任编辑者，绝不以什么女士自居，妄冀主笔者垂青。

下笔以后，她觉得这两稿有的地方不合于鲁迅先生"壕堑战"的训示，但勃勃之气，不能自已，本来准备呈先生批阅的，又怕耽误久了，成为明日黄花，因此急急付邮，觉得骨鲠略吐，稍为舒快了一些。

15

26日晚，广平又展开了信笺，向先生倾诉心声。

她谈到自己豪爽的女侠客般性格的渊源："先人性俱豪直，故学生也不免粗犷，又好谈飞檐走壁，朱家郭解①，助弱锄强，草上霜……之流，更幻想做剑仙其人者，以杀尽天下不平事。"又谈到鲁迅回信中所说的"正在准备破坏者，目下也仿佛有人"：

① 西汉著名侠客，事见《史记·游侠列传》。

"先生吾师，这是真的吗？我喜极欲狂矣！……我不自量度，才浅力薄，不足与言大事，但愿做个誓死不二的'马前卒'以冲锋陷阵，小喽啰虽然没大用，也不妨令他摇几下旗子，先生能鉴谅他么？不胜急切之至！"

同声相应，同气相投，鲁迅的复信使广平一阵狂喜："我又无拳无勇，真是没有办法，在手头的只有笔墨，能写这封信一类的不得要领的东西而已。但我总还想对于根深蒂固的所谓旧文明，施行袭击，令其动摇，冀于将来有万一之希望。而且留心看看，居然也有几个不问成败而要战斗的人，虽然意见和我并不尽同，但这是前几年所没有遇到过的。我所谓'正在准备破坏者目下也仿佛有人'的人，不过这么一回事。要成联合战线，还在将来……你如果也要发牢骚，请来帮我们，倘曰'马前卒'，则吾岂敢，因我实无马，坐在人力车上，已经是阔气的时候了。"

广平闻之欣喜雀跃，回信说："先生虽则答应我有'发牢骚'的机会，使我不至闷死，然而如何把牢骚发泄得净尽，又恐怕自己无那么大口气，能够照心愿的吐出来，粗人是干不了细活的，所以前函有'马前卒'之请也。现在先生既不马而车，那么我就做十二三岁的小孩子在车后推着走，尽我一点小气力吧！虽则饿坏了的灯草般的手臂卖不出多大力气……先生是不忍过拒的吧！"

鲁迅不但不拒，反而向她讨教，4月8日的回信说："我现在还在寻有反抗和攻击的笔的人们，再多几个，就来'试他一试'，但那效果，仍然还在不可知之数，恐怕也不过聊以自慰而已。所以一面又觉得无聊，又疑心自己有些暮气，'小鬼'年轻，当然是有锐气的，可有更好，更有聊的法子么？"

在这封信的结尾，鲁迅仔细地、周到地提起向广平赠送刊物的事："《猛进》昨已送上五期，想已收到。此后如不被禁止，我当寄上，因为我这里有好几份。"

16

8日，广平收到了一束杂志，拆开一看，正是自己极喜欢的《猛进》——它那勇猛的论一时政象的文字，很合广平的口味——看看出版地址，竟在北大一院。

我孤陋寡闻到了这种程度！广平失声笑了起来，当即跑到门房外，请工友代订了一份。

第二天，她收到鲁迅8日的回信，说是以后将赠阅《猛进》。

不，先生！我感谢你！但你太忙了，让这些琐屑之事劳累你，我于心何安？既已自订，就请吾师千万不要再多费这一番精神了。

10日晚广平回信时，开首就写明了这一层意思。可一想到先生的热忱，她又踌躇了，赶紧又写了一段："此属先后未关照的实情，与客气异，是例外的不同，望勿一概看待。"

——她要让鲁迅明白无误地知道，她的确是出于想减少先生为琐事操劳的诚意，绝不是客气。客气、礼貌、相敬如宾，好是好，却是应酬、见外、生分，离广平与先生间的亲切、亲密、亲近远矣。

她吐露了自己对校政的失望："无处不是苦闷，苦闷，苦闷，苦闷，苦闷、苦闷……"越写越觉得与先生的心息息相通，干脆将埋在心里的暗杀计划抖了出来，她想针对那些卖国者，"思得若干同志，暗中进行搏浪一击。""仗三寸剑，杀万人头，饮千盏血，然后仰天长啸，伏剑而殉。""自然去牺牲的人，要有胆有勇，但不必取学识优越者。盖此辈人不宜大材小用，如小鬼者，窃愿供牺牲——实则无所谓牺牲。反过来说，也

132

许是胜利——此举虽则有点粗急，但现在这种麻木状况下，不可无此项举动。"

越写越欢喜，临到末尾，忍不住撒了一点点小娇："这封信非驴非马不文不白地乱扯一通，该值一把火，但反过来说，现在最新的一派文字，也作兴的，我无乃画犬不成耳。请先生朱笔大加圈点吧！——也许先生的朱笔老早掷到纸篓里去了！奈何？！"

怎样署名？

她想起了半月前先生回信中所说的"恐怕于'小鬼'无甚好处"，笑了，美滋滋地写下了一个自己最为满意的署名——（鲁迅师所赐许成立之名）小鬼许广平。是时，距广平与鲁迅初次通信，刚好一个月。

第七章 "广平少爷"

一天天地熏陶熔冶，可亲可敬地灌溉着每一株小草，
许多青年想尽千方百计去接近他，希望从他那里多少得点
杨枝雨露……而我也是其中的一个。

——许广平

1

冲动而有节奏的叩门声没响多久，胡妈跑来打开了黑漆大门。

哦！——

两团乌黑蓬松的短发拥了进来，她情不自禁地捋了捋自己的
花白头发："二位小姐——"

"我叫许广平，"为首的高个儿活泼而洒脱，"她叫林卓
凤。"

"在女师大读书，是周先生的学生。"卓凤有些紧张，一板
一眼地解释。

"好的！"胡妈将两人让了进来，指着院中北屋，"大先生
就在当中那间的后面，你们进去吧！"她又回到大门右侧的小屋
去了。

两三棵枣树点缀着不宽大却整洁的小院，广平冲口而出：

134

"周先生原来躲在这个秘密窝里！"

"你紧张么？"卓凤嗫嚅着问。

紧张？为什么要紧张？广平想。但是，她压根儿也谈不上镇静，一种想探究某种秘密的欲望激动着她，于是竭力装出一副满不在乎的口气："我们是来探险的，该紧张的是他，是这秘密窝的窝主。"

"对头！老头子总不会一下变成了老虎！"卓凤勇敢地挺起了胸。

这是1925年4月12日，一个晴朗的星期日，北平城一个略略带些风沙的下午——以后岁月的大浪淘去了无数的日子，而在广平的记忆中，这一天的印象却永远这么鲜明，像一束在晨光中沾着朝露的花……

掀开北屋中间的帘幕，老虎尾巴里弥漫着一层雾似的烟，她们俩突入烟阵，睁大眼睛，看见鲁迅先生站了起来，朗声笑了。

"密斯许！密斯林！这边坐。"他让她们在仅有的两张预备给客人的木椅上坐下。

透过时浓时淡的烟云，广平望见了整个都是玻璃窗面的北墙，望见了窗外的后园，望见了坐在床上的两三位先到的客人。

她仔细地看了看先生，又黑又瘦，一边与客人谈笑，一边一支接一支地抽着"红锡包"香烟。洋火是不大用的，吸到只余半寸时，抖掉烟灰，猛吸一口，使烟头红亮，将下一支引燃。地上是砖铺的，不怕火，狼藉着一团团的烟灰，一截截的烟尾巴。

"周先生，你不能少抽点么？"广平指着地上心痛地问。

"哦！我不提防密斯许已进行了侦察。"鲁迅有些发窘，他不直接掩饰，而是更坦然地向来客指点更"可怖"的事实，"诸君知道么？要判定我一天在家的时候多呢，还是外出，看什么呢？最好还是看密斯许所看，凭地上所列成绩，就完全明白了。"

轰！屋内爆出了一阵声震屋瓦的笑声，鲁迅却不笑，依然故我地吸着自己的烟。

坐久了，那几个客谈起了天气的好坏，风沙的大小；广平不爱听，就邀卓凤去后园看了看，进屋时她对卓凤说："我的《猛进》还没订妥呢。"

"门房没办？"卓凤有点奇怪。

"他办了，但还不知结果如何。"

鲁迅好像听到了她俩的这一番小声谈话，浓黑的眉毛动了动，正想问，先到的客人却要起身告辞了，广平与卓凤也站了起来。

鲁迅替大家撩起了帘子。

广平忽然瞥见从西屋里出来一位矮小的中年妇女，玄衣玄裤，恭敬地对众人说："大家请走好！"

"大师母，请回，请回！"先到的几个客齐声叫道。

小脚！她的那一双小脚给广平很深的印象，情不自禁地看了看自己和卓凤那无拘无束的天足。

鲁迅将他们送到大门口，也不唤胡妈，自己亲自将黑漆大门关上。

轰隆隆！关门声在广平的耳朵里回荡着……

2

一缕淡淡的烟味，从衣衫上透出来，广平使劲地嗅了嗅，辛而辣，如他的文章——我访过鲁迅先生了！

这就是确证。她出神地笑了。

初春之夜的天空竟像秋夜一般高而蓝，将一片温暖的青色贡献于寝室的窗前，云海荡开了，素而淡的春月牙浮了出来，清光脉脉，怜爱着地上不眠的人儿。

她倚在窗前，综合全天的印象，心中默念、推想和描写着那

"秘密窝"窝主的生活——

血红的灯光熄灭了，他默坐在那间北墙满镶玻璃的室中，偶尔出神地看看月光的幽寂，听听雨声的滴答，在枣树发叶结果的时候，领略风动叶声的沙沙和打下熟枣的勃勃声，还有那四时不绝的"个多个多""格格格格格"的鸡鸣声，还有那晨昏之间，独自在这小天地中徘徊俯仰，那不可言传的趣味，无不一一在丝丝缕缕的浓烟淡雾中，曲折地传入无穷的空际，升腾、分散，是消灭！？是存在！？……

月华如水，在窗外的树杈上潺潺流淌，光光的枝条在水中飘浮着，仿佛是一根根闪闪发光的小银棍……

3

12日那天，有些话，鲁迅本来可以口头上答复广平的，但碍于那几个各样的在座的客，他还是忍住了，14日给她回了一封信。

首先，他对广平的暗杀计划表示了委婉的，却是明白的反对："来信所述的方法，我实在无法说是错的，但还是不赞成，一是由于全局的估计，二是由于自己的偏见。……"

对于广平的"苦闷，苦闷……"，他说："我觉得'小鬼'的'苦闷'的原因是在'性急'。在进取的国民中，性急是好的，但是在麻木如中国的地方，却容易吃亏，纵使如何牺牲，也无非毁灭自己，于国度没有影响……要治这麻木状态的国度，只有一法，就是'韧'，也就是'锲而不舍'。逐渐地做一点，总不肯休，不至于比'轻予一掷'无效的。但其间自然免不了'苦闷，苦闷，（此下还有六个……）'，可是只好便与这'苦闷……'反抗。这虽然近于劝人耐心做奴隶，其实很不同，甘心乐意的奴隶是无望的，但如怀着不平，总可以逐渐做些有效的事。"

结尾，他似乎不经意地又触到两人间现时的那条敏感线："前天仿佛听说《猛进》终于没有订妥，后来因为别的话岔开，没有问下去了。如未订，便中可见告，当寄上。我虽说忙，其实也不过'口头禅'，每日常有闲坐及讲空话的时候，写一个信面，尚非大难事也。"

"'秘密窝'居然探险（？）过了！"广平16日晚的复信，劈头盖脑而来的第一句话，就是这么突兀、调皮、亲昵。然后谈了她归来后的印象。对于先生劝阻放弃暗杀的分析，她表示钦佩。至于《猛进》，广平催促门房，已经订妥了——她从心底里不愿劳累先生，不愿他在这些小事上见出自己的粗疏糊涂，她的心已对这些细枝末节感到敏感了——于是在信的结尾，歉疚地把此情告诉了先生。

4

春一深，本来冷冰冰的世界，骤然暖和了起来。昨天棉袍，今天单衣；昨天树木还枝条稀疏，今天就吐绿抽芽了；昨天胡同里还冷冷清清，今天连老太太都出门了，将弯了一冬的腰板挺直，眯着老花眼，去寻自家孙子放于青云之上的小风筝；青年人更是拴不住，跨上赶脚的小毛驴，嘚嘚嘚，去香山脚下的樱桃沟游春去了。

然而广平她们却还要上课，而且是星期一下午的课——听严肃的鲁迅先生讲严肃的《苦闷的象征》。可在这样暖暖的春光中，女孩子们无论如何严肃不起来，更不想"苦闷"，相反却异样地活泼起来。

预备铃响时，广平向坐在最前排的那几个最爱捣乱的分子，笑眯眯地宣布了一个可以借机起事的好消息："大家知道么？新讲义今天没有印出来。"

"好！"立刻有几人心领神会地叫起来，"趁机和他闹一下吧，如果成功，就有得玩了。"

"周先生太认真，恐怕不会放我们出去的。"

"他也不会骂学生的，这一层很有把握。"

姑娘们议而未决，上课钟响了，鲁迅急急地走了进来，上了讲台，打开黑地红色线条的布包，取出自己的讲稿来，然后用歉疚的口吻说："新的讲义还没有印出来，今天只得更劳累诸君的耳朵了。"

"周先生，天气真好啦！"前排边上的一位小姐抢先发难了。

鲁迅用眼睛瞥了瞥，不理。

"周先生，树叶吐芽啦！"

还是不理。

"周先生，课堂空气没有外面好啦！"

鲁迅笑了笑："诸君，有人说应割掉我的舌头，以免我再讲那些不中听的话。近来整天和人谈话，颇觉得有点苦了，如割去舌头，则一者免得教书，二者免得陪客，三者免得做官，四者免得讲应酬话，五者免得演说，从此可以专心写作，岂不舒服。所以我奉劝你们，应该趁我还没割去舌头之前，赶快听完《苦闷的象征》。"

"书听不下去啦！"前排的小姐都叫了起来。

"那么下课！"

"不要下课，要去参观。"

"还没有到快毕业的时候呢，不可以的。"

"提前办理不可以吗？"

"到什么地方去？"

"随便先生指定！"所有的小姐像歌咏般地齐声答道。

带女学生游历！——作为堂堂的大学讲师的鲁迅先生，一预测到这可怕的前景时，实在无法保持镇定了。面对那些狂喜的、决心一干到底的女孩子，他发现自己一向的刚勇不知丢到何处去了。局促了很久，好像才想起了一条挽狂澜于即倒的计策来——

"你们是不是全体都去？要去的站起来！"

轰！小姐们全体起立，一团团黑而蓬的短发，像一阵阵黑浪子，活泼地涌动着，眩目地逼着他的眼；一张张鲜红的唇，一齐开合："周先生，一致通过了！"

姑娘们的笑声欢愉而响亮，鲁迅束手无策，惶恐地立于讲台上，想了想，在黑板上写了五个大字——

历史博物馆

"诸君知道故宫午门吧？"他无可奈何地问。

"知道！""知道！"

"好的。请大家分头去，在那里聚齐。"

"周先生最好！"有人跳起来欢呼了。

"欢迎周先生带队！"更有人居心叵测。

鲁迅不理，好像压根儿没有听见这些热情的呼吁，合上了自己的布包。

女学生们嘻嘻哈哈地拥出教室。

鲁迅缓缓地跟在后面。

穿过长长的走廊，一部分女生冲下了楼梯。广平和另一部分小姐却列在楼梯两侧，别有深意地招呼姗姗而至的鲁迅："周先生快走呀！"

"诸君先走！"鲁迅脸上浮出一种带嘲讽味的苦笑，"我非三尺孩童，还得小姐们引路。"

姑娘们乐了，欢笑着冲下楼梯，汇到操场。

穿着深色长衫的鲁迅跟来了。他想最后一次再试试学生齐心的程度："有不愿去的，现在还可以退出。"

“没有！”“不准不去！”

姑娘们狂热地答道，艳艳的春阳在她们那一双双光亮的眸子中流淌着，每一个人都像脱笼的鸟，想张开双臂，扑向大地宽厚的怀抱，扑向春云驰荡的天空。

鲁迅被深深地感染了，只觉自己长衫上的扣子好像特别紧，拘束着仿佛已变得年轻的心，很想松一颗。

“那么——”他挥了挥手，“大家就在午门聚齐吧！”

小姐们得意地笑了，唯恐又有变化，便一窝蜂地跑了。

天空明净得像块蓝玉，衬托着午门上五凤楼金黄色的琉璃瓦。历史博物馆筹备处就设在午门外面的东西朝房里，它直属教育部，平素一般人是不容易进去的。

姑娘们焦急地等来了鲁迅先生，管事人一见是部里来的佥事老爷，立即很客气地上来招呼，很客气地陪同参观。

好新鲜！好有趣！同学们边看边啧啧称奇——大鲸鱼的全副骨骼、古时的石刀石斧、泥人泥屋、外国飞到中国来的飞机、各种铜器，有一个还是鲁迅先生用周豫才的名字捐献的……见所未见，再加之鲁迅先生随处给予简明的讲解，每一个女孩子的眼睛，都为理性的光焰所烛照，都觉得春天的太阳，分明滚烫地悬在这展厅的中间……

黄昏，广平带着一种得胜的微笑，坐洋车回到学校。很久很久，她都在回想大伙儿下楼和在操场时的泼皮劲头，回想被困者的窘状，心中真是得意极了，自我真是满意极了！

5

今日讲堂的举动，太不合乎 Gentleman① 的态度了！然而

_____

① 英语，绅士。

大众的动机的确与"逃学"和"难为先生"不同，凭着小学生的天真，野蛮和出轨是有一点，回想起来，大家总不免好笑，觉得除了鲁迅先生以外，别的先生，我们是绝对不干的。

当晚，广平就急急地写信向鲁迅解释。没有调侃与戏谑，这种解释真诚而又周到——她也许怕他真的生气了吧？

6

鲁迅22日回了一信，先谈了自己为《莽原》的出版"忙得不堪"之状，希望广平"如有稿子，也望寄来，所论的问题也不拘大小"。然后又小心地探问广平订没订《莽原》，"如无，我可以使人将《莽原》寄上"。——大概他又记起《猛进》了吧！所以这次变成了"使人"。

针对广平所谓"秘密窝探险"，鲁迅以开玩笑的方式出了一题："你们的研究，似亦不甚精细，现在试出一题，加以考试：我所坐的有玻璃窗的房子的屋顶，似什么样子的？后园已经去过，应该可以看见这个，仰即答复可也！"

——这在两人的关系史上，是意义重要的一次突变，鲁迅终于跨过了"师道尊严"的心理障碍，第一次不是应付广平的挑战，而是主动出击，向广平挑战了！

这么一来，被"无法无天""无师无长"的女学生们"逼上午门"之事，自然而然，就成了这一挑战中轻快的战鼓点子了："星期一的比赛'韧性'，我又失败了，但究竟抵抗了一点钟，成绩还可以在六十分以上。可惜众寡不敌，终被逼上午门，此后则遁入公园，避去近乎'带队'之苦。我常想带兵抢劫，无可讳言，若一变而为带女学生游历，未免变得离题太远，先前之逃来逃去者，非怕'难为''出轨'等等，其实不过是想逃脱领队而已。"

<h1 style="text-align:center">7</h1>

微笑，看先生寄来的《莽原》，广平在微笑；三天后给先生回信，广平也在微笑——周围空气寂寞，而她却多么快活呀！

对于鲁迅的挑战，她先报之以撒娇："考试尚未届期呢！本可抗不交卷，但是考师既然提前，那么现在的答案完了，到暑假时就可要求免试——如果不及格，自然甘心补考——答曰：那'秘密窝'的屋顶大体是平平的，暗黑色的，这是和保存国粹一样，带有旧式的建筑法，在画学中美的研究，天——屋顶——是浅色的，地是深色的，如此才是适合，否则天地混乱，是不安的现象，在'秘密窝'中，也可以说是神秘的苦闷的象征。"

题目做得如此满意，广平余勇可贾，拍马向先生来了个反挑战："此外小鬼也有一点'敢问'求答的——但是绝非报复的考试，虽然'复仇，春秋大义'，学生岂敢对先生仇，而且想复，更兼考呢，罪过罪过，其实不过聊博一笑耳。问曰：我们教室天花板的中央有点什么？如果答电灯，就连六分也不给，如果俟星期一临时预备夹带①然后交卷，那就更该处罚（？）了！其实这题目甚平常而且熟习，不如探险那么生硬，该可不费力吧！敢请明教可也！"

逼上午门一事，作为先生的鲁迅自认应得六十分，作为学生的广平却通不过，她写道："六十分？太宽了吧！那天何尝是'被逼'而'失败'，其实'摇身一变'的法术还未臻上乘，否则变成女先生，就好'带队'——其实我的话是岂有此理，男先生'带队，有什么出奇——或者变成女……就不妨冲锋突围而

_____

① 指作弊。

出，可是终于'被逼'，这是界限分得太清的缘故吧？！是世俗积习之不易打除吧？！"

广平的感觉真是敏锐极了，一眼就看出了先生的矛盾：一面反封建，一面男女界限又分得太清。根子呢？是不易破除的世俗积习。她年纪既轻，又适逢新的时代，所以能清晰地看到从旧营垒出来的先生身上的旧烙印。

8

但鲁迅却有自己的解释，他回信说："不肯听讲而逼上午门，也就应当记大过若干次。而我的六十分，则必有无疑。因为这并非'界限分得太清'之故，我无论对于什么学生，都不用'冲锋突围而出'之法也。况且，窃闻小姐之类，大抵容易'潸然泪下'，倘我挥拳打出，诸君在后面哭而送之，则这一篇文章的分数，岂非当在零分以下？现在不然，可知定为六十分者，还是自己客气的。"

对于向广平的主动挑战，鲁迅只好"自认失败，因为我过于大意，以为广平少爷未必如此'细心'，题目出得太容易了。现在也只好……不再辩论，装作舌头已经割去之状。"

至于学生所出的报仇题目，先生拒绝交卷，并非由于有损师道，而是"因为时间太严。那信是星期一上午收到的，午后即须上课，更无作答的工夫，一经上课，则无论答得如何正确，也必被冤为'临时预备夹带然后交卷'，倒不如拼出，交了白卷便宜"。

9

鲁迅新赐之名"广平少爷"引起了"广平兄"在30日的回信

中的一番"力争"，她认为自己既已忝为"兄"长，年将耳顺，的确老大了，但为何要加"少爷"二字于老人身上呢？这种逻辑不是太奇怪了么？

她约束不了自己的笔，又热情洋溢地回想那次造反了："不听讲而逼上午门，是我们班中的特别本领，请问别的高徒有我们这般斗胆么，听说人家——师大北大——上先生的课，君君子子的，耗子见了猫似的，人们遇着夏日似的，而我们是有仪可象，而不必有威可畏，我们只捧出赤盘的火，和冬天的日相遇，我们感着儿童的天真……我们是在'母亲的摇篮里'，有什么可怕的呢？来吧！'记大过'快来吧！这是母亲给予孩子的葡萄干呢！多多益善呀！"

10

广平"力"而"争"，一心想正"广平少爷"之名，实际上却是中了鲁迅报复的计策。

他在5月3日的回信中，愉快地写道，前次关于"老虎尾巴"的屋顶是什么样子的"试验题目出得太容易了，自然也算得我的失策，然而也未始没有补救之法的。其法即称之为'少爷'，刺之以'细心'，则效力之大，也抵得记大过二次，现在果然慷慨激昂地来'力争'了，而且写至九行之多，可见费力不少。我的报复计划，总算已经达到了一部分，'少爷'之称，姑且准其取消罢。"

鲁迅的用心真是微妙极了，一方面直截了当地声称这就是报复，以期引起好斗的广平的反攻；另一方面又将报复的底细招数和盘托出，自然而然地增加了这场"厮杀"的亲热氛围。

他大概很喜欢这种你一刀、我一剑，你一攻，我一守的"厮杀"吧？信的末尾，还轻轻捎带一笔："我已将废去考试法不用，倘有必须报复之处，即尊称之曰'少爷'，就尽够了。"——凭广平的性格，这么轻轻地一挑，她一定会拍马而来，挥刀再战的。他相信。

第八章 "害群之马"

我目睹中国女子的办事，是始于去年的，虽然是少数，但看那干练坚决，百折不回的气概，曾经屡次为之感叹。

——鲁迅

1

今天——1925年5月7日，《二十一条》十周年的国耻纪念日——隐遁了数月的杨荫榆公开露面。

她扎白色的头绳带子，穿黑花缎的旗袍和斗篷，控着拳，走着八字步，脸上透出笑，和几位来讲演的社会名流一起，向内外都布满了学生的大礼堂走来。

她想利用国耻纪念日，请校内外名人讲演，好借此以校长资格出面，而这样的会学生是非来不可的，如有动作，不守秩序，惩罚起来，自然是师出有名了。

校学生自治会事先知道了这个消息，商量之后，派代表去请总务主任吴汯出席主持纪念会，不要让已被学生反对当校长的杨荫榆出来，使学生难堪。

吴汯无言。

代表反复劝说，此老只是摇头，摆手，末了，干脆闭上眼睛。

自治会只得当机立断，决定一面招待演讲者登台，一面婉言劝阻杨荫榆不要进入会场，使学生以不信任的面目听受训导。

杨荫榆和几位讲演者刚走到礼堂门口，就有些人来请讲演者入内讲演，刘和珍、许广平等人则向杨迎上去："杨先生，请你留步！"

"哼！"杨荫榆一面答话，一面想往里走。

"杨先生，全校同学请你自重些！"广平、和珍激动得满面通红。

杨荫榆又哼了一声。

何物老妪？可恶！——广平厌烦地想起她平日的举动，也是这样扭进课堂，站在讲台的一角，半吞半吐地说："男朋友结交不得！……电影场是不能去的，里头尽做坏事……你有表哥没有？……"

"杨先生，请您退席——这是全校同学的愿望。"这时开会的铃声摇响了。

杨荫榆分开二人，冲进会场，冲上主席台。

整个礼堂立即骚动起来，震耳欲聋的嘘声形成了一阵阵的声浪，将小小的主席台包围着，摇撼着。

杨荫榆的脸色变白，大呼："同学们……同学们……"

"退席！退席！"回答她的是姑娘们年轻而愤怒的喊声。

"叫警察！"她终于拍案大怒了。

吴沆等人一听，立即摩拳擦掌，虎视眈眈，欲对女学生饱以老拳。

本校的两位老教员，连忙上了主席台，将两撮花白胡子横在杨、吴之前。

哗，礼堂内响起激越的掌声，原来是学生在欢迎讲演人登台讲演。

　　杨荫榆实在无趣，领着一班随从，悻悻地冲下主席台，在一片嘘声中，溜出礼堂。

　　自治会职员立即请讲演人登台演讲。女学生好像要争一口气似的，全场静悄悄的，秩序好得不能再好了，使人觉得刚才是火山的大爆发，现在是爆发后的宁静——使人感觉到威严的一种宁静。

　　当大会要结束时，瘦瘦的李先生踱上台来。广平、和珍与所有同学都一愣——此公是教育系的教员，又是教育部的官员——他完全不看台下的学生，眼睛瞪着脚尖前的那一方地板：“今天的事诸君是有目共睹的，很不好……国耻纪念日应当纪念而不应当扰乱……我看这情形呀，大约有几个人会遭遇到开除的处分……不过事情好像不是完全没有挽救的余地……请派两名代表来找我，好好从长计议罢……”

　　姑娘们沉默了。散会后校学生自治会召集紧急会议，决定派刘和珍、许广平为代表，当夜到李先生家里，和他谈谈。

　　这一天，女师大轰轰烈烈，整个北京城也沸沸扬扬，武装警察堵住了天安门的所有进口，广场上分段密布着马队和步兵。各校学生因而改在神武门集合，通过取消不平等条约、打倒帝国主义的决议案。散会后千余人赴教育总长章士钊的宅第，质问禁止学生开国耻纪念会的理由，与守护章宅的武装巡警发生激烈冲突，学生重伤八人，被拘捕十余人。而越墙跳入的两百多名学生，则打破门窗，捣毁杂物，把章士钊的窝捣了个稀烂……

　　这是高压时代压出来的大风暴！

　　它轰隆隆地撼动着这古老的京城！

2

　　在走进李先生宽大阔绰的客厅的刹那间，广平情不自禁地捏了捏和珍的手。

　　刘和珍依然如平素一样温和，笑眯眯的，消融着广平的不安。

　　"哦！是刘小姐、许小姐。"李先生从藤椅上略略欠欠身子。

　　坐下，掠了掠短发，刘和珍沉静地盯着李先生，广平却按捺不住，推开仆人送上的茶杯，斜眼瞭着他，"李先生好像对我们很熟似的？"

　　"二位小姐是风云人物，岂止我，连部里对二位好像也不陌生呵！"李先生有意将"部里"二字咬得很重。

　　"深感荣幸！"广平响亮地答道。

　　"我和许广平同学有同样的感受。"刘和珍平静地说。

　　"好！"李先生脸色一沉，"我就快人快语了。本校为全国最高培养女学师资之地，杨校长受命以来，思青年求学之难，国家需材之殷，不畏艰辛，不避劳苦，使学风端正，秩序井然。不意少数人不守本分，屡犯校规，甚至鼓动风潮，妨碍学习。杨校长以同学前途为重，退让再三。谁料今日开会，有人竟群集守门，阻拦一校之长到会主持，鼓动哗噪，扰乱秩序，侮辱师长，无法无天。据我所知，杨校长的慈悲之心已成雷霆之怒，采取断然措施并非不可能的事。"

　　"不就是开除吗？"广平冷笑着问。

　　"小姐很聪明。"李先生点点头。

　　和珍神色淡漠地问："我们校自治会还能干点什么？想来杨先生对李先生是有所交代的。"

"是的。"李先生脸上怒云密布，"你们只有切实认错，我才可能居中转圜，不然的话，剩下的只有被开除的一条路可行了。"

"李先生！"广平被彻底激怒了，霍的一下站起来，"今天请杨先生下台，是全体同学当场表示的意愿，不是我们几个人私下可以认错的。"

"我是校学生自治会会长。"和珍柔和的眼中闪动两片冷灰色，"我可以负责地告诉李先生，先生的建议没有为敝会考虑的价值。"

广平激动得以手加颈："头可断，错不可认。"

两团惊愕的白光在李先生的近视眼镜后扩张，他摇头，叹气，斥责，大呼学生不堪好言理喻，拂袖而去，仆人将两位代表送出门来。

凉凉的五月的夜风，拂着广平热烘烘的脸，她情不可耐地又去抓和珍的手："和珍，今天部员、校长都领教了，都接连地开了火……不管成败如何，把戏总是有的，热闹总是有的，你说呢？"

刘和珍紧紧地抓住她的手："我十八岁的时候，在南昌女师读书，带头把辫子剪了。明知母亲会反对，偏回家请她帮忙修整，剪得和耳根一样齐。你猜怎么样？她见生米已成熟饭，只好亲自给我修整，还说这是冒天下之大不韪，学校里容不了你了，准备回家吧。我说不见得，只要同校长斗到底，很可能他开除不了。"

"后来呢？……"广平一把搂住了她。

"死丫头，好大的气力！……后来开除我的布告贴出来了，但一纸布告，只能激起一百多名剪发同学的愤怒，大家签名一同退学，校长只好收回成命……"

"痛快！痛快……"

3

5月9日一大早，有同学走过公布处，看到挂着的小黑板上，贴有一张文告，每一个字都有核桃大——

本校布告

　　本校为全国策源之地，学风纯谨，最属要端。近数月来，查有学生蒲振声、张平江、郑德音、刘和珍、许广平、姜伯谛不守本分，违背校规，甚至鼓动风潮，妨碍公众学习。曾经屡次宽容，予以自新之路，讵意前日礼堂开会，来宾讲演之时，复敢群集守门，拦阻校长到会，并在会场哗噪，扰乱秩序，侮辱师长。如此怙恶不悛，目无规纪，不独自玷性行，实乃败坏学风。兹经提交评议会①共同决议，将该生蒲振声、张平江、郑德音、刘和珍、许广平、姜伯谛等开除学籍，即令出校，以免害群。为此布告，仰该生等知照毋违。切切此布。

　　　　　　　　　　　　　　　　　中华民国十四年五月九日。

　　像平静的蜂房，猛然间遭到重重的一击，整个女师大都骚动起来，到处是悲怆，到处是激动，到处是不平，到处是愤懑，有的同学甚至抱头痛哭……

　　校学生自治会坚决不承认这个非法的开除。布告牌被取下来了。

　　砰！它被掷在教室讲台旁，翻了个个儿，无趣无味地静躺着。

------

① 为学校立法机关，由教职员代表及校长等组成。

4

悲愤充塞着广平的心，当晚，她无论如何不能入眠，干脆提起笔来，向鲁迅先生报告这几日所发生的"多少大大小小的事"。

讲到5月7日那天礼堂闹事时，她说："杨氏呼唤警察的时候，我心中想，如果真的捕了去，是为大众请命而被罪，而个人始终未有为利淫威屈，我总觉得我的血性还能保持刚生下来的态度，这是我有面目见师长亲友，而师长亲友所当为我庆贺的。"

至于今日："学校牌示开除六人，我自然是早在意中的……这种一纸空文的牌示，一校的学籍开除，是益发令我深一层地领悟到漆黑的缸遍处皆是，打破的运动，益发会鼓舞兴起，几千几万无量数的麻绳都变成了毒蛇来侵犯缠缚我来到了呀！我是多么荣幸……虽则或者不免于牺牲，然而也不算没趣……"

她收到鲁迅主办的《莽原》，三期上刊出了她以"非心"的笔名所作的杂感《乱七八糟》。她认为这刊物"充满勃勃的生气，但仍然不十分地激烈深透"。

激烈深透——这是"小鬼"许广平现在最急切、最滚烫的愿望！

5

压抑了两天的紧张情绪，到了11日，终于冲决了约束的闸门，发出了排空的潮音。

全体同学在大操场集合，听校自治会职员报告两天来事态的发展：5月9日当天，自治会就致函"拥杨帝制主义之评议会"，表示对于开除六人之事，全体同学"莫不公愤，一致起为后援，誓不惜牺牲一切，决死力与恶魔奋斗"。"贵会所有一切议案布告及此次开除学生之牌示，概归无效"。今日又派代表去请杨荫榆到会听取质问，怎料她不知所向。

所有的心都被激怒了，所有的手臂都高扬起来了，所有的喉咙都张大了——

"无耻！"

"立即铲除这乌烟瘴气的恶毒机构！"

全体同学排队去校西楼办公处，刘和珍振臂一呼："校长早已被自治会反对，辞职出走，没有再开除学生的权力！全体学生是拥护我们的代表的，许广平是我们的总干事，要她亲手拿封条去封锁校长办公室！"

全场响起了经久不息的掌声。

哗！

"杨婆子，你好好看看！"广平痛快得在心里大呼，手执白色的大封条，在同学们的簇拥下，庄严地封住了校长办公室和杨荫榆的寝室。

另外一些同学，则分组把守校门，拒杨来校。

女师大这个巨大的蜂窝奋起了，所有的蜜蜂都准备进行最后的一蜇——即使这一蜇耗尽生命，也在所不惜。

也许是女子的缘故，有的同学激愤得直哭。卓凤见了，有些担忧，问广平应该怎样善后为好。

广平沉吟半晌："被开除了几个人不要紧，要紧的是请出几位说人话的先生来，不要让这批狐鼠盘踞作恶。其实，有正义感的先生们这时也应该出来说几句公道话了。"

"这主意太棒了！"卓凤兴奋得脸上一阵潮红。

当下，校自治会决定请各级主任及全校教员共同维持校内秩序，并立即派同学分头去谒见这些先生——去谒见鲁迅先生的是林卓凤。

6

听完卓凤的诉说，鲁迅的心绪很乱。他觉得女师大的教员也太可怜了，只见暗中活动的鬼，而竟没有站出来说话的人。

偏偏广平又写来一信，激烈地抨击"可诅咒的自身""可诅咒的万恶的环境"，更牵动了他无比的愤懑。

于是他在回信中沉痛地写道："我现在愈加相信说话和弄笔的都是不中用的人，无论你说话如何有理，文章如何动人，都是空的。他们即使怎样无理，事实上却着着得胜。"

但鲁迅终归是鲁迅，怎容"凶兽样的羊"横行无忌，他写道："然而，世界岂真不过如此而已么？我还要反抗，试他一试……听说学校当局有打电报给家属之类的举动，我认为这些手段太毒辣了。教员之类该有一番宣言，说明事件的真相，几个人也可以的。如果没有一个肯负这一点责任（署名），那么，即使校长竟去，学籍也恢复了，也不如走罢，全校没有人了，还有什么可学？"

也许是时局的严峻，抹去了两人通信中的戏谑与调侃；但也正是这严峻的时局，使两人的相知、相识、相助更深了。

7

鲁迅的眼前，正充满着一团团重重叠叠的黑云，黑云中进出着无数的故鬼，新鬼，游魂，牛首阿旁，畜生，化生，大叫唤，无叫唤①，鬼目中射出得意的目光，喉头间挤出忘形的歌咏——

---

① 佛家语。牛首阿旁是地狱中的狱卒，畜生、化生是轮回中的变化，大叫唤、无叫唤是地狱中的鬼魂。

他实在不堪闻见，只好装作无所闻见的样子，骗骗自己，算是已从地狱中出离……

砰砰的打门声一响，他又回到了现实世界。出去开门，见邮差留有一信，信封上通红的一行字："国立北京女子师范大学"。

是女师大的事！

他抽出信纸一看，是学生的自治会所发的，是请教员开一个会，出来维持校务，定的时间是5月21日，也就是当日下午的四点钟。

"去看一看吧。"他想。

这是他的一种毛病，他自己也疑心是自讨苦吃的根子；明知道无论什么事，在中国是万不可轻易去"看一看"的，然而终于改不掉，所以谓之"病"。但是，究竟也颇熟于世故了，他想了想，又立刻决定，四点太早，到了一定没有人，四点半去吧。

四点半进了阴沉沉的校门，又走进教员休息室。出乎意料，除了一个打盹似的校役之外，已有两位教员坐着了。

"先生的意思是认为这事情怎样呢？"那位鲁迅不识的教员在招呼之后，看住了鲁迅的眼睛问道。

"这可以从各方面说……你问的是我个人的意见么？我个人的意见，是反对杨先生的办法的……"

糟了！鲁迅的话还没有说完，那教员便将灵巧的头向旁边一摇，好像表示不屑听完的态度。

"就是开除学生的办法太严了。否则，就很容易解决……"鲁迅还要继续说下去。

"嗯嗯。"他不耐烦似的点头。

鲁迅默然，点起火来吸烟卷。

"最好是给这事冷一冷……"不知怎的，他又开始发表他的"冷一冷"学说了。

"嗯嗯。瞧着看吧！"这回是鲁迅不耐烦似的点头，但终于多说了一句话。

鲁迅头点毕，瞥见座前有一张印刷品。一看之后，毛骨便悚然起来，原来是杨党不知何时塞来的开会通知，时间也是今日下午，地点是太平湖饭店，署名是"国立北京女子师范大学"，下面还有一"启"字。

叫我到学校来是看这"启"的么？鲁迅愤然了，只觉四周的墙壁默默地阴森地将人包围着，现出险恶的颜色。

两位学生来请开会了，"杨婆婆"终于没有露面，到会者约七八人。

学生诉了许多苦，鲁迅也讲了几句他所以来校的理由，并要求学校当局就今天的举动做出解答。但是，举目四顾，只有学生和教员，而并没有半个负有答复责任的生物！

鲁迅感到痛苦了，但还没有悟出它的原因。

这时他所不识的那位教员在和学生谈话了，鲁迅不想细听，只在他的话里听到一句"你们做事不要碰壁"，学生方面，只听见广平直截了当地答了一句"杨先生就是壁"。

这对鲁迅来说，仿佛见了一道光，立刻知道自己痛苦的原因了——碰壁！碰壁！我碰了杨家的壁了！

这时再看看学生们，就像一群童养媳……

这一种会议是照例没有结果的，几个自认为大胆的人物对于"婆婆"稍加微词之后，即大家走散。

回家，鲁迅坐在自己的窗下的时候，天色已近黄昏，而阴森森的颜色却渐渐地退去，回忆到碰壁的学说，他居然微笑起来——

中国各处是壁，然而无形，像"鬼打墙"一般，使你随时能"碰"。能打这墙的，能碰而不感到痛苦的，是胜利者——只是，此刻太平湖饭店之宴已近阑珊，大家都已经吃到冰激凌，在那里"冷一冷"了吧……

于是，他仿佛看见雪白的桌布已经沾了许多酱油渍印，男男女女围着桌子都吃冰激凌，而许多媳妇儿，就如中国历来的大多数媳妇儿在苦节的婆婆脚下似的，都决定了暗淡的命运。

他吸了两支烟，眼前也光明起来，幻出饭店里电灯的光彩，看见了教育家在杯酒间谋害学生，看见杀人者于微笑后屠戮百姓，而青年学生们仅有微弱的呻吟，然而一呻吟就被杀戮了！……

8

广平碰见许羡苏，言谈之中，羡苏透出对鲁迅先生的深切担忧：

"大先生太不顾惜自己了，喝酒，吃烟……"

"周先生的家庭生活？……"

"寂寞，除了寂寞，还是寂寞！"

"据说像古寺僧人？"

"一点不差，有时还莫名其妙地说些'恐怕我自己看不见了''寿终正寝'一类好像走到尽头的话。"

"难怪他在讲堂上，一面看透一切黑暗面，一面又勉为其难地以希望安慰后生。"

"我总担心他会悲观自杀。"

"此话怎讲？"

"据说他屋里有两把刀，一把就放在床褥下面。他是孝子，如果他的母亲不在了，在这悲愤窒息的环境中，他可能会……"

"死？周先生会死？！……"广平脸色煞白，呼吸异样地浊重起来。

死！她不是陌生的——

她曾经历过惨痛的亲人的死：当三十岁的哥哥死去时，广平在街中凡是见了三十岁上下的人们，她就诅咒他，为什么不死去，偏偏死了我的亲哥哥？等到六十岁的慈父逝世，见那些花白胡须的人们只管在街头乞食活着，她不可遏止地加重了自己的诅咒。她有血性，重感情，凡是死者与她有关，她就诅咒所有与她无关的活着的人，她因他们的死去，深感出死的寂寞，一切的一切，都付之于无何有之乡了！

　　她自己也曾经历过实实在在的真实的死：在天津女师，和一个同学怄气，一时血气，她很傻气地吞了些藤黄，被救，成了一校的笑话，而药性发作，躯体一点一点开始僵直的感觉，心灵异样敏感、分外清晰地告别人世的恐惧，却像雷电一样震撼了她。以后，入女师大的第一年，猩红热使她九死一生，鲜红色的斑点四处弥漫，高热，迷迷糊糊，她看到死神惨白的脸，没有表情，像块冷漠的白石板……哦！死原来是如此空虚，空虚得除了空虚外别无他物；而生命却是如此充实，如此丰富，如此生动，如此鲜明，如此使人依恋和珍爱。这两次不可重复的教训，奇迹般地在广平的人生哲学中注入了新的活力——无论老幼，任何时候可以遇着可死的机会，但是在勾魂票子未传到之时，不管三七二十一，我还是把我自身当作一件废物，可以利用时尽管利用它一下子，又何必顾及其他？

　　一念及此，广平无论如何不敢想象鲁迅先生会……"一定要劝劝他。一定！"她默念着……

　　但鲁迅却不大听劝，有一天广平忽地又闯进"老虎尾巴"，只闻得满屋熏人的酒香，他已是一脸的醉态。

　　"你……"鲁迅无话可说，惭愧内疚，羞涩凄怆，良久，喃喃而语，"我听你的……"

　　可没多久，广平又发现他在偷偷喝酒。

　　两人相对无言。

终于，他说了一句："不诚实是很叫人难过的，你知道吗？"

"我知道。"她立刻回答说。

为了不使他难过，广平竭力压制自己的感情，强作欢笑，和他对谈了一阵，才托故去了。

回校，推开屋门，倒躺在床上，她结结实实地痛哭了一大场。

9

一团浓黑的墨，抹去了国文系点名册上许广平的名字——这是5月27日要上课时值周生发现的。

教室里一下子开了锅，多数同学愤恨不平，少数杨党的小姐似乎有些惬意。三年的同学感情，原来是可以一笔勾销的，猪肚子反过来，何堪提起！——广平端坐在座位上，手托下颚，悲愤地想。她只觉自己成了古时的被人黥面的犯人，耻辱感把脸烧得火辣辣地疼。

"去质问薛先生！"卓凤几乎要哭起来。

值周生当即抱上点名册，跑到教务处。

"这件事么？"胖胖的薛培元教务主任，转动着灵活的小眼珠，"校长办公室送来了条子……"

"校长室早已被封，空无人居，凭什么发号施令？"

"这……"薛培元东支西吾起来，"我也不清楚……反正是杨先生的手迹……"

上课钟响了，值周生无暇与他计较，匆匆赶到讲堂。

主讲的沈先生没有点名，就开始滔滔不绝地讲授起来。

广平想静下心来认真听课，但脑袋里却翻腾不休：杨婆子，你不甘心我们这几个学生安居校中，必定两败俱伤而后快，如此狠毒自私，自古以来，难寻第二人！恶婆之肉，其足食乎！

下课后有同学立即递给她一张当天的《京报》，她一眼就看到了鲁迅亲自拟稿的《对于北京女子师范大学风潮宣言》：

> ……杨先生……将学生自治会职员六人揭示开除……六人学业，俱非不良，至于品性一端，平素绝无惩戒记过之迹，以此与开除并论，而又若离若分，殊有混淆黑白之嫌。况六人俱为自治会职员，倘非长才，众人何由公举。不满于校长者倘非公意，则开除之后，全校何至哗然……同人忝为教员，因知大概，又难默尔，敢布区区，惟关心教育者察焉。

署名者为国文系教员马裕藻、沈尹默、周树人、钱玄同、沈兼士、周作人，史学系主任教员李泰棻。

先生终于站出来说话了！

加上别的先生，竟有七个之多！

广平激动得想哭——在婆婆气势汹汹，儿媳力竭声嘶时，这宣言真是给学生添了军火，增了力气——但她忍住了，当晚给鲁迅写了一封信，倾诉了自己的感激之心。

由《宣言》的发表，她敏感地意识到战线愈加扩充了："来日方长，诚恐热心的师长，又多一件麻烦，思之一喜一惧。"

这"喜""惧"二字，活画出广平矛盾的心态：渴望鲁迅出来参加战斗，但又生怕战斗损害了鲁迅——这"喜"是出自风雨同舟的战友之情，这"惧"恐怕应解释为出自一种朦胧的、生长中的"情"吧？

报告了点名册事件后，广平又提到了鲁迅上一封来信。

读那信中"世界岂真不过如此而已么？我还要反抗，试他一试"的几句话，使血性容易起伏的广平，顿时如在冰冷的煤炉上加起煤炭，红红地在燃烧。她神往鲁迅的斗士风姿，但那些鲁迅想……的传闻又折磨着她，于是她深沉地问："然而这句话是为对小鬼而说的么？恐怕自身应当同样的设想吧！但别方面总接触些什么恐怕'我自己看不见了''寿终正寝'……的怀念走到尽头的话，小鬼实在不高兴听这类话。"

这是一种深切的、充满痛惜怜爱的呼唤。

特别是它出于一位年轻女子——一位经历了死的寂寞与空虚的年轻女子之口，就不能不有一种撼动人心的力量。

广平恳切地陈述了自己"废物利用"的人生哲学，又从医学的角度，向鲁迅提出一种"治本之法"：1. 戒多饮酒；2. 请少吸烟。

这是一种实实在在的建议！

正因为如此，它可以说是蕴含着广平一种实实在在的感情。

广平又批评近来的《莽原》慷慨激昂不足，有点穿棉鞋、戴厚眼镜了，然后写道："虽则本期想凑篇稿子，省得我的大师忙得连饭也没工夫食。但是自私的心总脱不掉的，同时因为他项事故，终于搁起笔来了！你说该打不该打？"

广平真真像小女孩儿般淘气——唯有这淘气，才能有效地冲垮横亘在两人间的师道尊严、年龄悬殊的壁；也正是在这淘气之中，那个亲昵的称呼，自然而然地"脱"笔而出——

"我的大师"！

我的！

我许广平的！

10

果然不出广平所料，《宣言》的发表，使战线扩充，各种势力纷纷登台表演，沉寂的北京城突然间热闹起来。

30日出刊的《现代评论》，陈源以局外人面目杀了出来，以为此次女师大风潮是有"在北京教育界占有最大势力的某系某籍的人在暗中鼓动""挑剔风潮",将女师大比成"臭茅厕",希望"教育当局"打扫,"万不可再敷衍下去"。

很明白,"某系某籍的人"就是指的"国学系浙江籍"的教员。对于这种以主人侦察指点猎物的狗,鲁迅愤怒了,当天就作了《并非闲话》,痛斥陈源"自在黑幕中,偏说不知道,替暴君奔走,却以局外人自居;满肚子怀着鬼胎,而装出公允的笑脸"。

当晚,鲁迅就向广平写信,报告与"正人君子"们的这场交火,表示自己"既经骂起,就要骂下去,杨荫榆尚无割舌之权,总还要被骂几回的"。

广平来信中那饱含深情的询问,使鲁迅难以自持,他承认:"现在老实说一句罢,'世界岂真不过如此而已么?……'这些话,确是'为对小鬼而说的'。"

他向广平彻底敞开了自己的心扉——

鲁迅看到了自己与广平在"反抗"上的不同:"你的反抗,是为希望光明到来罢?(我想,一定是如此的。)但我的反抗,却不过是偏与黑暗捣乱。"

捣乱,当然不等于正儿八经的正面作战。这里鲁迅实际上是袒露了自己的一种沉痛思索:黑暗势力太强大了!

二人为何有这种不同呢?他认为"这是年龄、经历、环境等等不同之故,不足为奇"。

鲁迅又触到了两人间的一大敏感区——年龄问题。"不足为奇",他好像说得很坦然,其实这是一种逆反心理,字面上的坦然越能显示内心的不坦然——无论如何,要发展两人的关系,年龄自然是一大难题,鲁迅挑明这一点,表现了他的真诚,又表现了他的一种期待。

面对知己,鲁迅推心置腹地总结了自己的思想:"其实,我的意见原也不容易了然，因为其中本有许多矛盾，教我自己说，或者是'人道主义'与'个人的无治主义'的两种思想的消长起伏罢，所以我忽而爱人，忽而憎人；做事的时候，有时确为别人，有时却为自己玩玩，有时则竟因为希望将生命从速消磨，所以故意拼命地做。此外或者还有什么道理，自己也不甚了然。"

其实"道理"鲁迅自己是很"了然"的，他在这一段的末尾说："所从者何，就因为我的思想太黑暗，但是究竟是否真确，不得而知，所以只能在自身试验，不能邀请别人。"

末了，鲁迅热情地邀请广平："《莽原》实在有些穿棉花鞋了，但没有撒泼文章，真是无法……待'闹潮'略有结束，你这一匹'害群之马'多来发一点议论罢。"

11

陈源的《闲话》，广平5月31日才见到。不看则罢，一看，怒气冲得太阳穴勃勃乱跳。

立即摊开稿笺，写下标题《六个学生该死》，本想痛痛快快地骂他一场，但写了一半，额上汗涔涔的，一头倒在床上。

第二天一早，广平将文章续完，寄给了鲁迅。

她表示，如果从个人出发，受杨荫榆的收买当然比在外面做家庭教师强，不反抗比反抗无危险，"但是我一想到我之外的人，我就绝不敢如此这般"。

她以为自己现在"思潮与先生合"，赞同废物利用式的"消磨生命"之术，认为这比"纵酒"要稍胜一筹——她向鲁迅坦白："小鬼也常常纵酒。"

鲁迅也纵酒。广平好像是寻到了两人的"同"吧？

不，她的良苦用心还在后面——

"自然先生的见解比我高，所以多'不同'，但是不必过于欢迎'阎王'吧！闭了眼睛什么好的把戏也看不见了！幔幕垂下来了！要'捣乱'，还是设法多住些时，褥子下明晃晃的钢刀，用以杀敌是妙的，用以……似乎……小鬼不乐闻了！"

两个省略号，包含着广平多少担忧、惊恐、不安、疑虑、焦灼呀！

无论如何，在优秀人物贫乏的中国最需要优秀人物之际，她不愿眼睁睁地看到一位最优秀的人物飘然而去，被那永恒的幔幕所隔断！

12

鲁迅的回信答道：

"其实我并不很喝酒，饮酒之害，我是深知道的。现在也还是不喝的时候多，只要没有人劝喝。多住些时，亦无不可的。"

鲁迅虽然是被广平深情的吁请打动了，但两人关系的前景还是模糊的，于是他用一种含而不露、欲亲反疏的笔触，解释对方时时悬想的这一大事——"并不很""只要没有人劝""亦无不可"，肯定中的模糊，模糊中的肯定，大体答应了广平的吁请，也留下了一些松动的空白。

其实，事情远不止这么简单："多住些时，亦无不可"，仿佛魏晋人语，于散淡随和之中，透出一种人生的大忧愤、大怆恼，而这些，又无不与鲁迅灵魂中的那道大阴影有关。

他一时还不能摆脱它。

但他毕竟开始获得幸运——有她，来倾听他倾诉它！

13

上海发生的"五卅惨案"，转眼之间震动了全中国。

6月5日下午，北京大街上汹涌着游行的人流，古城上空回荡着一阵又一阵悲愤的口号声。

两点，女师大的队伍刚出发，林卓凤气喘吁吁地赶了上来，拍着叮当作响的大书包，兴奋地对广平说："捐了！周先生为上海工人弟兄捐了五个银圆！"

"太好了！"广平又惊又喜，低首，摩挲了一阵书包，轻声叮嘱卓凤，"你还是先把它拿回学校吧——好好锁上！"

"你这匹害群之马呀！"卓凤捶了她一拳头，"心越来越细了。"

"快去快回！"广平使劲推她，"莫非你敢不听总干事的命令么？"

"就走就走，我若来晚了，你帮我使劲多喊几声……"

宽阔的大街今天成了狭窄的河道，被人流挤得拥挤不堪，所以直到下午六点，女师大的队伍才总算挪到了天安门。

累极、乏极，她们席地而坐，等待国民大会的开始。

忽然，姑娘们被一阵骚动所吸引：

"打！"东边的一帮人在喊打。

"打！"西边的一帮人也在喊打。

遍寻场内，并无一名值得一打的高鼻蓝眼的帝国主义者，原来是北大、师大的人窝里斗，台上争做主席，争做总指挥，台下两派呐喊助威。

这是什么时候呀！同胞间还自相残杀，互争雄长，女师大的同学气得大声疾呼："停止！停止！……"

同胞争霸，正在兴头上，自然不会停止。所以争的只管争，气的只管气。

广平愤怒得心房都紧缩了——国要亡了，还不能牺牲私见，就是做了指挥、主席，在耻辱的亡国奴旗帜下，看你往哪儿施展你首领的威风？——她越想越气愤，干脆率领女师大的同学退场以示抗议，返回学校。

可以稍快心意的，是走到一条大街，从路边一辆小汽车的窗口里，杨荫榆探出半边婆婆脸来，瞅着女师大的队伍，笑眯眯地。广平无名火起，跑出队列来，振臂高呼："打倒杨荫榆！打倒杨荫榆！驱逐杨荫榆！驱逐杨荫榆……"

姑娘们一见，一听，手臂也齐刷刷地举了起来："打倒杨荫榆！打倒杨荫榆！……"

杨荫榆连忙缩回头，仓皇离去。

哈哈哈！对于这迎头一击的痛快，姑娘们几乎乐疯了。广平更是满意极了，觉得比上次游"午门"的高兴、快活，更有过之而无不及。

于是，她不期然地又想起了鲁迅，先生见此情此景，会说些什么呢？先生！你看这匹害群之马，简直不羁到不可收拾了呀！这可怎么办呀？

14

鲁迅师：

这时小鬼又来捣乱了！也不管您有没有闲工夫看这捣乱的信，但是我还照旧地写下去……

当天傍晚，广平就给鲁迅写信，报告了下午广场上的争斗与大街上的"驱羊"。

对鲁迅的纵酒她始终不放心："劝喝酒的人是时时刻刻都有的，下酒物也随处皆是的；只求在我，外缘可以置之不闻不问罢。"

广平想驳去鲁迅纵酒的最后的那点借口，言辞中透出急迫，但却十足的委婉——甚至连平素的撒娇也摒去不用。显然这一点，太使她牵肠挂肚了，于是她才采用这种极诚挚、极恳切的方式。

她很担心，现在小问题（校长）还未解决，大问题（上海"五卅"惨案）又来了，在大问题的掩盖下，小问题将不死不活，解决无期，而同学却个个散去，前途何堪？

"罢课了！"她伤感地写道，"每星期的上《苦闷的象征》的机会也随之而停顿了，此后几时再有解决风潮，安心听讲的机会呢？"

从两人开始通信到现在，广平去鲁迅家还为数不多，所以每周一下午的上课时间，自然成了笃定的见面的极好机会。而如今这机会却被风吹雨打去，这对他俩该是多么无可奈何，令人怅惘呀！

这封信发出后好几天，广平都没有收到鲁迅的回信，心中很是挂念。再加上时局复杂，她只觉自己的心长力弱，深感应付无方，所以这几日中，逢人就发脾气——自己都意识到，长此以往，将成狂人矣！

幸好她性格活泼，诙谐滑稽，于是说说笑话，逗逗乐子，嘻嘻哈哈中减去了许多的苦闷——但她内心深处却明白，这不过是苦茶中的糖罢了，只能骗骗味觉，而苦之量却是依然如故。

12日傍晚，校园中静极了。广平独酌了两小杯酒，微微有些醉意，迷蒙的夕阳从窗口射了进来，只觉脸上热烘烘的。

乘着酒力，草草握笔，作了一篇尖刻的短文。取什么作题目呢？……这酒好劲道！……不妨叫《酒瘾》……

她又给鲁迅写了一封信，谈了近日的苦闷与发狂，附上这篇短文，希望他"以'编辑'而兼'先生'的尊位，斧削、甄别，如……及第，则请赐列第□期《莽原》的红榜上坐一把末后交椅，'不胜荣幸感激涕零之至！'"

结尾是典型的"害马"风格——

敬领

骂好……

小鬼许广平
6月12夕

15

"同胞，同胞！……"

西三条胡同有几个小学生，近日来常用几张小纸片，写上些以上述两词开头的幼稚的宣传文字，用他们弱小的腕，贴在电杆或墙壁上，吁请同胞牢记五卅之耻，共赴国难。

第二天，鲁迅经过时，每见它们多被撕掉了。虽然不知道撕的是谁，但未必是英国人或日本人吧？

这很令鲁迅心寒与气短。此次援助上海受害者，仅是募捐，除了硬性摊派的不算，他还另捐了一些钱。他的本意并不在以此救国，倒是为那些老实的学生们热心奔走所感，不好意思给他们钉子碰。而现在，同胞却用如此手段对付比大学生们小得多的小学生，他忍不住在心中对学生们大呼——

你们在演讲、在贴传单时，常说、常写"同胞！同胞！……"但你们可知道你们所有的是怎样的"同胞"，这些同胞是怎样的心么？

我敢于说，中国人中，仇视那真诚的青年的眼光，有的比英国人或日本人还凶险……要中国好起来，还得做别样的工作……

同时，另一件事也很令鲁迅心寒与气短。这几年来，他常想给文学青年出一点力，所以拼命地做，有时不吃饭，不睡觉，吃了药校对，作文，谁料结出来的却是苦果子，那一群人反将他做广告自利。

近几天，这种心寒与气短，悲哀与无聊，越来越厉害，弄得他总是拿不起笔来，虽然在什么周刊上写几句，也不过是敷衍，甚至连广平6日的信都没有回。想喝酒吧？又觉得很不好，于是只想等暑假时闲空一点，好好休息几天，什么也不做，什么也不看——但也不知能否办到。

可13日，鲁迅又收到了广平的第二封信。信笺虽短，却透着狂气与酒气，他沉不住气了，连夜赶写回信。

"第一，小鬼不要变成狂人，也不要发脾气了。人一发狂，自己或者没有什么……但从别人看来，却似乎一切都已完结。所以我倘能力所及，决不肯使自己发狂，实未发狂而有人硬说我有神经病，那自然无法可想。性急就容易发脾气，最好要酌减'急'的角度，否则，要防自己吃亏，因为现在的中国，总是阴柔人物得胜……要缓而韧，不要急而猛。中国青年中，有些很有太'急'的毛病，——小鬼即其一——因此，就难于耐久（因为开首太猛，易于将力气用完），也容易碰钉子，吃亏而发脾气，此不佞所再三申说者也，亦自己所实验者也。"

遍寻此信，并无"第二""第三"，所以这里的"第一"，应作"首要，最重要"讲——鲁迅大概是情急无智，急不择言吧？深恐对方有何闪失，"申说"以至"再三"！

大事表完，以下的笔调就轻松活泼起来——

"前信反对'喝酒'，何以这回自己'微醉'了？大作中好看的字面太多一点，拟删去些，然后'赐列第□期《莽原》'。"

16

沉雷在峡谷中激起了悠长的回声——

广平17日的信，一开首就劝鲁迅摆脱无聊，最好到西山去，避一避尘嚣；如果是待在那"秘密窝"中，痴想什么也不做，什么也不看，恐怕敲门声一响，逃也逃不掉，躲也躲不掉吧？

至于鲁迅最担心的"发狂"，她明白地表示："设法消灭自己的办法，无论如何我以为与废物利用之意相反，此刻不容这种过激思想存在了。"鲁迅的"再三申说"，终于见了成效，真是精诚所至，顽石为开。

可是她后面语锋一转，好像狂劲又上来了似的："但自己究是神经质，禁不住许多刺激而不生反应。于是，第一步无论对谁也开枪，第二步谁也不能容纳见谅，自己不怀沙自沉，舍狂疯无第二法，这是神经支配肉身，感情胜过理智，没奈何的一件事。自然我不以为这是'幸福'，但也不觉得可怕，所希望的，假使有那一天，那么希望在我旁边的人，痛快地给我一个黑铁丸，或者一针圣药，比送到什么医院中麻木地活下去强得多。"

真是意昂昂，刚烈烈，以鲁迅的刚勇坚毅，来读此言此语，恐怕也会头皮发麻，肉跳心惊。

可是后面又变了："但是这不过说得好听一点，故作惊人之论！其实小鬼还是食饱睡足的。一个凡人，玩的玩，笑的笑，与常人何异呢？有的人志大言夸，往往流于虚伪，结果一点也不符事实，言行是不合一的，小鬼就是这样的一个人。"

——鲁迅吾师！吓住了吧！瞧，这不是？压惊的温酒来了！慰安的鲜花来了！

"吾师说过，不能受我们小学生的话骗倒，这回也有一点相信谎话了，可见要高人一筹的不受愚，还得仔细地'明察秋毫'才行。"

原来那些刚烈之语，都不过是些谎话——只不过加了糖，成了甜蜜的谎话——"大师"居然为"小学生"所骗也。哈哈！

就这样，缠绕小鬼灵魂的这一条大绳，在这种轻松亲密的氛围中，解开了。讨论如此重要的人生大计，取这种近乎玩笑嬉戏的方式，这与初通信时的庄严肃穆是多么鲜明的对照呀！——可以说，这是隆冬已尽时冰河的开裂声，这是从春雪中冒出的微青的草芽，这是将在春风中唱响的那首歌的序曲……

两天后，广平庄重地抄录了鲁迅第一封回信中谈"如何在世上混过去的方法"那一大段话，寄给了鲁迅——

"以前给我的信中有上面的一大段，我总觉得'独食难肥，还想分甘同味（二句是粤谚）'与公同好，现在沪案事起①，应有百折不挠的精神，所以我以为上面的一段话有公开之必要，因之抄录奉呈，以光《莽原》篇幅……据小鬼愚见，还希批准为幸！"

能够为一个青年如此相知，是在孤独中愤然前行的鲁迅莫大的安慰；能够为一位异性如此相知，是在寂寞中煎熬挣扎的鲁迅莫大的幸运。

在这种相知的深基厚础上筑成的殿宇，将是圣洁而坚牢的！

---

① 指上海"五卅惨案"。

第九章 "向着爱的方向奔驰"

> 不可忘记，不能忘记，永远不会忘记，像一粒种子，
> 发芽、滋长、生根、结实……
>
> ——许广平

1

一春的雨露，使柳丝儿变成了柳条儿，在初夏的和风中款款地荡着，浅绿的叶拂着深红的宫墙。什刹海中的嫩荷顶着一个个绿色的小三角，三角的顶端，大都粘着颤悠悠的一只小蜻蜓——或黄，或绿，或红，都只有那么一点点。牵牛的喇叭儿红了，蜀葵的小嘴儿粉了，蒲子的叶片儿肥了，黄瓦上的灰鸽子哨儿响了。它们飞过后海，飞过什刹海，飞过北海，飞过南海，然后钻入蓝天深处，引得人们头晕目眩地去望——虽是头晕目眩，内心却像有一只无形的手，在痒酥酥地搔，胀满了一种难以名状的使人兴奋的潮……

几乎家家的大门口，都插上一束菖蒲和艾子，横框上贴着黄纸的神符，或红色的钟馗像——他一手挥宝剑，一手按着龇牙咧嘴的小鬼的脑袋……

小妞儿们的胸前，挂着一串小粽子——三角形，花丝编成，

彩线连接；而小男孩儿却在脸蛋儿上，耳朵碗子内，眼皮儿上，抹一些雄黄——有的涂得太过分，就只剩下黑眼珠儿，在一片黄土地中闪……

6月25日，旧历端午的一大早，就有小贩把香气带进城来，赶着卖应节的菖蒲、艾子、苇叶、马莲草。街两边的果摊上摆着半红的杏儿、微朱的小桃。还有人提着篮子，篮里盛着红玉似的樱桃、紫玉似的桑葚，沿街叫卖，一声接一声，透着一种无法抵御的诱与惑——

"赛了李子的樱桃哩！"

"大樱桃，桑葚来！"

"……"

2

一大早，就有几只鸟儿飞来，歇在窗外高枝上，欢欢喜喜地吟唱，一曲带露水的晨歌，从青枝绿叶间流进了窗口。

广平凝神聆听，眼睛在明亮的晨光中微眯，一种前所未有的欢欣与快乐充满着她年轻的心房。

她将头探出窗口，晨空高朗，深蓝的光晃花了眼睛；她揉了揉，朝枝头上的鸟儿鼓起掌来："朋友！唱得好，再使点儿劲儿……"

朋友吃了一惊，扑扑地腾了起来，绕着树顶高高低低地盘旋。

广平赶紧将头缩了进去，朋友们又歇下枝头，又热情洋溢地开始歌颂起这美好的初夏之晨了。

她从那堆书籍与杂志的重压下，拖出一口旧皮箱来，打开，拣出那件成色最新的绣花衫子。

可惜没有大的穿衣镜，只有床柱上挂有一面鹅蛋形的小镜子，广平只好穿上，手提镜子，前后左右地去照。

还好！月白色的绸料泛着新光，淡雅得像澄潭中的秋月，胸前绣着一枝初荷，浅绿的秆，淡红的花苞尖……鲜而不艳，喜得广平格格地笑了起来。

她又从一个布包中，拿出一条绿纱来，罩在头上，乌亮蓬松的短发上，顿时飘来了一朵淡绿透明的轻云……

"密斯许，密斯许！"两位同学在窗外叫。

"来了，来了！"广平慌乱地答道。

3

鲁迅今天请客。最早到的客人是俞芬、俞芳，姐妹都长高了一截，成了名副其实的小姐。

鲁迅欢喜得直搓手，抓出一把花生来招待她们。一边泡茶，一边好像在听着什么。

"怎么还没来？"他嘟哝着。

"大先生，我们来了呀！"俞芳认真地说。

"来了就好，来了就好！……"鲁迅意味深长地笑了笑。

传来了冲动而有节奏的叩门声。

鲁迅一愣，本想去开门，但略一迟疑，决定还是等胡妈去，自己只是笑盈盈地踱到了北屋门口。

当广平与另外两个女同学走进来时，他一眼就看到了那条绿纱巾——薄薄的，像片绿云，由远而近，冉冉飘来……

小姐们拥到厨房，夺下胡妈手中的活计，硬让她回屋歇息。人手多，手脚又麻利，叽叽喳喳没多会，午宴就准备得差不多了。特别是俞芬，袖子挽得老高，做了几样先生喜欢的绍兴菜，得意扬扬地端上桌来。

好丰盛！清炖鸡，醋熘鱼，霉干菜蒸肉，火腿片，开了一筒牛肉罐头，一筒龙须菜罐头；酒有深红的葡萄酒，白色的老烧酒，待要下箸之时，鲁迅又摆上了几样精制的粤式点心。

"今天在座的都是妇女界代表，"他一本正经地说，眼角却溢出许多的喜悦，"年轻，且人多势众，自然可以不必将我这样年老的、男性的、势单力薄的主人放在眼中，只请筷子高举，尊嘴大开，放心瓜分，扫荡这桌东西好了！"

广平的目光先还停在那几样故乡点心上，此时，热辣辣地瞟了鲁迅一眼："听周先生的口气，委屈得有点像杨婆子在发表《对于本校暴烈学生之感言》。"

姑娘们快活得放声大笑，鲁迅却不笑，装得痛楚似的向广平点点头："看来的确是师道不尊了，冷不防，我又被'害群之马'踢了一脚，害了一回。'害马''害马'，"他拿出讲课时抑扬顿挫的声调来，"今日国宴，何妨暂停'害群'之伟业，难道这一桌东西，还不能使你少说几句么？"

"哈！"俞芳跳了起来，"大先生在向广平姐告饶了……"

"这只是俞小姐的错觉而已。"鲁迅忍不住笑了起来，"本人早被人加封为'思想界之战士'，既为战士，自然当战斗到底。"

"不怕！"广平用指头弹了一下桌面，像是在擂应战的鼓，"学生自然听本先生的教导，韧而缓，边吃边战。"

"好！"姑娘们齐声喝起彩来。

"教了学生，害了先生。"鲁迅装出一副悲伤得无以复加的样子，"我只得借酒浇愁了！"

他好像变年轻了——广平的心怦然一动，但马上又担心起来，因为他的手指颤动着，正伸向烧酒瓶子。

偏偏俞芬又来怂恿："大先生，这是白开水吧？"

"就是！"鲁迅愉快地答道，"不过这白开水厉害，如果是你，只敢尝一滴，我也从来没有喝上过两杯。"

汩汩汩，他斟上满满一大杯，然后又替姑娘们斟上葡萄酒。

所有的杯子都高高地举了起来。

"我祝愿你们，也算祝愿所有的中国青年吧！"鲁迅的声音沉稳庄重起来，"望大家都只是向上走，不必理会冷笑和暗箭，不必听自暴自弃者的话。能做事的做事，能发声的发声。有一分热，发一分光，即使如萤火一般，也可以在黑暗里发一点光，不必等候火炬……"

这是令人感奋的一刹那，一种庄严而崇高的感情，使姑娘们年轻心房的搏跳加快了，明眸中迸出一朵朵热情的火焰。

"祝周先生康健、能饮、能写、能骂……"广平代表大家祝酒道。

"还有一条，"俞芳嚷了起来，"祝大先生每天能早睡……"

大家格格大笑，将酒一口喝干，杯底朝上，晃了晃。

鲁迅的心绪好极了，又给自己斟了满满的一杯葡萄酒，一饮而尽，苦黄的脸上泛出一层红亮的光来。

他好像有些醉态了，偏偏又斟满了一大杯烧酒，但没有立即喝下去，而是看了看，放下，舌头滞重地夸起口来："喝酒我是不怕的……"

广平着急，可又不好意思直接去拖他的酒杯，就向坐在她右手的同学挤眼睛，戳指头。

她会意了，乘鲁迅不注意，将杯里的烧酒倒走了一半，又将杯子放回原处。

"我可以将它一口喝完！……"鲁迅眼睛微眯，成了一条细缝，五指叉开，捉住杯子，提到嘴边，脖子一仰，汩汩汩，吸干了杯中的酒。喝完的那一瞬间，他好像有一丝疑虑，但转眼就被完成壮举的自豪扫去，然后得意扬扬地盯着广平和姑娘们。

广平觉得肚子都要笑痛了，但实在不好出声，只得将头调向俞芬，小声地怂恿她："喂，学他要关刀……"

俞芬一下子跳了起来："大先生，大先生，你看！"她将一根筷子举得高高的，装作关公要杀坏人的姿势大叫，"我穿了红棉袄，这是大关刀，和尚师父给我做的，给你看看……"

"没错！没错！"俞芳也拍手欢呼起来，"这是太师母亲口讲的……"

"哦！依仗太师母，敢这样欺负老师！"鲁迅窘迫地笑着，摇摇晃晃地站起来，两拳齐出，准而软地直击俞家两姐妹的颧骨①——先生在日本是学过拳术的，今天可派上用场啦！

"痛不痛？快喊痛！"他气势汹汹地哀求。

"不痛！"俞芳大呼。

"痛——不痛——"俞芬有意捣乱。

广平拍马出战，打抱不平："嘿，堂堂部员老爷，如此践踏妇孺……"

"还有你这匹'害马'！"鲁迅亲昵地嗔了一句，拳头在空中迟疑地晃荡了一下，舒开，一把按住广平的头，往饭桌上压。

"不得了！大先生喝醉了……"俞家姐妹笑着尖叫起来。

鲁迅情急无智，慌不择物，竟伸手去抓酒杯，广平乘机挣脱，一步跳离桌边，大声宣布着更紧急的军情："哎呀！更不得了啊！想拿东西打人啦！……"

哈哈哈！姑娘们欢笑着，像一阵轻风，荡出了屋门，荡出了院子。

只剩下鲁迅呆立在那儿——眼睁睁地目送那朵绿云，由近而远，冉冉飘去……手指尖上，还留着纱巾的柔，还留着纱巾下头发隐隐的滑……四十六岁了，这是四十六年来从未有过的新鲜经验呀……

---

① 另有一说，鲁迅曾攥紧拳头，让邻里俞家三姐妹击打，三姐妹拳头打痛，鲁迅无事，大笑。端午当日鲁迅酒醉抽烟，俞家姐妹劝阻，鲁迅藏烟于身后，以手击两小姐手背——即"拳骨"。

4

跑出院门，姑娘们商量起去处来。

高高的纯印度味的大白塔，就在不远的阜成门大街路北耸立着。今天逢五，白塔寺不是正有庙会么？大家连忙赶到那里。

刚到寺门，俞家姐妹却变了卦，她们雇了一辆洋车，上中央公园①去了。

广平和两个同学进了寺门，只见两廊、前后院、正殿，到处都搭着大布棚，棚中摆着五花八门的摊子，卖布匹绸缎的，卖瓷器盆碗的，卖各种衣服的，卖估衣的，卖鞋帽的，卖刀剪的，卖木器家具的……还有各色杂耍，卖唱，卖艺的摊子，嘤嘤嗡嗡，嗡嗡嘤嘤，像个巨大忙碌的蜂巢。

三个姑娘买了些咸脆崩豆，咯咯嘣嘣，一边吃，一边逛，一边嘻嘻哈哈学着鲁迅刚才的一招一式——

"还有你这匹'害马'！"那个同学一把按住广平的头。

"害马"并不奋蹄反抗，只是嘿嘿直笑。笑够了，见按者好像并无松手之意，仰头、扬手，将一把脆崩豆塞进她口中。

"哎呀！"她赶紧丢手，"我非马，怎么如此喂料？"

大家快活极了，又去塔院后听王佩臣唱乐亭大鼓。出庙后，两位同窗到中央公园去找俞家姐妹，而广平却独自雇车到南城访友去了。

这是一个多么欢乐的端午啊！

晚上，灯下，广平脸上洋溢着难以掩饰的甜蜜的笑意，给鲁迅写了一封嘲讽挖苦而又软言温语的信，融进了自己的千般心思、万种情愫。

---

①　中央公园 1928 年改称中山公园。

5

训词：

　　你们这些小姐们，只能逃回自己的巢里之后，这才想出办法来夸口；其实则胆小如芝麻（而且还是很小的芝麻），本领只在一齐逃走。为掩饰逃走起见，则云"想拿东西打人"，辄以"想"字妄加罗织，大发挥其杨家勃豁式手段。呜呼！"老师"之"前途"，而今而后，岂不"棘矣"也哉！

　　不吐而且游白塔寺，我虽然并未目睹，也不敢决其必无。但这日二时以后，我又喝烧酒六杯，蒲桃酒①五碗，游白塔寺四趟，可惜你们都已逃散，没有看见了。若夫"居然睡倒，重又坐起"，则足见不屈之精神，尤足为万世师表。总之：我的言行，毫无错处，殊不亚于杨荫榆姊姊也。

　　又总之：端午这一天，我并没有醉，也未尝"想"打人；至于"哭泣"，乃是小姐们的专门学问，更与我不相干。特此训谕知之。

　　以后大抵近于讲义了。且夫天下之人，其实真发酒疯者，有几何哉，十之九是装出来的。但使人敢于装，或者也是酒的力量罢。然而世人之装醉发疯，大半又由于倚赖性，因为一切过失，可以归罪于醉，自己不负责任，所以虽醒而装起来。但我之计划，则仅在以拳击"某籍"小姐两名之拳骨②而止，因为该两小姐们近来倚仗"太师母"之势力，日见跋扈，竟有欺侮"老师"之行为，倘不令其喊痛，殊不足以保架子而维教育也。然而"殃及池鱼"，竟使头罩绿纱及自称"不怕"

---

① 即葡萄酒。
② 即颧骨。

180

之人们，亦一同逃出，如脱大难者然，岂不为我所笑？虽"再游白塔寺"，亦何能掩其"心上有杞天之虑"①的狼狈情状哉。

今年中秋这一天，不知白塔寺可有庙会，如有，我仍当请客，但无则作罢，因为恐怕来客逃出之后，无处可游，扫却雅兴，令我抱歉之至。

……

"老师"
6 月 28 日

在鲁迅和广平向着爱的方向飞驰的心路历程上，这篇"训词"是块前所未有的里程碑——

两人第一次正视了双方都处于一种平等的恋人关系（而不仅仅是一种开明的、平等的师生关系），"老师"而有引号，表明鲁迅实在不愿再背老师的包袱了，愿和爱的对手处于心理上的平等地位。

而"训词"格式的别致，笔调的轻松，谈吐的无拘无束，都足以证明两人的感情已且深且厚了。

只是四十六岁的鲁迅，并不将这些亲昵明白出之，而是曲曲折折，言在此，意在彼，典型的鲁迅风。自然比那种爱得死去活来的表皮文字，更能撼动已有一些人生经验的广平的心旌。

结尾的"中秋之约"，简直掩饰不住他"得陇望蜀"的急情——先生被无爱的婚姻折磨得太久了，真正的爱情对他来说，来得太晚太晚了！

这封信刚一寄出，鲁迅就收到了广平28日的来信。大概她已冷静了些，特意向鲁迅赔罪，说端午不该激他，弄不好会酒精中毒。

恋人之间是用不着赔罪的，必须维护这高热度的恋爱气氛！

---

① 语出自杨荫榆《对于本校暴烈学生之感言》，杨称自己"梦中多曹社之谋，心上有杞天之虑"。

29日晚，鲁迅立即写信，说明广平的赔罪，"大约也许听了'某籍'小姐的什么谣言了吧"。所以不得不有"辟谣之举"——

　　第一，酒精中毒是能有的，但我并不中毒。即使中毒，也是自己的行为，与别人无干。且夫不佞年届半百，位居讲师，难道还会连喝酒多少的主见也没有，至于被小娃儿所激么？这是决不会的。

　　第二，我并未受有何种"戒条"，我的母亲也并不禁止我喝酒。我到现在为止，真的醉只有一回半，决不会如此平和。

　　然而，"某籍"小姐为粉饰自己的逃走起见，一定将不知从哪里拾来的故事（也许就从"太师母"那里得来的）加以演绎，以致小鬼也不免赔罪不已了罢。但是，虽是"太师母"，观察也不会对，虽是"太太师母"，观察也不会对。我自己知道，那天丝毫没有醉，并且并不糊涂，击"房东"之拳，按小鬼之头，全都记得，而且诸君逃出时可怜之状，也并不忘记，——虽然没有目睹游白塔寺。

　　所以，此后不准再来道歉，否则，我"学籍单洋，教鞭十七载"①，要发宣言以传布小姐们胆怯之罪状了。看你们还敢逞能么？
　　……

6

鲁迅师：

　　接连得到两封东西，一封是"训词"，一封大概是回话罢，

---

① 杨荫榆在《感言》中吹嘘自己"学籍重洋，教鞭十稔"，鲁迅在此嘲讽地加以改写。

现在我也回复几句，免得专美。

　　老爷们想"自夸"酒量，岂知临阵败北，何必再逞能呢!？这点酒量都失败，还说"喝酒我是不怕的"，羞不羞？我以为今后当屏诸酒门之外，因为无论如何辩护，那天总不能说七八分的酒醉，其"不屈之精神"的表现，无非预留地步，免得又在小鬼前作第三……次之失败耳，哈哈。其谁欺，欺天乎。

羞不羞？……哈哈……鲁迅翁读此，能不脸红耳热，怦怦心动么？

　　那天出秘密窝后……大家都没有巢，从从容容地出来，更扯不上"逃"字去，这种瞎判决的判官，我将预备上诉大理院了。俗话说得好，知己知彼，百战百胜，那天如非有人（非我）偷出半杯烧酒，诚恐玉山之颓，可立见也。如更非早早告退，以便酣然高卧，诚恐呕吐狼藉，不堪闻矣——也许已经了罢——这种知己知彼的锦囊妙计，非勇者不能决然毅然行之，胆小如芝麻云乎哉，多见其不识时务也。邯郸之梦：这日"二时以后，……六杯，……五碗……四趟。""我虽然并未目睹"，却"敢决其必无"，此项撒谎专家，而想为"万世师表"，我知道文庙的一席地，将来必被人撵出来，即便有人叩头求乞，恐不能回至尊之意也。戒之慎之。

广平真不愧为鲁迅的高足，战法与其师何其相似乃尔——摘录对手词句，重新排列组合，编织成新文，以他自己的手，扇他自己的耳光。此法以前试诸别人，百试不爽；今日试诸始作俑者，怎不令广平分外开心呢？至于被"试"的鲁迅，自然会从这样一种战法中，读出一种甜蜜来，激励出一种迎战的欲望来——

难道"师"果真不必贤于"弟子"么？

> 太师母而有"势力"，且有人居然受"欺侮"者，好在我已经拜谒过老人家，以后吾无忧矣，联合战线，同隶太师母旗帜下，怕不怕？

"严母"＋"害马"，鲁迅自然不得不怕，只是此"怕"却是"别有一番滋味在心头"。

> 屡次提起酒醉，非"道歉"也，想当然也。"真的醉只有一回半"，以前我曾听说过……这次算一回呢，算半回呢，姑且作悬案，候有工夫时复试罢。但是要是我做主考，宁可免试，因为实在不愿意对人言不顾行。"一之为甚，其可再乎？""逞能"一时，贻害无穷，还是牺牲点好。

玩笑开到这里，广平到底是年轻女子，对恋人掩饰不住的一腔柔情奔放而出——生怕鲁迅因激而再醉一场了。

这些地方往往使鲁迅尤其动心，她既勇猛、泼辣，也温柔、体贴，使寂寞的鲁迅感到冷落的人间还有真情存在。

> 现在我还是"道歉"，那天确不应该灌醉了一位教育部的大老爷，我一直道歉下去，希望"激"出一篇"传布小姐们胆怯之罪状"的"宣言"，好后先比美于那篇骈四俪六之洋洋大文，给小鬼咿呀几下，摇头摆脑几下，岂不妙哉。

情话暂到此处，下面陡然一转，变成壮士抽刃，金刚怒目了——

> 言归正传，杨婆子以前去电报至六人家属不灵验，致函

保证人也无效。第二次（6 月 10 号）还发电报至学生家属，顷从粤中转来，特附上一览，可见她的野心还未死也。暑假遥遥，必有戏做，我现时算是拭目以待，至于她前后二次的电报和致保证人的信，我打算存起来，预备最后交涉。这回的剧本演得真好，文武行出齐，明的、暗的、高的、低的、好的、坏的办法都有，闻所未闻，见所未见，妙极，有趣极。

小鬼许广平

6 月 30 日

其实，这些鼓角之声，应该视作更高意义上的一种情话——他俩挤出宝贵的情书的篇幅来应对时代的压迫，于是春之和煦与秋之峻烈共存，似水柔情与慷慨悲歌同在，打出了他们爱情的鲜亮之色。

这也许是一种幸运，因为艰难困厄中的一往情深，毕竟是难得的，值得分外地珍重宝爱。可这也许是一种不幸吧？爱情是一个复杂的组合物，但说到底，它最终还是当事人双方之间纯粹的个人问题，因此享有它的程度如何，自然成了衡量个人生命丰富与否的一个标志。鲁迅在经历了太多的压抑、痛苦、孤独、寂寞后，在度过了一生的五分之四后，爱情才姗姗来临；而在享有这迟到的爱情的短暂时光内，还得挺身奋战邪恶——时代对于作为一个生命个体的鲁迅来说，未免太苛酷了一点吧？

7

还没等到回信，广平就拖了五六个同学，又到鲁迅的"秘密窝"来了。

鲁迅有些发窘，头略偏，避开她那灼灼的目光，忙不迭地拿出所

185

有的点心和花生。事毕，头复原位，取吾国国民最喜的"中庸"之道。

广平却一点也不"中庸"，她觉得在这小小的"老虎尾巴"中，空气是自由的，呼吸是畅快的，再犯"上"作"乱"，"上"也不会"龙颜不悦"，说不定内心还要起怂恿之意呢——广平有这种感觉，这种感觉常常使她狂喜不已。

于是，她管不住自己的手脚，也不愿管住自己的手脚，翻翻这，搞搞那，忽然间把书柜的抽斗打开了，"哎呀——"她惊呼起来，那神情俨然像是发现了装满珍奇的宝洞。

姑娘们一拥而上，压在广平的肩头上——

多有意思的玩意儿呀！小小的瓷水桶，小小的瓷蟾蜍……有的是放牙签的，有的是盛清水洗笔用的……一大批静卧在那儿，闪着迷人的清光。

"一、二、三……"姑娘们不约而同地喊起口令来。

"抢！"最后的决定性的行动指令是广平发出的。

她是长手党，再加地利之便，在五六人的竞赛中，居然抢到了一半的战利品。

有的姑娘动手迟，两手空空，几乎哭起来。

"太难为情了，分她些罢！"有人在劝了。

广平咬咬牙，挑出一些不那么中意的，给了同学，自己只剩了一只绿色蟾蜍，一只紫色水桶，一只黄色喇叭花形的牙签筒。

瓜分完毕，短发长毛①们才想起被洗劫一空的苦主来——

一大团浓而厚的烟雾，遮没了他的"庐山真面目"，只听得见他平静的声音："世风坏到这种程度，学生居然劫掠先生，而且是女学生劫掠男先生……以前我还买过一只不算小的假马，幸好后来拿去送给朋友的儿子了，否则今日也会蒙难，被不知从何

---

① 旧称土匪为长毛。

186

而来的害群之马拐走的……"

8

初夏的雨，无盛夏的雨的猛威，却多了一分温柔，轻盈地粘在树枝的叶片上，粘在赶脚的毛驴的耳朵尖上，粘在一顶顶撑开的雨伞上。

静静的西三条胡同成了一条油亮的雨巷，盛开着一朵绿色的伞花。伞花定在二十一号门口，旋转起来，溅出一圈散珠碎玉。伞下伸出一只手来，冲动而有节奏地叩起门来。

亲自来开门的是鲁迅。"是你！……"他惊喜地、出神地打量着撑着伞的广平。

伞柄又在旋转，又一圈珠玉悠悠地溅下来，有几粒粘在了鲁迅的浓眉上。

"我们的小刺猬不见了！"他忽然没头没脑地说。

广平的心一沉——那是多可爱的一只小刺猬呀！是鲁迅在后园捉到的，太师母珍爱地养起来。同学一去，就拿出来玩，两手一碰，就缩成一团，像大大的毛栗子，圆滚滚的，一副可爱相；走起来，细手细脚的，大伙儿都喜欢逗这小动物。

"它到哪儿去了？"广平沮丧地问。

"逃脱了吧？到处寻，只寻到一个小小的洞……"

门吱呀一声关上了。

初夏的雨，还在静静的雨巷中轻盈地飘着……

9

拆开信封，一幅画落在广平的眼前——

一只小刺猬，毛茸茸的，撑着一柄伞，在走——好神气呀！

广平被感动得如此厉害，以致想抱住画，痛痛快快地大哭一场，还是忍住，默看了无数遍，小心地收好，再读来信——

广平仁兄大人阁下，敬启者：前蒙投赠之

　　大作，就要登出来，而我或将被作者暗暗咒骂。因为我连题目也已改换，而所以改换之故，则因为原题太觉怕人故也。收束处太没力量，所以添了两句，想来亦未必与

　　尊意背驰，但总而言之：殊为专擅。

　　尚希曲予

　　海涵，免施

　　贵骂，勿露"勃谿"之技，暂羁

　　"害马"之才，仍复源源投稿，以光敝报，

　　不胜侥幸之至！

　　至于大作所以常被登载者，实在因为《莽原》有些"闹饥荒"之故也。我所要多登的是议论，而寄来的偏多小说，诗。先前是虚伪的"花呀""爱呀"的诗，现在是虚伪的"死呀""血呀"的诗。呜呼，头痛极了！所以倘有近于议论的文章，即易于登出，夫岂"骗小孩"之乎哉！

　　又，新做文章的人，在我所编的报上，也比较地易于登出，此则颇有"骗小孩"之嫌疑者也。但若做得稍久，该有更进步之成绩，而偏又偷懒，有敷衍之意，则我要加以猛烈之打击。小心些吧！

　　肃此布达敬请

　　"好说话的"安！

"老师"谨训
7月9日

通篇谈的都是要紧事，但一律以游戏文字出之。凡涉广平的

词，如"大作""尊意""海涵""贵骂"，一律提行顶格书写，以示敬畏——这是戏用下对上、卑对尊的文牍的格式。鲁迅实在是敏感——现在是痛感两人年龄、地位的悬殊，他急迫地想求得一种平等，从而交流爱情的愉悦与欢乐！

结尾的"警告"，显露了鲁迅刚强的一面。即使是在爱的热潮中，他好像也不是一味地顺着广平似的——爱之深则责之切，他实在是希望广平在中国更有所作为！

10

嫩弟手足：披读七·九来札，且喜且慰。缘愚兄忝识之无，究疏大义，谬蒙齿录，惭感莫名。前者数呈贱作，原非好意，盖目下人心趋古，好名之士，层出不穷。愚兄风头有心，而出发无术，倘无援引，不克益彰。若不"改换"，当遗笑柄，我嫩弟手足情深恐遭牵累，引己饥之怀[①]，行举斧之便，如当九泉，定思粉骨之报，幸生人世，且致嘉奖之词，至如"专檀"云云，只准限于文稿，其他事项，自有愚兄主张，一切毋得滥为妄作，否则"家规"犹在，绝不宽容也。

嫩弟近来似因娇纵过甚，咄咄逼人，大有不恭之状以对愚兄者。须知"暂羁""勿露"……之口吻，殊非下之对上所宜出诸者。姑念初次，且属年嫩，以后一日三秋则长成甚速，决不许故态复萌也，戒之念之。

又文虽做得稍久，而忽地一心以为有鸿鹄将至，或以事牵，竟致潦草，此乃兄事烦心乱无足为奇者，好在嫩弟精力充足

---

① 语出《孟子》"稷思天下有饥者，由己饥之也"，意谓对别人的苦难视作自己的苦难一样，并把解除它视为己任。

189

自可时进针砭，愚兄无不乐从也手泐①数行即询。

英国的香烟可好？

愚兄手泐

7 月 13 日

广平此札，极尽调侃之能事——

称谓就很出奇，开首就大模大样地呼鲁迅为"嫩弟"，署名是大言不惭的"愚兄"，再加之通篇的上对下的命令口吻，意欲将事实上的长少关系颠倒——她给了他一个明确无误的信号。由此出发，广平还有意将"愚兄"二字写得很小，还像真有那么回事似的。

至于提到"嫩弟"时的顶格书写，自然是以其人之道，还治其人之身，报鲁迅七·九之札中的一箭之仇。而英国香烟，是先生最爱的，故结尾戏问"英国的香烟可好？"自然比"我心紧贴你心"一类爱得发昏的话，有趣得多，深情得多。

11

在这个万物繁茂的初夏，两人通信中的亲昵与调侃达到了前所未有的程度。

7月15日，鲁迅回了一信，吓唬广平："你一定要我用'教鞭'么？？！！"两个问号，两个叹号，实在有些阵仗。

广平当天就做了答复。她呼他为"嫩棣棣"，抓住他的一个小漏子，极尽嘲讽之能事："你的信太令我发笑了，今天是星期三——7月15日——而你的信封上就大书特书的'7月16日'。小

---

① "泐"同勒，本指铭刻，引申为书写。旧时写信给平辈及小辈，常以"手泐"代"手书"。

190

孩子盼日子短的，好快快地过完节，又过年，这一天的差误，想是扯错了月份牌罢，好在是寄信给愚兄，若是和外国交涉，那可得小心些，这是为兄的应该警告的。"

至于鲁迅以动"教鞭"相威吓，她明白地公布自己的对策："记得我在家读书时，先生用'扑做教刑'的时候，我的一个哥哥就和先生相对地围住书桌子乱转，先生要伸长手将鞭打下来时，他就蹲下，终于挨不着打，如果嫩棣'犯上作乱'地用起'教鞭'，愚兄只得'师古'了。此告不怕！"

第二天鲁迅回信，先将"嫩棣棣"的绰号反扣于广平头上，描写了"嫩棣棣"之特征来："1. 头发不会短至二寸以下，或梳得很光，或炮得蓬蓬松松。2. 有雪花膏在于面上。3. 穿莫名其妙之材料（只有她们和店铺和裁缝知道那些麻烦名目）之衣；或则有绣花衫一件藏在箱子里，但于端午偶一用之。4. 嚷；哭……（未完）。"

特征表完，他又强词夺理地论起将7月15日写成7月16日"之不误"来："'7月16日'"就是今天，照'未来派'写法，丝毫不错。'愚兄'如执迷于俗中通行之月份牌，可以将这封信算作今天收到就是。"

然后鲁迅又得意扬扬地宣布广平躲避"教鞭"的"师古"之法的无用："我这回的'教鞭'系特别定做，是一木棒，端有一绳，略仿马鞭格式，为专打'害群之马'之用。即使蹲在桌后，绳子也会弯过去，虽师法'哥哥'，亦属完全无效，岂不懿欤。"

此信所署时间，郑重、准确——简直是精确："中华民国14年7月16日下午7点25分8秒半"。

"嫩棣棣：经中央观象台审定确切的日历——7月16日——寄来的一封滑稽文收到了。"广平17日的回信是这样开头的，然后模仿鲁迅笔意，开始描写真正的"嫩棣棣之特征"："A. 想做名流，或（初到女校做讲师）测验心理时，头发就故意长得蓬松长乱些。B.（冬秋春）有红色绒袜子穿于足上。C. 专做洋货的消耗品，如洋点心、洋烟、洋书……（未完）或有蟒袍洋服多件在箱子里，但于端午……则绝不敢穿。D. 总在小鬼前失败，失败则强词夺理以盖羞，'嚷、哭'其小者，而'穷凶极恶'则司空见惯之事。E. 好食辣椒、点心、糖、烟、酒——程度不及格……F. 一声声叫娘，娘，犹有童心。G. 外凶恶而内仁厚的一个怒目金刚，慈悲大士。"

对比两人对对方的观察与描写，不难发现，广平的心细得多，感情丰富得多，发现的只属于鲁迅才有的特点也多得多；而鲁迅好像要浮泛一些，所写的好像可以派到大多数女学生头上——究其原因，大概是广平已在讲台下从容地观察了他两年多，而他却只有两眼平视前方那一团团蓬蓬松松的短发，不敢专注于"害马"之"鬃毛"也。

鲁迅信末所署的时间，更被广平狠狠地嘲弄了一通：从开头到结尾，长达三页，"难道在7点25分8秒半的半秒间能写这么长的一封信吗？真真是撒谎不要本钱，好笑！"

大概是因为忙，鲁迅月底才给广平去了一信，谈了对她的一篇文章的处理意见，指点了对"满抱着传统思想的人们"的战斗方法后，他情不自禁在信尾写了句贴己的私房话："天只管下雨，绣花衫不知如何，放晴的时候，赶紧晒一晒罢。千切千切！"

最后所署时间，他学乖了，写成——

"7月29或30日，随便。"

12

面对着什刹海——

人们没有往东北去望蓝天下嵯峨的鼓楼与钟楼，没有往东南去望绿树葱郁的景山上黄琉璃瓦的佛亭，却惊喜地凝视着近处粼粼水面上的碧荷。

　　它们长大了，小小的三角形化成了大玉盘，嫩绿染成了深碧，从风中送来缕缕甜香，有一两枝成熟的粉红花苞，高高秀出于无边的莲叶之上，不知哪一夜会舒开自己的瓣来？

第十章　大波与大爱

小刺猬，我们之相处，实有深因，它们以它们自己的心，
来相窥探猜测，哪里会明白呢。

——鲁迅

人待我厚，我亦欲舍身相报……

——许广平

1

这几日，惊雷炸在女师大的头上——

7月29日，不知何时钻出一纸杨氏布告，借口修理校舍，迫令
学生全行搬出校外。

30日晚，夜深人静，又一纸宣布解散校学生自治会的布告，
偷偷摸摸地出现在墙上。

8月1日早晨，一大批武装军警忽然拥入学校，把守大门，
封锁教室、自习室、学生自治会、沪案后援会办事处，截断电话
线，停止伙食，断绝交通。

杨荫榆率一帮私党拥入学校。她坐镇庶务处，指挥手下张贴
布告，殴打女生。

同学们被分割包围在各处，相顾失色，不知所措。

到后来，有二三十个同学抱成一团，冲向庶务处，要杨荫榆说个明白。她则笑傲于警棍之后，指挥那一班彪形大汉驱散这些弱女子。

下午3时，打手喝道，军警护驾，杨荫榆靠了百多名武装男子之力，入主痛别了三月之久的校长办公室。

撕开自治会的封条，尽是蛛网尘埃，她止不住悲从中来，待平静下来，大呼走卒，快去饭店买些好饮食来，就在这里好好庆贺。

校长办公室酒香四溢之时，也是校学生自治会召开紧急会议之际——趁军警头目赴宴、士兵松懈的空当，几个职员悄悄地聚在一起，商议对策，决定一边安抚团结同学，一边等待北平学联的外援。

约莫5点，一些面包与西瓜，装在箱内，从墙外掷进来，姑娘们情不自禁地欢呼起来。杨荫榆一听，溜出校长办公室，灰溜溜地从后门遁去。

但大批军警，并没有撤走，反而将学校电路截断，伙房关闭，大门用拇指粗的铁链子哗啦啦地锁了，杜绝校内外的往来。

天色渐渐暗淡下来，女学生们燃着了几支蜡烛，惨黄的暗光映着蓬乱的头发、血红的眼睛和满是污垢的脸；而咫尺之内，就是前来慰问的北平各界代表，就是那些家在北京的学生的亲人，一道无情的门横亘在中间。

有的姑娘开始抽泣起来，有的干脆扑在门上，号啕大哭。

自治会职员围住值勤的警官，要求他立即打开校门。

无动于衷地听完，他摇摇头，转身就要离去，姑娘们又将他紧紧地包围起来。

他无可奈何地耸耸肩膀："不是弟兄我不帮忙——出来一天，早就又饥又渴了——只是你们杨校长关照我们，要我们守住铁门，以免男女学生混杂……"

原来如此！

毁门！只有毁门，才能冲开一条生路，自治会当即做出了决定，并委托总干事许广平出面执行。

广平努力抑制住狂乱的心跳，走到摇曳的黄色烛光之下，走到大门粗黑的影子之下，喊了一声："同学们！"

大门内外，刹那间沉静了，所有的目光都聚集在她的身上。

她扬起了手臂——像只振翅欲飞的大鸟——声音有些嘶哑："像这样封锁大门，不准出入，关闭电灯，只能燃点蜡烛，若有失火，连逃命都成问题。为自己计，大家毁锁开门！"

所有的手臂都扬起来了，举起石块，举起砖头，举起木棒，敲呀，砸呀，掀呀……

警官皱了皱眉头，并不干涉，示意部下退守到大门两侧。

哗！铁锁落地，大门大开，门内外两股人流交汇在一起，激起了一阵阵狂喜的潮头。

校学生自治会还比较清醒，为堵塞流言，避免奸人造谣，决定请几位师长住在教务处，并请有声望的妇女来当临时舍监，以度过这最紧张的一夜。

同学们冲进茫茫夜色，分头去请各位先生……

鲁迅听完吕云章的哭诉，脸色一黑，将两包烟塞进兜里，大步走出"老虎尾巴"，敲了敲亲的房门："娘——今晚我宿在学校了——"

屋里响起了咳咳的不安的咳嗽声。

朱安好像翻身下床，点明了灯。

鲁迅大步走出院子。当他与吕云章赶到学校时，望眼欲穿的姑娘们欢呼起来。

刘和珍、蒲振声、姜伯谛、郑德音、张平江、陆晶清、林卓凤……许广平……鲁迅扫视着这些熟悉的学生，这些百折不挠的好的中国青年，仿佛看到了暗黑的地平线上将要涌出新的血红色的曙光，内心升腾起一种庄严与肃穆之感，对章士钊、杨荫榆以及"正人君子"之流，则燃起了仇恨之火。

当夜，他与另外几位先生，同住教育处，不，是同坐，一支接一支地抽烟；子夜时分，雷雨大作，他就更无睡意——像荷枪的战士，倚在堑壕的壁上，警惕着四周的黑暗……

2

"你不要闹，将来给你做校长。"

章士钊派人来给鲁迅传话了。鲁迅何许人也？焉能受此？答："我闹，并不是想当女师大校长。"

于是章士钊终于下了辣手——

8月10日，北洋政府悍然颁布了停办女师大的命令。

全校师生哪甘屈服，一致坚拒解散令，自行组织了女师大校务维持会，鲁迅以及一些正直且有声望的先生被选为维持会委员。

12日，司法总长兼教育部长章士钊"深恐群相效尤"，致使"风潮愈演愈烈，难以平息"，致段祺瑞一纸呈文，请求免去鲁迅教育部佥事的职务，其罪名是不"恪守本分，服从命令"，"于本部下令停办该校以后，结合党徒，附和女生，倡设校务维持会，充任委员"。

13日，"中华民国临时执政府总执政"段祺瑞明令照准。

14日，鲁迅的免职令公布了，当天就有川流不息的同事、朋友、学生来慰问他。广平是上午独自去的，去时已有五六个友人在座了。

鲁迅依然如故，谈笑，吃烟，嚼糖，取笑女生（这时别有深意地向广平点了点头），一遇磨难，就四条齐下——两条眼泪之外再加两条鼻涕，不，简直是四条胡同。"自然比不上我格外地经受得住践踏了！"他自得地宣布。

广平会意，一颗悬得高高的心落实了。

第二天，又有一位敬仰鲁迅的青年来看望他。进了"老虎尾巴"，只见他正在起草对章士钊的起诉书，于是放下笔，谈论起来。

"这是意料中事，不过为着揭开章某的假面目，我要起诉。"他坦然地笑道。

"找哪个律师呢？"那青年问，随手在烟筒中拿起一支烟。

"律师只能为富人争财产，为思想界争真理，还得我们自己动手。"鲁迅也拿起一支烟，顺手燃着，把火柴递给了他。

他燃着烟，抽的时候觉得与先生平素抽的不同，一看，不是鲁迅平时惯抽的"红锡包"，而是"海军牌"，于是生了好奇之心："丢了官应该抽坏烟了，为什么还买这贵烟？"

"正是因为丢了官，所以才买这贵烟，"鲁迅也看看手中的烟，笑着说，"官总是要丢的，丢了官多抽几支好烟，也是集中精力来战斗的好方法……这事已经酝酿很久了，我不理他，看他还有什么花头。这是他不得不破着脸皮来的一着，足见总长的愚蠢，也足见总长的可怜……"

3

8月22日，晚上8时。

女师大守门的同学忽然发现，学校门前的石驸马大街上，顷刻间空无一人，只剩下一大片可疑的灰白。

嚓嚓嚓！大批军警从街两头开来，脚步声震得地皮子直抖。

待他们嚓到校门——哗，停下，立正，复又分成两个方阵，方阵之中踱出堂堂教育部专门教育司司长刘百昭来，满脸"专门"的杀气腾腾相。

"开门！"他厉声叫道。

"开门何干？"守门的女同学问。

"开门请你们出去……"刘百昭的千种杀气、万般凶相，都从这一声吆喝之中漏了出来。

守门的姑娘连忙调头对刘和珍说："今天也许是那话来了……"

刘和珍还未来得及答话，军警已潮水般涌到大门上，扭着门锁；而侧门已先被撞开，一大群身材特别高大的三河老妈子狂呼而入。

刹那间，同学们被这帮力大无穷的悍妇分割成四五堆，号泣痛哭。一汽车驶来，老妈子就强拉、硬拖，抬，捆绑手脚，将学生像货物一样地提到车上。车厢前后左右，布满了六七个穿灰布大褂的警厅侦缉队队员，嘻嘻哈哈地按住女生的腿，手臂。

一车惨哭，又一车惨哭……光天化日之下，疾驰过市，向报子街女师大的补习学校开去。

广平敏捷、机灵，闪在汽车的一侧，乘混乱溜出了校门。一边吞声痛哭，一边向设在北河沿北大三院的北平学联跑去……

4

《晨报》《京报》《世界日报》《国民新报》……这几天，鲁迅几乎翻遍了所有能够觅到的报章，他在寻找那个人——那个令他念兹在兹而现时又杳如黄鹤的人。

将报纸字缝中漏出的真情综合起来，女师大22日这一天，计当场受重伤者有李秀芝、江炜、姜伯谛、赵世兰等七人，伤重而且性命危在旦夕者有李桂生一人，其余失踪生死未明者五七人。

失踪？……生？……死？！……五七人中可有她？……鲁迅觉得心一阵阵地往下坠、坠，大概要坠到最黑暗之处才止吧？……难道她早已被拖到了那里不成？……

王品青来了，鲁迅说："你去打听打听女师大失踪的那几个人……"

韦素园来了，鲁迅说："你去打听打听女师大失踪的那几个人……"

许钦文来了，鲁迅说："你去打听打听女师大失踪的那几个人……"

你去打听打听……女师大……失踪的……那几个……人……

5

广平茫然地倚在路边的榆树上。

树荫之外，毒日头凶猛地逞着炎威，往地上狂乱地倾泻着亿万支金箭，射得路上几乎空无一人；偏偏高枝上歇着两个懒蝉，还在为炎帝帮闲，长声悠悠地唱着歌功颂德的赞美诗。坏种！广平恨不得抓起石块，将它们从树上砸下来。

她已经顶着这样的烈日，奔波了好几日了。

22日那天，北平学联的负责人听了她的哭诉后，连夜召开紧急会议，向各界呼吁支持女师大的同学。

被刘百昭武装捆离石驸马本校的女生，困居在报子街补习学校，幸亏有校务维持会的先生们热心指教，于是一方面向京师地方检察厅起诉章士钊、刘百昭之流，一方面向各界请求援助，一方面另觅校址，以继续学业。

但就在此时，有更骇人的消息传来：章士钊准备以两个警察对付一个，将被开除的六名学生押送回原籍……

六个姑娘，为了学校之事，却要活演"林冲押配沧州"的一幕！如果真的实现，乡亲、家长，还以为我们真的犯了什么滔天大罪呢！以后叫我们以何面目立足于社会？——广平一想到这，悲从中来，浑身一阵阵地发抖。

决不能束手待毙！六人于是分头找藏身之地。

踩着被烈日烤焦了的地皮子，头晕目眩的广平，轻轻地叩着南城那位友人的家门，半晌，听见她在院子里大声吩咐老妈子："去告诉她，就说我不在家！"

广平掉头就跑，眼里汪着一大包泪珠子。

又去了两三处朋友家，一瞧他们那副畏畏缩缩的模样，倔强的广平把到嘴边的话又咽了回去……

于是她漫无目的地走呀，走，走到了这棵榆树之下。不知怎的，她只觉得心中冷得发慌，从斑驳的树叶丛中望去，那盛夏的太阳竟毫无热气，像严冬露天水碗中抠出来的一块圆冰。

眼泪奔涌而出。

"去找他……"一瞬间，她起了这个念头，但又马上坚决地否定了，"不能连累他！"一种足以压倒一切的大爱，促使她做出了这一艰难的抉择。

"广平！"有人在轻声唤她。

掉头一看，她叫了起来："羡苏！"

"我们找你找得好苦！"许羡苏兴奋地搂住了她的肩头。

"找我？"

"是啊！鲁迅先生托哥哥，托我们，到处打听……走，快跟我去见先生……"

广平本想说不能连累先生的话，却说不出来，她觉得自己在这一瞬间异乎寻常地软弱，她也想不软弱，只觉累，乏，困，想倚着什么——就像倚着这棵硕大的榆树……

"害马来了！"当广平与羡苏走进"老虎尾巴"时，鲁迅惊喜地站起来，对在座的许寿裳先生愉快地眨了眨眼睛。

广平苦笑："我又来害先生了！……别人都怕……怕沾害马一根毛……"

鲁迅微笑："好，来我这里不怕！……"

广平与羡苏就在南屋的西间住下，躲过了最紧张的几天。

有一日下午，来了几个警察，被鲁迅堵在了门口，几句话将他们打发走了。

这几天内，鲁迅整日整日地与广平、羡苏畅谈，说笑。他好像抑制不住内心的兴奋，大声地说，快步地走，被一种不可名状的激情冲动着……

6

阜成门南小街宗帽胡同十四号，成了北京女子师范大学的临时校舍。这是校务维持会费尽心力，才侥幸租得的。

9月1日，被驱赶到报子街的同学全部迁到这里。

校务维持会开始紧张地筹备开学的工作，正直的先生们都十分热心；鲁迅更明确地表示，在这大家都尽义务的时候，他可以多任一点课；后来的教务会议上，他就自定他的任课增加一倍。

如烈火之中的不死鸟，9月21日，女师大与全北京其他大学一起，举行了开学典礼。

历经了大半年的苦难，九死一生，姑娘们都添了一种北地的壮士神采，沉勇刚毅，很难看出昔日的弱女子相了。

但是，当她们看到李石曾先生、易培基先生、许寿裳先生、马裕藻先生、郑奠先生、沈士远先生、雷殷先生、谢无量先生、陈敬修先生、周作人先生、周树人先生、郑洪年先生……在主席台上坐定时，辛酸的眼泪止不住淌了下来，掌声沉郁，长时间的钝响。

先生们报以同样的掌声。

广平抹去了泪水，仔细地打量着鲁迅——周先生，你瘦了，保准是又病了……庆幸的是又可以听你的教诲了……没有你激于义愤，慷慨挽救，哪能重新开课？我辈哪能重入学堂，修完学业？——也许早就被丢入牢笼了……

轮到教员致辞时，鲁迅简短地讲了几句：我不是专门当教员的，是做官的；我相信被压迫的决不致灭亡，只看今天有许多同学教员来宾，可知压力是压不倒人的。以后的计划，我不知道；功课我是来教的……

7

鲁迅挽着朱安，上了一辆洋车，叫车夫往刑部街的山本医院拉。

近来，他自己就害了一场病——为女师大的校事奔波忙碌，累得头昏脑热，一到下午，身子就有些发烧——但他更虑的是朱安，她这几天不饮不食，本来就黄瘦的脸更见其黄瘦了。

山本医院是日本人山本大夫开的，他的医术高明，早在八道湾时，全家都请他看病。

"周君！"矮小的山本热情地接待鲁迅，"又不好了吧？瞧你的脸色……"

"不，是贱内。"他指了指朱安。

"哦？周夫人……"山本吃惊地向朱安鞠了一躬。

诊断后，大夫建议住院观察五六天。这几日一有空，鲁迅就来看看，坐坐，给她捎来一点软和的吃食。

有一天上午，荆有麟①和妻子一起来看望朱安，到了不一会儿，鲁迅也来了。

刚一跨进门，他就问："检查过了没有？"

"检查过了。"朱安说。

---

① 鲁迅的学生，1924 到 1926 两年中，几乎每天出入于鲁迅住所，1941 年起发表《鲁迅回忆断片》。解放初因文化特务罪被镇压，此书从此绝版。不管作者以后如何变化，此书在鲁迅研究学术史上仍有重要史料价值。

鲁迅立即往外走，嘴里还说着："我问问医生去。"

过了一刻，他一进门，就对荆有麟夫妇说："走吧，到我家吃中饭去。"

"大师母，我们走了。"两位年轻人向朱安告了别，为留空让鲁迅夫妻俩谈几句，他们便先走出了病房。

朱安果然在问："医生怎么说？"

"没有什么，多养几天就好了。"鲁迅却简切地答，说完，就匆匆地跟着荆有麟夫妇走出来，荆有麟心中明显地感觉到：先生夫妻间的关系有点……

医生最后的诊断结论，怀疑是慢性胃癌，而此病现在是无药可治，山本只好叫朱安出院了。

她不识字，没文化，对此似乎没有多么严重的认识。而懂医学的鲁迅倒多添了一分忧虑——9月底，他将自己对朱安健康的担心，写信告诉了许钦文。

他不爱她，但他始终觉得，应该对她的存在负责，每当看到她黄而瘦的病容时，他就会在心中暗暗发狠——

我一定好好供养你！

好好……

供养……

8

10月2日，星期五，旧历中秋。

下午下课，鲁迅走出教室那一瞬间，好像不经意似的瞥了瞥广平，然后像以往一样，飘然而去。

……中秋之约！中秋之约！中秋之约！……广平耳根有些发烫，匆匆收拾好讲义文具，躲过几位要好的同学，独自溜到大街上。

初秋的北京，天气晴和，没有春三月讨厌的大黄沙，天空蓝汪汪的，湖水碧森森的，树叶却点染上几点金，几点红，斑斓得像幅彩卷儿，一截一截地展现在广平的眼前。

路边最多的，是摆"兔儿爷"摊的，几层木架子，一层比一层高，上面摆满了大大小小五花八门的"兔儿爷"，有的捣药，有的骑兽，有的背插小旗子，有的撑开小黄伞，还有兔儿奶奶，涂脂抹粉，耳朵上还坠着双耳环哩。

"买一个去呗，小姐！"老板热情招呼广平。

她心情很好，忍不住停下来，从架上取了一个——大概是黄黏土加浆后放入模子内制成的，人身兔首，头顶上竖着两只长耳朵，彩色的衣服，贴金的脸，好招人喜爱的小家伙！

广平心动了，想买一个，但一触到口袋底的那点钱，赶紧把那"兔儿爷"放回原处。"对不住……"她脸红了，嗫嚅着对老板说。

"没关系，小姐！"老板爽朗地笑起来，挥挥手，"我从初一卖到十五了，来买的，都是小孩子，像你这样……"他愉快地摆了摆头。

广平窘得一脸红潮，飞快地溜了。她很喜欢今天的好天气。她很喜欢今天人们的好心情。她很喜欢今天这老板宽厚的笑。她很喜欢今天这只傻头傻脑的"兔儿爷"……这喜欢涌到脸上，就变成了像这秋阳一样灿烂的微笑……

她跑到一家点心铺。铺子前的土地，湿漉漉的，升腾起一阵浓郁的花香。

"好香！"广平使劲地耸动着鼻子。

"桂花泡水，哪能不香？"伙计笑吟吟地解释道。

她掏出了几乎所有的钱，买了四盒月饼。伙计扎好，再系上红绳子，交到她手中。

有这东西，学校是不便回的；船板胡同也不用去了，昨天广平就向东家告了假。于是，她在街上东游游、西逛逛，一直磨到天黑。

树梢头、晚云上，中秋明月又大又圆，天上人间，浴着一片温柔的亮闪闪的银光。广平从远处向西三条跑来。

窄窄的胡同成了一条月光的河，粼粼的波光，载着她，向渴望之地飘去……

今夜的月好圆呀！当"老虎尾巴"中只剩下她和他时，月的银光满满地贮在两人的眼中，形成了不可测度的两对深潭。

"我的爱……"她思绪起伏，心口狂乱地跳，"我知道你的地位，你的伟大，但有谁能因为我的渺小而禁止我爱你，否认我爱的资格呢？"心里默念着，她开始轻轻地握住他的手。

奇怪，他同时也回报她以轻柔而缓缓的紧握——她甚至感觉到自己脉搏的跳动，也正和他呼呼的声音相对应着。

片刻，他首先向她说："你战胜了！"

"真的吗？"极度的喜悦充溢着她的心，"偌大的你，从前总把我当小孩子，如今竟被我战胜了吗？我当小孩子的耻辱，如今洗刷了，这也许算是战胜了吧？"

她不禁微微地报以一笑……

几天后，广平给鲁迅送来一对自己亲手缝制的枕套——白色的细布上，五彩丝线绣出了"安睡""卧游"的字样："安睡"枕套，字左绣了一枝花，字右是三枝花组成的一行花边；"卧游"枕套，则在字的左上方斜着绣了三行花；两个枕套的左右两边都缝有本白色的丝绒花边。

枕着这对枕头，鲁迅安然地进入了甜美的梦乡……

9

随着南方革命运动的高涨，11月的北京爆发了大规模的群众运动，矛头直指段祺瑞的临时执政府。

29日，愤怒的游行群众捣毁了章士钊、刘百昭等人的住宅，打烂了教育部，火烧了晨报馆。皖系军阀的大小头目，见势不妙，纷纷逃出北京城。

抓住这个有利时机，女师大师生举行复校运动。30日傍晚，姑娘们举着旗帜，意气昂扬，冲破了军警的防线，返回了石附马大街本校。

校务维持会开始竭力整顿教学秩序，短期内迅速聘定了各学科主任、教员，正式上课，恢复了学校的原状。

全校师生以自己坚韧不拔的努力，在大波迭起的女师大风潮中，苦争来了学校前所未有的光明之途。

在最黑暗时挺身而出的鲁迅，这时却认为维持的职责已尽，可以息息肩了。因此，他除了仍旧担任教授以外，不再兼任何职务，乃至校内各种委员会也都不参加了，事事谦退，只管讲自己的课了。

于是，每周星期二的上午，星期五的下午，教室里又响起了他缓慢而清晰的绍兴口音。

于是，他又看见了前排那团飞扬的、蓬松的乌发……

10

对于青年，不管是熟稔的，还是初初相识的，鲁迅都是以诚相待，能尽力之处就尽力，耗费了自己许多的心血与时间。但近来他发现，他们中的有的人，好像越来越难以伺候了，简直成了一帮大人先生。

有一天，北大旁听生冯省三跑来，往床铺上一坐，将两腿跷起，大模大样地说："喂，你门口有修鞋的，把我这双破鞋拿去修修。"

鲁迅毫不迟疑，将这双破鞋拿去修好，又为他取回来，套在他的脚上。

可是，这山东来的青年连谢都没有道一句，就悻悻然地走掉了。

以后鲁迅提到这件事，总是说："山东人真是直爽哇！"

还有一夜，已是12时以后，他刚刚开始写东西，就听见有人在砰砰地打门，赶紧放下笔，跑去开门。

来者有些面善，仔细一看，是中国大学的旁听生钟青航，他穿着拖到地的睡衣，笑嘻嘻地说："我睡不着，特地跑来同先生谈谈。"

"好，请进来。"鲁迅并不恼，关了门，将青年人让到书房里。

他开始滔滔不绝地讲起来，但很出乎鲁迅的意料之外，他并无失眠的痛苦，也无失恋的悲哀。原来他是高兴了，叫了一辆汽车，在北京城兜了一个圈，付不出十五元的车费，却打了开车的一个耳光，被警察关了两个星期。吃了黑面馒头，挨臭虫蚊子的围攻，虽只有两星期，这位四川青年却可怕地变瘦了，精神也异样地亢奋。

他同主人一直谈到东方放白。鲁迅文章的写作只好往后拖，因为还得赶去上课。

此事好像并不使鲁迅耿耿于怀似的，因为他每提此事，总是友善地说："四川青年真勇敢哇！"

鲁迅很喜欢吃糖，但钱又不喜欢他，所以只得刻苦自己，常买一种便宜的糖来吃。这种糖，价钱低，三四角钱可以买一磅，但淀粉多，质地松，不大甜，手一碰，就像碰着石灰一样。广平是最反对他吃这号糖的，来时，若是瞧见，一定会心痛地责备："看你！看你！——又吃这种乌贼糖！"

可有一天，忽而然之得了一些稿费，他也忽而然之去买了一大批咖啡糖，留着请客——在"十里洋场"的上海，这玩意儿不稀罕，但在土头土脑的北平，却是很贵的洋货。鲁迅挣稿费好像也不是如外界所传的那么容易，所以这次真是少有的豪举。

星期天，来了一批文学青年，鲁迅兴奋地拿出来，每人一包，扁平的一大块，里面隔开许多方格，大伙儿甜蜜蜜地吃起来。

一个姑娘迟到了，虽分得了同样一包，看看别人的兴奋劲头，居然疑心起人家比自己多得了些，手顿时长了一尺，抢起别人的糖来。

哗！糖块滚得满地都是，沾满了灰尘，自然是不便再拾起来吃了，只是那姑娘似乎并无惭色，反而嘻嘻哈哈了好一阵子。

看着艰难苦辛买来的糖这样被糟蹋掉，鲁迅很不高兴，但也没说什么，坐在一旁，默默地抽烟。

广平本想发作，跟那大小姐大吵一架，看看先生隐忍的模样，也就不吭声了。

鲁迅的性格，往往是笔上写的，嘴上说的，刻薄得有些不近人情，而事实上处世待人，却太厚道，有时比年轻人还要老实，以致不知不觉中，被一些用心很深的年轻人的暗箭射中。近来的章衣萍，就是这些射手中的好手。

以前，鲁迅和他还谈得来，甚至把一些来之不易的深刻的人生经验，也拿来馈赠他。有一回，鲁迅后园的三只鸡争斗起来了。

"鸡们斗起来了！"章衣萍从窗口看出去，对鲁迅说。

"这种争斗我也看够了，由它去吧！"鲁迅把对付一切无聊行为最有效的方法，昭示给了涉世不深的章衣萍。

这学生好像要报答先生，最近常到西三条来，坐坐、问问，无话找话，待一会儿，就睁大小眼睛，各处乱翻。鲁迅有时也觉得有些讨厌，但从来也不怀疑章衣萍在干些什么勾当。先生哪里知道，这学生是来窥探的——除了他，还有高长虹也爱在鲁迅家进进出出……

11

12月底的一个夜晚，夜深人静，鲁迅还不想睡，又把广平近期以"平林"的笔名发表的两篇文章拿出来，展开在灯下——

《同行者》热情赞颂了那位用"热烈的爱、伟大的工作，要给人类以光、力、血，使将来的世界璀璨而辉煌"的同行者，明白地表示决不畏惧"人世间的冷漠、压迫"，绝不畏惧"戴着'道德'的面具专唱高调的人们给予的猛烈的袭击"，"一心一意地向着爱的方向奔驰"。《风子是我的爱》向世俗挑战："不自量也罢，不相当也罢，合法也罢，不合法也罢，这都与我们不相干。"……

他感动得唏嘘不已，在这静无声、冷彻骨的深夜，仿佛有一团通红、温暖的火，灼着他发凉的胸部，简直不能自持——

广平，太难为你的好心了！你老是这么鼓励我，望我努力工作，不要松懈，不要怠忽；你又很爱护我，望我多加保养，不要过劳，不要发狠。这不能两全呀，里面有矛盾呀！这真真叫人为难呀！……

他站起来，狠狠地抽了两支烟，情绪稍稍镇定，坐下，翻开了去年买的《雁门集》^①。

一片压干了的枫叶现了出来。

哦！那是去年的深秋，繁霜夜降，木叶多半凋零，连庭前那株小小的枫树也变成红色了。

鲁迅绕着这树徘徊，细看叶片的颜色，并非全树通红，浅绛色的最多，有几片，绯红色的质地上还带着几团浓绿。

只有一片，被虫子蛀坏了，独有一点蛀孔，镶着乌黑的花边，在红、黄、绿的斑驳中，明眸似的向人凝视。

———————

① 元人萨都剌的诗词集，萨氏世居山西雁门。

210

哦！这是病叶啊！如我一样的病叶呀！

他默念道，便将它摘了下来，夹在刚买到的《雁门集》里——他，大概是想使这将坠的叶片上虽遭蛀蚀却仍然斑斓的颜色，暂得保存，不马上与群叶一同飘散吧？……

可是，今年今夜它却黄蜡似的躺在他的眼前，那眸子再也不像去年那样灼灼视人了。

这引起了鲁迅长久的沉思——

假如再过几年，旧时的颜色从我的记忆中消去，那时恐怕连我也不知道它何以夹在这书里的原因了。将坠的病叶的斑斓，恐怕也只能在极短的时间内才会存在吧？……

他看看窗外，在清冷的冬月下，那些很能耐寒的树木早已秃尽，更不消说枫树了。但是前些日子——深秋之时，想来也许有和去年模样相似的病叶吧？

"为爱我者的想要保存我，我要写……"

于是，鲁迅暖暖手，呵开冻笔，写下了那美丽而忧伤的《腊叶》……

12

母亲托人买回一套理发工具，准备剪发了，这对年近古稀的老人来说还是生平第一遭！

以前，北京的妇女都梳发髻，女孩子梳小辫子，剪发的女学生是极少数，有的女校，干脆不收剪发生。现在，女学生大多数剪去了小辫子，中年妇女也有部分剪了发，但年长的老太太们，依然故我，梳着古已有之的发髻。

院子里有川流不息的学生来拜访鲁迅，母亲就与剪发的毛丫头们混熟了，常与她们讨论剪发的好处，姑娘们七嘴八舌地告诉她。

"剪掉了好，梳起来别提有多方便了！"

"洗头也不费事！"

"一瞧，多有精神！"

老太太乐呵呵地笑了，掂了掂脑后那大而沉的发髻，心动了……

星期天，羡苏来了，母亲拿出工具，请她动手，羡苏兴奋得眼睛发光："太师母，我这一剪子下去，你后悔也来不及了。"

"叫你剪，你就剪呗！"母亲笑了起来，"穷唠叨，像个老太婆……"

嚓嚓嚓，剪子悦耳地响，嚓去了母亲脑袋后生得很低的头发——鲁迅后面的头发也生得很低，很像他的母亲。

剪毕，梳理、修整，羡苏将镜子递给母亲。她刚照了照，就朝西屋大呼起来："安姑——"

"阿婆！"朱安一边答，一边慌忙地捧着水烟袋，走了过来。"你看，这模样，行吧？"母亲满意地拢了拢顺过耳际的短发。

朱安愣了愣，惊异地看着阿婆这前所未有的形象，嘴唇动了动："好……"

"你觉着好，也来剪一剪！"母亲麻利地取下围着的白布，把凳子掸了掸。

"不，不，不……"朱安结结巴巴地一边说，一边像逃避什么灾难似的，跑回了西屋。

哈哈哈！新老短发党大笑起来。

过了几天，母亲又劝朱安："还是剪发好，瞧我，剪掉后躺着看书看报，别提多舒服！"

"可我又不看书，又不看报呀！"朱安老老实实地说。

"瞧你！"母亲有些生气了，"不看书，不看报，总要睡觉吧？剪去，总要舒坦些。"

朱安到底剪去了发髻——

抚一抚清爽的后脑，心中泛起了一种新鲜的舒适感；但一瞧镜中那陌生的形象，她不禁惶惑起来；低首，满地都是受之父母的头发丝，剪得零零碎碎的——她有些伤感了……

13

1926年3月6日，星期六，阴历正月二十二，许广平二十八岁生日——

夜晚，青灯之下，鲁迅与广平默默相对，眼中溢出无限的深情，仿佛能听见彼此间怦怦的心跳。

良久，他才柔声地低语道："这么说，今天是你的生日啰？……"

"看你！"她低下了头，脸红了，"刚才不是告诉了你吗？"

"对，对！可我……"他有些悲哀了，无可奈何地指了指四周，站起来，将杯中的茶渣倾在痰盂里，转身去书架上的罐子里取些茶叶，放入杯中。

"我来吧！"她去抢茶杯。

他轻轻地推开她："惯了！还是自己来！"然后到厨房里去倒开水。

他的脚步声滞重沉闷。东屋有他所深爱的慈母苍凉的咳嗽声，西屋有他所不爱的女人呼呼的吸水烟的声音。好寂寞的家！好孤独凄凉的他！——泪水从许广平的眼眶里涌了出来，听着脚步声进来，赶紧一把抹去。

"敬你一杯寿酒！"他将一杯清茶放到她的面前。

她扑哧一声笑了："那么，快给我这寿星佬叩头！"

他嘿嘿地直乐。

她愉快地讲起降生时的情形："我这人，难怪现在要成'害马'，刚生下来就不老实，还没有哭出声，就把尿撒到了母亲的肚皮上，她说这是'克父母'的征兆。"

"哦，天生的斗士，第一步就是反抗。"

"母亲打算把我送给一位本家，他穷得吃不饱肚皮，还狂抽大烟。而母亲情愿倒贴奶妈费也要把我送给他。"

"这么贱？……"他有些愤怒了，向她投去深情、安慰的一瞥。

"别着急！命这么贱的人，后来还是有人喜欢的。"

"谁？"

"有人——"她调皮地一笑，有如向大人出谜语的小姑娘。

"哦！是有人！"他恍然大悟，像个猜破了费解的谜的大孩子。一种无法抑制的激情使他的话格外地多起来，而所讲的都是带有浓厚感情色彩的少年与青年时候的往事——

"很早，祖父看我不顺眼，硬逼着我抄写许应骙驳康梁变法的奏折，说这可以医我的毛病，整得我好苦。嘿，许应骙是你什么人？"

"叔祖！"

"哼！我从小就吃过你们许家的亏！"

"现在吃得更大。"

"今非昔比，另当别论。"

"好听极了！下野部员还有何不能在课堂上讲的逸闻趣事？"

"十多岁在南京，我们几位同窗常常走到野外，路上一户人家，有一位小家碧玉，相当标致，我们就在那儿流连徘徊，弄得她的母亲跑出来质问，这才散去。"

"回去能睡着吗？"

"嘿嘿……我们并不屈服呀！仍然要去，而且邀约更多的同学去，走到那小姐跟前，一、二、三，大家一齐把头转向相反的一面，表示不屑一顾的意思。可她的母亲又不舒服了，叫我们不要调转头——瞧，得胜的还是我们……"

"不，得胜的是一群无赖，无赖一群……"

"至少可以和'害马'媲美嘛？……还有一次，也是在南京，好奇心险些把我导入不明不白之地。没有人留心，偏偏我注意到了，墙上贴有一种纸，印着一个广告样的茶壶，接连地看到了不止两次，我就沿着茶壶嘴所指的方向走，每到一个十字路口，茶壶就像指路碑似的安放在那里，瞧着这指示，越走越远，越走越荒僻……"

"啊……"她惊惧地张大了嘴，像是听惊险故事那么痴迷。

"害怕了吧？……"他太满意这种气氛和她这种神情了，于是声音压得更低了，"后来，我也觉得有些可怕，不敢再跟着走下去。"

"究竟是作什么用的呀？"她急迫地问。

"过后细想，我觉得一定是秘密组织的符号，如果孟浪走到，是很危险的……"

"看你，把人家吓了这么一大跳……"她似嗔似笑地叫了起来，透出了一种迷人的青春美。

他的心头荡起了甜蜜的涟漪，如潮的话头突然像被什么堵住，异样地沉寂了。

两双眼睛，无语地交流着脉脉深情。

"给我理理发，好吗？"她打破了沉默。

"好的……"没有推辞，也没有狂热，一种最深沉、最丰富的感情控制着他。

从母亲房里取来理发工具，系上白布围巾，嚓嚓，试了试剪子，微笑起来："明天，你可能不好出门见人了……"

"别人的议论，我不管……我相信，你剪的，我一定十二分地满意……"

"会的，会的！……"他觉得鼻子好像有点不对劲，连忙捏住她为雪白的脖子衬着的乌发，一种实实在在的柔滑，顺着指尖往上传布——端午那短暂而朦胧的感觉，此时变得分外地真切与清晰……

当天的日记，他是这样写的——

"（3月）6日，……旧历正月二十二也，夜为害马剪去鬃毛……"

这在鲁迅是极不寻常的：他的日记除春节、端午、中秋等大节气外，是不记阴历的；他在这里郑重地记下了阴历的这一日子，显然是为了一种纪念——纪念他的人生历程中一个永远闪着爱的温暖光芒的日子……

14

第二天，天气晴和，鲁迅静坐在窗前，默看着淡黄的春阳，轻轻地抹在后园的几株树干上，心中充满着一种少有的宁静与欢悦。

下午，许寿裳来了，李小峰来了，王品青来了，另外六位朋友都来了。

"怎么样，出去游游吧？"鲁迅问。

"哦？"友人们迅速地交换着诧异而惊喜的目光——先生勤奋，绝少出游，难得今日雅兴呀！实在也该歇歇气了，牛耕田也有卸下犁头吃草之时啊！

"请先生指定去处吧！"年轻朋友抢先欢呼起来。

"就去钓鱼台吧！"他领着大家出了门。

西三条在京城内比较偏西，靠近西城根，离阜成门很近。像北京各门一样，阜成门门脸儿有片赶驴市，有不少赶脚的，拉着小毛驴儿，等着主顾。

"骑驴！骑驴！"鲁迅兴致勃勃地招呼大家。他相中了一头炭墨似的小毛驴，一抬腿就跨了上去。

"先生，请先说个价吧！"赶脚的年轻汉子提醒道。

"给你一百文铜圆好了。"李小峰连忙答应，生怕搅了先生的兴致。

赶脚的连忙将缰绳递给鲁迅，鞭子一扬，驴子一溜小跑，他跟在驴屁股后，亮着嗓门，热热闹闹地吆喝起来。

阳光和煦，沿着阜外的黄土路，小驴向钓鱼台紧跑慢赶。冻了一冬的土地开始酥软了，闪着一片沃色；潭水像刚揩拭过的一面宝镜，亮着一片新光；草地微青，树叶淡黄，蹄声嗒嗒，铃音当当，夹着小黄沙的春风迎面拂来，把他们欢快的谈笑声，吹送到薄而透明的春云之上……

在驴背上颠着的鲁迅，露出了一种少见的欢快的笑——

去年4月11日，与母亲游了一次钓鱼台；4月12日，广平就第一次上西三条来了……昨天是她的生日……今天又游钓鱼台……

莫非与此地真有缘分么？

好笑。

太难为情了，这样的年纪，居然还有这样的心境！……老夫聊发少年狂！……老夫聊发少年狂……

15

前几天，日本等列强为了阻挠中国军队在天津布防，发布强横通牒，炮轰大沽，因此北京各界准备18日这天在天安门举行国民大会，以示抗议，同时还拟向执政府请愿，要求抵制列强。

一大早，广平就匆匆出了校门，向西三条跑来，手中紧捏着给鲁迅抄完的《小说旧闻钞》。她深知他的脾气，预定的工作总要求用最短的时间做好，而现在离游行大队伍的集合还有一些时间。

"抄好了。给！"广平放下抄稿，转身就想离开。

"为什么这样匆促？"鲁迅吃了一惊。

"要去请愿！"广平边讲边在移动步子。

"请愿请愿，天天请愿……"鲁迅脸色一沉，不快地说，"我还有些东西等着要抄呢。"

"这……"

"留一留吧！"

她不好执拗，只好顺从地点了点头。鲁迅找出一篇长稿，广平就在南屋里抄起来。他稍留片刻，也折回北屋的"老虎尾巴"做自己的事去。

院子里静极了，只有风摇树枝的嗦嗦声。

广平却始终不能平静，硬着头皮，抄完一页，耳边仿佛传来了一阵口号声，由小到大，嗡嗡地震荡着耳膜。吃惊地站起来，尖起耳朵聆听，呐喊声消遁得无影无踪。她叹了一口气，坐下，发疯似的抄起来。

抄着抄着，口号声又清晰了起来，她放下笔，定了定神，那呐喊声又没有了，而眼前却幻出了天安门无际的人海、如林的旗帜，还有同学们一张张庄严而愤怒的脸……

推开纸笔，站起来，跨出屋门，她想去向鲁迅告别，可院子中的宁静却镇住了她——他正在进行紧张而有成效的工作呀！

广平踮起脚，向院外望了望，听了听，摇摇头，又折回书桌前，狠狠咬了一阵笔杆头儿，飞快地抄录起来。

大约十点多钟，院门好像忽然被人撞开了，响起一阵慌乱沉重的脚步声，鲁迅与广平不约而同地从屋里跑了出来——

只见一个男学生，一脸的尘土与汗水，还没开口，已号啕大哭起来，半晌，才语不成声地说："……铁狮子胡同……段执政……命令军警关起两扇铁门……拿机关枪扫射……"

"啊？！"广平惨叫一声，脸色刷白，一溜小跑，向学校奔去。

　　安顿好报信的学生，鲁迅默默地走回"老虎尾巴"。对于请愿，他一向是不以为然的，当局者麻木，没有良心，不足与言，有何愿可请——何况还是徒手！但是，他无论如何也想象不到他们竟凶残到这种地步。他看了看桌上的稿纸，杂文《无花的蔷薇之二》已写好前三节，读一读，一种刻骨铭心的哀痛，使他几乎想一把将它撕去——屠夫的枪弹太有力，我的文字又太无力了——但他还是克制住了，反而奋笔疾书，写下了第四节——

　　　已不是写什么"无花的蔷薇"的时候了。
　　　虽然写的多是刺，也还要些和平的心。
　　　现在，听说北京城中，已经施行了大杀戮了。当我写出上面这些无聊的文字的时候，正是许多青年受弹饮刃的时候。呜呼，人和人的魂灵，是不相通的。

　　挨到下午，许羡苏哭泣着跑来报告噩耗：女师大刘和珍中弹，从背部斜穿心肺，但没有便死；同去的张静淑同学想扶起她，中了四弹，其一是手枪，立仆；同去的杨德群又想去扶她也被击，弹从左肩入穿右胸出，也立仆，但她还能坐起来，一个兵在她头部及胸部猛击两棒才死。

　　鲁迅的呼吸陡然沉重起来，他用最毒的咒语诅咒那些屠伯，愿他们住最不适于居住的不毛之地，做最深的矿洞里的矿工，操最下贱的生业……他为中国失去了这样好的青年而悲痛得无法自已，于是匆匆地收结了这篇杂文——

　　　以上都是空话。笔写的，有什么相干？
　　　实弹打出来的却是青年的血。血不但不掩于墨写的谎语，不醉于墨写的挽歌；威力也压它不住，因为它已经骗不过，打不死了。

3月18日，民国以来最黑暗的一天写。

16

3月23日，专门处理行政诉讼的平政院下达了裁决书：因章士钊在免除鲁迅教育部金事之前，未交付"文官高等惩戒委员会"的专门机构进行审查，违反了惩戒的法律程序，故教育部的处分应取消。

鲁迅的官司打赢了，许多同人到他家里祝贺，他淡然处之，甚至摇头，认为这中间实在没有什么"喜"可贺——无数青年的鲜血还淤积在他的周围，使他连呼吸都很艰难，更不消说一缕半丝的兴奋了。

3月25日，鲁迅赴女师大追悼会。灵堂里面，停着两具漆黑的灵柩，仿佛一对深沉的含着悲哀的黑眼睛，向远处凝视。两位牺牲者的遗容，如生人般俯临人间；那永恒的温和的微笑，依然挂在刘和珍圆圆的脸庞上；她的未婚夫方其道君肃立在灵前，脸色苍白，伴着他最亲爱的人度过人世间最后的时辰。

读祭文时，一切寂静如死，只有遏抑不住的哽咽，像中夜从远处海上传来的断续的涛音，到后来这涛音高了起来，连成一片，轰响着无数的悲哀，无数的叹喟，无数的哭泣，无数的号啕……

广平发着怔，浑身无力，头沉重，剧痛。她悲哀地回忆着与和珍的相识：那是去年的11月底，因反杨不顺，广平灰心，气短，想放弃责任，不受群众的牵制，自己单独去做激烈分子，她正躲在寝室里气愤、恼丧，和珍却推开门来叫她开会去！亏了她，一次，又一次，再一次，总是笑眯眯的，一点也不见有焦急、不自在的神气，容易发气的广平感动了……像广平一样脾气的别的干部也感动了……正是凭着这种才具，在急激颓丧的全体中，和珍成了干练的领袖……可今日！……唉！刘君……

鲁迅深受刺激，好几天不说话，不吃饭，不睡觉；吸烟，纵酒，终于病倒了，可就是不肯看医生。羡苏眼看他形容一天天枯槁，急得无法，只好去找正为校事奔波忙碌的广平，和她商量一同去劝他。

整整一夜，鲁迅木然，沉默，广平与羡苏反复申辩，唇焦舌燥，到曙色初露时，他好像有些心动了，总算把意思转过来了，答应好好地把病医好。

"好！我就去请山本医生……"羡苏急迫地说，她知道山本只熟悉八道湾，从未来过西三条，而鲁迅是最不愿意麻烦别人的。

他果然被激，连忙说："算了吧，还不如我自己去……"

他果然去山本医院看了病。

17

可广平无论如何还是不大放心，脑子里始终翻腾着羡苏所说的鲁迅因悲观而想自杀的话，忧虑着那两柄不吉利的短刀。

有一天，她忽然独自闯入"老虎尾巴"，在鲁迅惊异的目光下，顽皮地搜索起来。

"干什么呀？"他问。

"不干什么呀！"她答。

"不干什么怎么还在干什么呀？"

"与其老问干什么，不如好好站在那儿，看别人究竟干些什么。"

鲁迅规规矩矩地点了点头。

"这是什么？"广平激动得大叫，她从床褥下搜出了一把短刀。

"哦！原来兄长要抓的是这些'什么'！"鲁迅指着这柄比较短、两边有刃、装有黄漆短柄与木套的刀介绍，"这是在日本留学，觉得样子有趣，买来的……"

"是很有趣！"广平的脸上浮现出一种嘲讽的微笑，耐心地继续搜索，从书架上又寻出一把较长的匕首来，"这把更有趣吧？"她已是一脸的怒气。

"这把么？"鲁迅忙不迭地解释，"是在仙台的邻居，一位日本老武士送的……平时我用来裁纸……"

广平仔细端详这柄用来裁纸的匕首，木质刀鞘外横封着两道像指环一般的白色皮纸——刀鞘不用整块的木头，而是两片合成，并且不用金属钉子或钢圈使其更为坚固，只是靠两道薄薄的皮纸封成整个的刀鞘。为何如此？广平的心一下绷紧了，她想起了孙伏园转述的鲁迅的解释——这是希望它不坚固，所以只用两道皮纸；有仇人相见，不及拔刀，只要带了刀鞘刺去，刀鞘自然分为两半飞开，任务就完成了……

"是用来裁纸的……"可怜的鲁迅还在诚恳地解释。

"我不管，统统缴械！"广平将两柄匕首紧紧地抓在手中。

鲁迅笑了笑，也就算完事。

很久以后，他曾向她解释："刀是防外来不测的，哪里是要自杀。"

她用羡苏的话反问他。

他大笑起来，说："你真是个傻孩子！"

18

"三一八"惨案后，北洋军阀政府想斩草除根，一网打尽、拟定了一个通缉五十人的黑名单，其中就有鲁迅。

为了避难，他从家中出走，先后暂栖于什锦坊街九十六号莽原社、石驸马大街山本医院、东交民巷德国医院和法国医院，待搜查的风声渐渐沉寂，才在5月底返回家中。

这时，一同被通缉的老朋友林语堂，已南下往厦门大学任文学系主任兼国学院秘书，并向厦大校长林文庆推荐了鲁迅；而许广平也马上面临着毕业以及毕业后的选择，有位熟人已经想推荐她回母校广东女子师范学校去教书了。

人生的十字路口严峻地摆在这对恋人的面前。

两人推心置腹地谈了很久，披肝沥胆地交换着彼此的意见——

鲁迅的语调缓慢而深沉："北京如此黑暗，肯定还会不死不活地拖下去，换一个地方去教书也好。但教书的事，绝不可以作为终生事业来看待，因为社会不合理，政治太污糟，作短期的喘息一下的打算则可，长此下去，自己也忍受不住。最好一面教书，一面静静地工作，准备下一步的行动，这样筹划也许较为得计吧？"

广平的答复刚勇而明快："对！大家好好给社会服务两年，一方面为事业，一方面也为自己生活积聚一点必需的钱，两年之后再见面。"

"积聚一点钱……两年之后……"鲁迅喃喃地重复着广平一往情深的相约。

这是一颗大爱之心对另一颗大爱之心的深切感应，他俩是极虔诚、极认真地对待爱情的，彼此不约而同地想到以后共同生活所需的钱，就是一个明证——他们不想重复涓生与子君的悲剧，使纯洁的爱为"面包问题"而生变，以致彻底失去物质的营卫而变得枯萎苍白；从一开头，他俩就想永葆爱的无限生命力，他俩就承担了对彼此崇高的责任……

如寒夜生明月，鲁迅的暗黑心境浴于清辉之中，于是欢欣鼓舞地写信给友人："……酒也想喝的，可是不能。因为我近来忽然还想活下去了。为什么呢？说起来或者有些可笑，一是世上还有几个人希望我活下去；二是自己还要发点议论，印点关于文学的书……我近来的思想，倒比先前乐观些，并不怎样颓唐……"

19

又是一年夏云飞！

在这生命最繁荣的季节里，校园里的树木，脱尽幼稚，长成巨株，硕大的树冠，贡献出一片又一片的浓荫，默默地报答着大地母亲养育的深恩。

国文系毕业班的姑娘也成熟了——几年的洪波巨澜，卷走了柔与弱，铸就了刚与烈，好像是经了江河波涛的洗礼的水手，再也不会害怕大海那滔天的白浪了。

同时，深深怅惘之情也在姑娘们心中弥漫：被章士钊、杨荫榆们"毁灭"了的女师大，是经师长们的仗义执言、奔波努力才得以恢复，开除的同学得以恢复学籍，该毕业的同学得以毕业，而马幼渔先生、沈士远先生、沈尹默先生、沈兼士先生、许寿裳先生、周树人先生、周作人先生等师长的人格学问，都使人永志难忘。可是一旦毕业，彼此山遥水阔，再想请教谈何容易，思之使人感慨无穷。

为了聊表敬意，许广平、陆晶清、吕云章商量，请各位师长到饭店午餐。请帖由广平执笔——

××先生函丈：程门

　　立雪，承训多时。幸循循之有方，愧驽钝之难教。而乃年届结束，南北东西，虽尺素之能通，或请益而不易。言念

224

及此，不禁神伤，吾师倘能赦兹愚鲁，使生等得备薄馔，于月十三日午十二时假西长安街××饭店一叙，俾罄愚诚，不胜厚幸！

　　肃请

　　钧安

　　　　　　　　　　　　　　　　陆晶清
　　　　　　　　　　　　学生　许广平　谨启
　　　　　　　　　　　　　　　　吕云章

　　鲁迅接到请帖，欣然一笑。8月13日上午到女师大开完送别会，中午赴三位小姐的午餐之招，同座的有许寿裳等五位先生。

　　他决定回请她们，请帖虽模拟广平原函，却别有一番匠心——

景宋①"女士"学席：程门

　　飞雪，贻误多时。愧循循之无方，幸骏才之易教。而乃年届结束，南北东西，虽尺索之能通，或下问之不易。言念及此，不禁泪下四条。吾生倘能赦兹愚劣，使师得备薄馔，于月十六日十二时，假宫门口西三条胡同二十一号周宅一叙，俾罄愚诚，不胜厚幸！

　　顺颂

　　时绥

　　　　　　　　　　　　　　师　鲁迅　谨订
　　　　　　　　　　　　　　八月十五日早

　　读至"泪下四条"，广平一下想起了鲁迅平时对女人哭泣的

---

① 许广平的自号。

奚落，扑哧一声笑出声来，感受到了一种难以言传的微妙的温情。

16日的午餐，充满了家庭气氛——不知是主人的疏忽还是特意安排，没有一位其他的来宾，只有一位男先生和三位女学生，亲切地边吃边交谈，度过了一个愉快的中午。

陆晶清与吕云章先走了一步，剩下鲁、许二人，又低声絮语了好一阵才离开桌子。

鲁迅伴着广平走出北屋。

院中的丁香，开出了淡紫的小花，两人驻足，在郁郁的花香中沉默了好一阵。

然后吱呀一声，鲁迅打开了院门，广平挨着他的肩，两人一齐往外走⋯⋯

这一切，都被厨房里的朱安看得清清楚楚。本来，家里长年累月，有许多的男女青年进进出出，她早就见惯了。只是从去年开始，她察觉到鲁迅与这个女学生间的关系，好像有些特别；到了今年，苗头好像越来越明显，特别是近期；刚才，一种不祥的念头在她的心中越来越强烈了⋯⋯

她的眼中又出现了那只蜗牛，它一点一点往上爬，爬得好艰难呀！她甚至听见了它呼哧呼哧的喘息声⋯⋯

20

1926年8月26日下午4点25分，前门车站，列车开始徐徐启动，哐啷哐啷之声高了起来。

鲁迅与广平倚在车窗口，向前来送别的十多位友人挥手告别。

"他会把她带到厦门的⋯⋯"送别者中有人互相嘀咕。

但他们根本听不见，列车一奔出车站，穿浅蓝色竹布长衫

226

的瘦削的鲁迅，与穿绣花衫的广平相视一笑，然后不约而同地朝向车窗外，喜悦地眺望着在8月的阳光下无边无际地展开的大平原……

沿津浦路南下，30日抵上海。

两人由此分手：广平留在上海亲戚家，然后买点东西，由海路回广州做女师校的训育主任；而鲁迅在9月2日乘船离开上海，航向厦门……

第十一章　海边的"傻孩子"

> 总而言之，就是这样，莫名其妙，置首于一人之足下，甘心十倍于戴王冠，久矣夫，已非一日矣……
>
> ——鲁迅
>
> 傻子独立电灯下默着干吗？该打，不好好读书，做事！
>
> ——许广平

1

"新宁"号响亮的汽笛声，冲破薄薄的晨雾，回荡在水天溶溶的吴淞口上空。

广平！我立在船舷边，只见舷外的长江口越来越宽阔，开初还能看到陆地那一抹温柔的蔚蓝色，到后来，就悄悄地隐去了；先前我还能看到一些海鸥，不歇翅地向江岸奋飞，现在，它们倦了，低低地掠过水面，觅到一两段漂浮的树枝，就赶紧落下，喘息喘息——这些，你也看见了吧？

前面，天海尽处，横着长长的一道黄，长长的一道绿——那就是长江与东海的汇流处！

我分明听见了江与海那壮阔胸怀热烈拥抱时的巨大的喘息

声，我情不自禁地调过头，往我船后的江面望去——

那儿，不远不近地走着另一只船，我疑心就是你所乘的"广大"号，算起来它早晨比"新宁"号要晚一小时十分开吧？

广平兄，不知你在船中，可看见前面有一只船吗？如果看见了，那么，我的猜想便不错了……

2

我亲爱的先生！我在给你写信，我想，有机会想什么，就写什么，管他多少，待到岸时就投到邮筒，临行之前约定的写信时间，我或者不能遵守，要反抗……

"广大"一出长江口，我发现海水由黄变绿了，浅浅的碧色，泛出雪白的波浪，好看极了。多年被囚困在沙漠一样的北平的我，忍不住一阵惊喜。想来你也看见了的，你也高兴吧？

船上的工友举行了两次集会，表示对北伐军的拥护，那种朝气是我们在北方简直想象不到的。我欢喜地参加了，还做了讲演呢，把北平社会的黑暗大骂了一通，你看你看，害马船上也要撒野！

4日下午，船经过厦门。我早早地走出船舱，倚着右舷，凝神远眺，只见茫茫的一色水天，厦门在哪里？！

"其室则迩，其人甚远①……"我低声吟哦起来，思念远人，未得见之，哀怨浸渍着我的心，使我生出一缕缕的怅惘，一缕缕的愁思来。

我想起上船前在上海吃饭，你没有买菜，就吃虾仁蛋炒饭送酒。你如此省，使我多难过，自然约束自己，逛了几家大公司，买了一双黑皮鞋，只三元，又买六大本信纸，一元，另外又买了

———————

① 语出《诗经·郑风·东门之墠》。迩，近。

229

一些应用小物，实在不敢多买，也不愿多买……

"……其人甚远……"我久久地默着那一"远"字，猛然想起，应该打听打听从厦门到广州的航船，于是赶紧去觅船上的知情者。

原来从厦门到广州的船……有一班从厦门至香港，由港再搭火车（没有船）至广东，但坐火车中途要自己走一站，不方便，而且如果由广州至港，更须照相找铺保准一星期回，否则向铺保索人，此路"行不得也哥哥"。有一班从厦门至汕头，我想这条路较好，由汕至广州，不是敌地，没有检查，省许多麻烦。这是船中所闻，先告诉你，免忘记，供你以后参考。

3

风平浪静，4日午后，"新宁"号平稳地驶入了厦门港。

上岸，我一问路，答者都是格里咣唧的福建话，一个字也听不懂，只好给语堂打电话。

他马上就来接。因为厦大的教员住宅还未修好，只得安排在一间很大的三层楼上的房间，上下虽不便，眺望却佳。

这里背山面海，风景不坏。白天很暖，大约有八十七八华氏度，夜里却很凉。四面几无人家，离市区约有十里，要静养倒是相宜的。普通的东西，也不容易买，到了数日，我才觅到最近的一家店铺，只卖点罐头食物和糕饼之类。掌柜的是一个女人，看年纪大约可以长一辈吧。而与你我关联最紧的邮局，极懒，居然星期六下午和星期日都不办事。

学校开课要到20日，所以还有几天清闲的日子。

我所居的楼，日夜被海风呼呼吹着，不远的海滨沙滩上，各色贝壳闪着星星点点的光。刚到的第二天下午，我就去拾了一大掬，置于案头，像一只只白色的耳朵，默听着海的不停息的涛声。

有同事热心地告诉我：山光海气，春秋早暮都不相同；还指给各样的石头看：这块像老虎，那块像癞蛤蟆，那一块又像什么什么……我总觉不大像——对于自然美，只好自恨太不敏感，所以即使面对如此美景，也不甚感动。

但郑成功的遗迹却使我激动了好几天。

离住处不远的小山上，有一道高高低低的城墙，吹不断的海风剥蚀了墙砖，像一条长着灰色斑点的大蟒，静静地伏在离离荒草之中。

人们告我，这就是郑成功筑的。我心中又悲又喜，忍不住又把这寂寞的城墙，呆看了许久。

但一些传言却驱走了我的喜，加重了我的悲：有人挖过这城墙脚下的沙，盗运到对面的鼓浪屿去，卖给不知是谁，快要危及城基了。

传言变成了真实：有一天一大早，我望见海面上，有许多小船，吃水很重，张着满帆，向鼓浪屿急驶。

"早！——卖沙的同胞……"我苦笑着叹息道。

4

5日下午，"广大"轮锚停在广州城外车歪炮台的江面上，准备换乘小艇靠岸。

你看！三十多个人，一百多件货物，全塞在一只小船上。近岸时，珠江翻着一团团的漩涡，船夫一时大意，船身往左一倾，浊黄的江水呼的一声盖上船来，他立脚不稳，啪的一声，坠入水中。

幸好船上大多是我们广东老乡，大概是在珠江和南海上经的风浪多了吧？竟然十分镇静，不约而同地往右压，将船放平；船夫挣扎着攀上船头，更使出吃奶的力气来挽救；所以待水上警察赶来时，全船已平安无事了。你不必过虑！

上岸后，8日下午，我搬入了学校中。这个学校全名叫广东省立女子师范学校，校长是廖仲恺的妹妹廖冰筠，学校请我做训育主任，兼任舍监。

我的卧室在楼上，从前是一间大缝纫室。现在被隔为三个小间；有窗户、光线好的前后两间，已为别人占去；我只得住中间的那间，狭而暗，连个窗户都没有。

就在这四面"碰壁"之处，你的HM①要给你写信，她要报告这几日的历险与见闻……

5

窗外是一片漆黑，在这片漆黑后面，有隐隐约约的光在闪闪烁烁——那大概就是夜的海在使劲地眨困乏的眼吧？

我倚着窗，望了许久许久，也想了许久许久。

厦大开学定在9月20日，学校安排我教的功课，大约每周有六小时，其中有两小时小说史，因有现成的《中国小说史略》，所以无须准备；两小时专书研究，须准备；两小时中国文学史，须编讲义。看看厦大旧存的讲义，我觉得好像随便讲讲就很够了，但我还想认真一点，争取能编成一本较好的文学史。

现在离开学还有几天，马上就要忙起来了。但就在这开学的前几天内，我又觉得太闲，太静，很有些无聊，所以倒希望从速开学——开学一从速，与你的合同年限的满期，也自然从速了！

广平！窗外的漆黑越来越浓，吞没了海面上的点点光斑，到了后半夜，飓风袭来，挟来了骇人的滔天涛声，轰隆隆地从楼顶

---

① "害马"读音的首字母缩写。

上滚过。

我早晨起来一看，只破了一扇外层的百叶窗；可语堂的住宅却苦了，房顶吹破，门也吹破，粗如笔杆的铜闩也都挤弯了；学校近旁的海边则漂来不少东西，有桌子，有枕头，还有死尸，可见别处还翻了船或淹没了房屋。

报纸一载，你会担心吧？一忧虑到此，我赶紧找出一张明信片来。

你看，这片子上有厦门大学的全景，前面是海，对面是鼓浪屿，最右边是生物学院与国学院。我在我自己住所的三层楼上画了一个"井"字符号，并给你标明昨夜的风情。

明信片寄出，14号上午，我又溜达到邮政代办所去看看，你的两封来信，居然静卧在柜台上——原来是绿衣人太懒，不及时投送。

我高兴极了，拆开，其中一封报告了小船历险记，看得我心一阵阵怦怦乱跳。它的倾侧，真太危险，幸而终于"马"已登陆，使我得以放心。我到厦时亦以小船搬入学校，浪也不小，但是我从小惯于坐小船，所以一点也没有什么。

现在有一些人，似乎很热心于窥测我们。在上海码头我上船时，是建人送我去的，并有客栈里的茶房。尚未上船之前，我们谈了许多话，谈到我的事时，据说伏园已经宣传过了（怎么这样地善于推测，连我也以为奇），所以上海的许多人，见我的一行组织，便多已了然，且深信伏园之说。建人说：这也很好，省得将来自己发表。你说呢？

6

我陷入了忙碌与烦恼之中。

9月13日起，女师开始上课。我所担任的训育主任，兼揽学监、舍监之职，还要纠正学风，宣传党义，十分烦琐。从早上8点到下午5点，都在办公室里，或在教室里查堂，晚饭后又要查学生自习，注意她们的起居饮食。此外，每周还要担任四个班的八小时的三民主义课。总之，无一时是自己的时间，弄得精疲力竭，应接不暇，有时连星期天也不得闲。

迅师！比这些更令人心烦的，是广州的政局，一方面民众为北伐胜利欢欣鼓舞，另一方面有人却在煽动分裂。省立女师的情况也不妙，学生分成三派：一部分倾向革命，一部分表示中立，而占优势的是"树的派"①——校学生会就操纵在此辈手中，头头叫李秀梅。苦了我，每天都要碰到她们那挑衅的目光。

心烦意乱，忙碌烦恼中，我朝夕做梦，望眼欲穿，终于盼来了那一张小小的明信片。

轻轻一抖，它发出悦耳的哗哗声，我赶紧将它摊在掌心，久久地凝视着——我只觉9月的橙黄色的阳光，温馨地挂在我的眼上……

飓风拔树，可否向林先生要求乔迁呢？

你的害马祝你快乐，不敢劝戒酒，但祈自爱节饮！

7

"一，二，三，四……"

我默默地数着，一直要数到九十六级，才算爬完了这长长的石阶，到了课堂门口；下了课又得一级一级地往下走，"一，二，三，四……"

广平兄！来回一百九十二级！这倒成了我在厦大的"必修课"了。

———————————

① "树的克"是英文手杖的音译，当时右派学生常用粗手杖殴打进步学生，所以称他们为"树的派"。

算起来，我给学生上的课还较少，原定每周六小时，因专书研究无人选修，所以就只剩下四小时。但课外的额外负担却相当重，要为学校季刊作文，要为国学院季刊作文，要指导研究员，要编中国文学史的讲义，还要指导编辑一种书目，范围颇大，如开手去做，两三年未必能完。

更使人气恼的是校长林文庆博士。此公在新加坡以行医致富，中国人却是入了英国籍的，基督徒却是信奉孔子的；包括福州话、厦门话和北京官话在内，能说十多种语言，在厦大逢会必讲演，每讲就用英语来颂扬孔子；悭吝而急于事功，我一到校，他便问履历，问著作，问计划，问年底可有何成绩发表，俨然是执鞭子的监工头。

开学后，我把《古小说钩沉》拿出来，对他说，我原来就辑好了古小说十本，只须略加整理；学校既然如此着急，月内便去付印就是了。

此后博士却无下文。没有稿子他催得凶，真有了稿子他又不准备真心印，这简直是开玩笑。

后来博士校长又要削减国学院的经费，语堂力争，他就又夸起海口来："只要你们有稿子拿来，学校立刻可以付印。"

语堂又劝我把稿子再拿出来，我于是又把稿子拿出来，放了最多十分钟，便又拿回去了。从此又无下文。于是我就把印《古小说钩沉》和《汉画像考》的计划，自动取消。

这里的同事，也多半语言无味，面目可憎：如国学院的一位教授，自称只佩服胡适与陈源两个人，而他荐来的同样人物，竟有七人之多。此辈的本事，不外是上讲堂装口吃，会场上哼昆曲，宿舍里开留声机，唱梅兰芳。另外，还有一副媚态，以九元一盒的糖果，恭送女教员的老洋教授；有和名美人结婚，三月复离的青年教授；有把异性当作要玩意儿，每年一定和一个人往来，先引之而终拒之的密斯先生；有打听糖果所在，群往吃之的无脸皮之徒。

广平！与这样的人物打交道，实在无聊，我唯一的方法就是少说话，关起门来，少应酬。偏偏这里的天气也像存心捣乱，9月底还像北京的夏末，小虫子多极了，最厉害的是蚂蚁，有大有小，无处不至，点心是放不过夜的。

广平！看你的职务，似乎如我一般繁重，住处却亦不见佳。这种四面"碰壁"的住所，北京没有，上海是有的，在厦门客店里也看见过，实在使人气闷。职务有定，除自己心知其意，善为处理外，更无他法；住室总该有一间较好才是，否则，恐怕要瘦下。

另外，我从昨日起，已停止吃青椒，而改为胡椒了，特此奉闻。

8

大概广州地近南海，故天空显得特别低，特别蓝，衬得刚从海中跃起的中秋月，特别新鲜，特别丰硕，特别的金黄灿烂。

迅师，可惜这样的好月，你的害马却无心细看——因为天上月圆，地上却有人一在海之东，一在天之南啊！

白天，我老是在回忆去年今日，自己老远地提着四盒月饼，跑到你家去喝酒的情形，月光下的西三条胡同，像条明晃晃的长长的小河，又在我的眼前淙淙地流淌起来……

我实在耐不住寂寞，下午跑回高第街家中，只见嫂子侄儿，冷冷清清的，哪像过节的样子。我一阵难过，又不忍心走开，拿出钱来，买了一些菜，大家合食。晚饭后又出街逛了一圈，给小孩子们买了几盏灯笼，又买了几样时鲜水果，拿回家大伙享用。

迅师！不知远远的东海边，同一轮明月下的那人怎样？中秋这天，你可玩了没有？食了什么异味没有？难得旅行到福建，住一天，最好勿白辜负一天，还是玩玩食食好。

闽粤间的邮政也太不令人满意了，我认为一两天的路程，通信邮期当然也差不多，甚至较多，须加倍，不过三四天了不得了，而乃五六、七八天，唉，这叫人从何说起？况又有时且又过之呢。

我亲爱的先生！你为什么希望"合同的年限早满"呢？你是感觉着诸多不习惯，又不懂话，起居饮食不便么？如果的确对身子不好，甚至有妨健康，则不如失约，辞去的好！然而，你不是要"去做工"吗？你这样的不安，怎么可以安心做工？！你有更好的方法解决没有？或者要我帮助的地方亦不妨通知，从长讨论。

你知道处处小心，不多吸烟、喝酒……这是乖弟弟，做老兄的放心了。

邮政代办所离学校有多远？天天走不累得慌吗？

9

我的确是天天都要亲自去一趟邮政代办所——此所太乱，信都堆成一团，有时送，有时不送，只要你去说要拿哪几封，便让你拿去，虽然冒领的事似乎还没有，但我总是放心不下，每天必去一次。

邮政代办所乱，国学院也不大妙：现代评论派得意非凡，林语堂的助理黄坚更是兴风作浪，有一天，我亲耳听见他在向语堂告密"××先生怎样不好"，就很看不起他，给他碰了一个钉子，他却想寻机报复。

我原来住的房子，现在要陈列物品了，必须搬家。

"周先生，学校请你尽快搬出此室！"黄坚一副公事公办的样子。

"搬至何处？黄先生总得指个地方吧？"我说。

"地方是有的……您快搬吧！……"

"此地又无客栈，不然的话，那倒是我辈可以快搬去的地方……现在真是无法可想了……"我的坏脾气上来了。

　　一碰硬，黄坚不坚了，指给了我一间房子，一看，空荡荡的，连起码的生活用具都没有，我自然还得去找他。

　　"东西是有的！"他得意起来，"只是要请周先生开账签名，办个小手续。"

　　对于这种故意的刁难，我大冒其火："黄先生，你大概很喜欢与别人为难吧？我不吃这一套！我是你们林先生请来教书的，不是来看你的脸色的——东西还是请你径直送来为妙……"

　　黄坚的小眼睛吓大了，忙不迭地跑去搬东西，该有的器具都弄来了，甚至还添了一只躺椅，甚至连厦大的总务长，都亲自前来监督搬运。你说怪不？

　　这个学校就是这么奇奇怪怪！我本想做点事，也不枉语堂邀请我一场，现在看来，恐怕不行了，能否到一年，也很难说。我应该把工作范围缩小，只图在短时间内，可以有点小成绩，不算来骗别人的钱。

　　至于我新搬的房，却比先前的静多了，房子颇大，是在楼上。前回的明信片上，不是有照相么？中间一共五座，其一是图书馆，我就住在那楼上，间壁是孙伏园与张颐（今天才到，也是北大教员），那一面本是钉书作场，现在还没有人。我的房有两个窗门，可以看见山。回信时我给你画幅示意图好了。

　　第二天是星期天，我又买了一些生活器具，同事一见，都露出会心的微笑。

　　广平！他们大概以为我在此要做长治久安之计了，殊不知其实不然。我仍然觉得无聊。我想，一个人要生活必须有生活费，人生劳劳，大只为此。但是，有生活而无"费"，固然痛苦；在此地则似乎有"费"而没有了生活，更使人没有趣味了。我也许敷衍不到一年。

238

这使我心绪不宁，懒懒地乱了一天，傍晚时想，大概夜间也不能静下心来编讲义吧？干脆玩一整天再说。

不怕你笑，我果然玩了一整天。

10

到校的第二个星期六，附小有一位先生辞职，她空出来的房间，校长叫我先搬去。

我赶紧实行。这是一间方形的楼房，间成"田"字，共住四人。先来的三人成众，总是大嘈大嚷，用煤油炉煮食，在我屋门口的过道上吃饭，梳洗，堆积锅盆碗盏，全无一点"师表"气象。我只好打定主意，现在不是学生时代了，忍着点，关起门来少交往不就成了。

我想让你看到我的新房间，在给你的信中，画了两幅示意图，说明四邻和屋内的布置。

学校的一些右派学生，总给我们教职员出难题。可我并不畏缩，觉得初在这里做事，要显身手，就不能辞辛劳，宁可做得好，自己辞去，也胜过做不好，被别人辞。

迅师！有件事叫我怎么说呢？——广东的衣着不似外省那么随便，女人们的衣着，两三个月换一个尺寸花头，高低大小，千变万化，偏偏学生又喜欢起外号，我只能入境随俗，将带回的寒酸衣服送嫂妹，自己重新做。

如是一般的姑娘，这当然是件乐事，而我却视为不得已的恶习，因为自己实在不是装饰家，总应从俭朴省约着眼——为未来的生活多积攒下一个子儿，我忘不了你的吃炒饭下酒……

迅师！你现在早睡、少吃烟、少吃茶，这是属于自然呢，还是强制？你日闲无聊，将何以解忧？你每天走百多级的石梯上下，而另一方面的人似历历在目，却咫尺天涯，真叫人徒唤奈何！

看你在厦大，学生少，又属草创，事多而趣少，饮食起居又不便，如何是好，菜淡不能加咸么？胡椒多食也不是办法，买罐头帮助不好吗？火腿总有地方买，不能做来吃吗？勿省钱要紧。

广东水果现时有阳桃，甚可口，厦门可有吗？这果五瓣，横断如星形，色黄绿。昨晚校长请吃饭，在大新公司，共有八九人，俱属同事，菜甚好，精致可口，可惜你没吃到。

我很感谢三先生约我为《新女性》写稿，我虽然忙，但是愿意有机会得以发表我的意思……可我的作品太幼稚未成熟，你有什么方法鼓舞我?!! 引导我？勿使我疏懒畏缩不前？

11

黑黑的一个老婆子，守着一大堆黄黄的香蕉，一见我，小眼睛中就异样地放出光彩来。

我伸出了五个指头。

"吉格浑①！" 她愉快地唱道。

我两手叉开，伸出了十个指头。

"能格浑！" 她照样愉快地唱道。

广平！你说，的确是要这么多呢，还是她欺负我是外江佬？管他的！反正你叫我多吃点营养品，反正我的钱也是从厦门骗来的，将"吉格浑""能格浑"浑给厦门人，也不打紧。于是我手提一大串黄澄澄的香蕉而归。

白糖我也买，但不能搁置。这里的蚂蚁可怕极了，小而红，无处没有。我现在只好将糖放在碗里，将碗放在贮水的盘中，但如偶然疏忽，就顷刻之间，满碗都是小蚂蚁。

点心也是这样：这里的点心很合我的胃口，但近来却不敢买

---

① 厦门话，"吉格浑"为一角钱，"能格浑"为两角钱。

了，买来之后，吃上几个，其余的竟无处安放，弄得常常是将一包点心与几百只蚂蚁，一同从楼上抛到草地里去。

学校的事也毫无头绪。我提出辞去研究教授的兼职，国学院却又将聘书送来，据说语堂因此一晚上都睡不着。我觉得对不起他，只得收下，将辞意取消。

在我看来，语堂对于国学院的建设，虽然很热心，但一无人才，二有校长的掣肘，希望是渺茫的。所以我希望自己赶紧做该做的事，此地实在不是久留之地。

广平兄！我之愿"合同早满"者，就是愿意年月过得快，快到民国十七年，可惜到此未及一月，却如过了一年了。其实此地对于我的身体，仿佛倒好，能吃能睡，便是证据，也许肥胖一点了罢。不过总有些无聊，有些不满足，仿佛缺了什么似的……

至于我到邮政代办所的路，大约有八十步，再行八十步，才到便所，所以我一天总要走三四回，因为我须去小解，而它就在中途，只要伸首一窥，毫不费事。天一黑，我就不到那里去了，就在楼下的草地了事。此地的生活法，就是如此散漫，真是闻所未闻。

听讲的学生倒多起来了，大概有许多是别科的。女生共五人。我决定目不斜视，而且将来永远如此，直到离开厦门，和HM相见。

10月4日，我收到了你画有住室图的那封信，细细看来，似乎比我的还要阔些，忍不住一阵大喜，我也学学你的办法，附上自己的住室示意图——你看，器具寥寥，皆以奋斗得来者也，所以只有半屋。

而这半屋器具中，自从有了火酒灯，我也就开始忙一点了，烧开水，煮罐头牛肉……一忙，无聊好像少了一些，钱却多花了一些，这不能不使我心痛起你的节俭来。

在上海时，我和建人因为吃不多，只叫了一碗虾仁炒饭，不料又惹出影响，至于不在先施公司多买东西，孩子之神经过敏，真令人无法可想。相距又远，鞭长不及马腹，也还是姑且记在账上罢①。

另外，你初做事，要努力工作，我当然不能说什么，但也须兼顾自己，不要"鞠躬尽瘁"才好。至于作文，我怎样鼓舞，引导呢？我说：大胆做来，先寄给我！好否我先看，即使不好，现在太远，不能打手心，只能记账了，这就可以放胆写来，无须畏缩了。称人"嫩弟"之罪，亦一并记在账上。

西三条有信来，都是平安的，煤已买，每吨至二十元……

12

人生究竟为什么？我除了忙之外，有工夫就遐想。有一天我查堂，看见黑板上仿佛有一行被抹得隐隐约约的粉笔字："人生怎样都是痛苦！能解决此问题请食……"末尾署名"巫琪仁"（无其人）。我看了很好笑，但仔细一想，写来似滑稽，实际上也无法解答呀！

从前是气冲斗牛的害马的我，现在变成童养媳一般，逢学生都是婆婆小姑，都要看她们脸色做事，如此哪有自我的个性的原来面目呢？

然而转念一想，社会就是这样，我从前太任性了。现在正应学学经验，练练脾气，磨炼多些，将我的锋芒销尽，那时是变纯钢还是变粗坯，请你监视我好了。

---

① 曹聚仁《鲁迅与我》云：鲁迅在《两地书》中，也有绵绵情话，也有"岂谓虽鞭之长，不及马腹乎？"这样的妙句，我知道有人是不让我把它写出来的。我对鲁迅说："我相信你并不要希圣希贤，你是一个智者。你是尼采！"鲁迅先生说："真的孔夫子，他是富有人情味的，孟夫子就不同了。"他是创作《孔乙己》的人。

我的住室并不阔，按平常步子，纵五步，横六步，桌椅是各处破烂的凑合得来。最苦的是那三家邻居，总是叫嚣嘈吵，有时我晚上稍稍早睡（10时），一合眼皮，又被她们吵醒了。

校中琐事太困身，一点自己的时间都不多，可以说是卖给它了。身价多少？你猜，月薪名义上是一百八十元，实际上只能领到三四成，还要从中扣去公债票、国库券、北伐慰劳捐、学校建筑捐……但是妹侄多人，猜测我谋到的事情甚好，我本答应供给他们读书费，只因款未到未给，就早晚在我身边喋喋不休，真叫人难堪。人生何苦？现时我帮他们好像是天经地义、责无旁贷，可昔日又有谁天经地义、责无旁贷地将我当成一个自家人呢？

总之，各方牵制，事多薪少，牺牲是不值的，如此看来，顶多敷衍一学期，现时我也留意别的机会。

厦大情形，闻之令人气短，但以后何以对付呢？如该处不能久居，乔迁何处呢？广州似乎还不至如此办学无状，你也有熟人，愿意来此间尝试吗？

香蕉、柚子都是不易消化的东西，在北京就有人不愿你多食，难道在厦门就不妨事么？你对我讲的，我都给予打击，不至于引起你秘而不宣的情形么？近来你好像要沉静一些，这是真的，还是为防止孩子的神经过敏而发的？

防止蚂蚁，一种方法是在放食物的器具周围，用石灰粉画一圈即可避免，石灰又去潮，对于怕潮之物可采用。还有一种方法，空瓦罐，里面不放东西，将食物柜的柜足放进去，外面再用较大的罐子盛水围之，这样木柜足不至日久被水浸坏，水较石灰更易找到，并且防蚁效果比石灰更好。

学生欢迎你，自然增加你的兴趣，处处培植些好的禾苗，以喂养大众，救济大众吧。这是精神上的愉快，不虚负此一行。在许多南方人中，插入一个北方人的你，而他们却不以南北之分歧视你，反而尊重你，这是多么令人"闻之喜而不寐"呢！话虽如此，却不要因此拼命做工，能自爱才能爱人。

至于"目不斜视"之说，特别"孩子气"十足。"斜视"有什么要紧，你的习惯倒不是"斜视"，我想，兴许是冷不提防的一瞪吧！这样，欢迎那一瞪、赏识那一瞪的人，必定自己也是能瞪的人，如其有，又何妨？记得有人发表过一套伟论，说是人人都应该提高自己的程度，对于一切，都像对待鲜花美画一般，愿公之于众，私有之念自然消亡，可惜世人未能领略这种思想，你何妨体验一下。

牛皮账你可以尽量记下来，我也正预备着，将来对账之时，两数相销，如有所余，只有凭力取，或凭智胜了，现时未可分谁正谁负也。

迅师！本来你在厦就叫人想到不合适于你，但是现在你有什么办法呢？信是那么邮达不便，你的情形已经尽情地说出来了没有呢？

愿你有"聊"！

13

我的情形，并未因为怕害马神经过敏而隐瞒，大约一受刺激，便心烦，事情过后，即平安些。

其实在此地，很有一班人把我当成大名士看，学生个个认得我，记者之类也有来访，本地报上有一篇访问记，说我没有一点架子，也没有一点派头，也没有一点客气，衣服也随便，铺盖也随便，说话也不装腔作势，没有这里外国博士教员的俨然模样。他们或希望我提倡白话，和旧社会大闹一通，或希望我编周刊，鼓吹本地新文艺。

这与在北京的提心吊胆一比，当然平安得多，只要自己的心静一静，也未尝不可暂时安住。但因为无人可谈，所以将牢骚都对你发了，你不要以为我在这里苦得很。其实也不然的。身体大概比在北京还要好点。

无论怎么打击，我也不至于"秘而不宣"，而且也被打击而无怨。现在柚子是不吃已有四五天了，因为我觉得不大消化。香蕉却还吃，先前是一吃便要肚痛的，在这里却不，而对于便秘，反似有好处，所以想暂不停止它，而且每天至多也不过四五个。

我的能睡，是出于自然的，此地虽然不乏琐事，但究竟没有北京的忙，如校对等事，在此就没有。酒是自己不想喝，我在北京，太高兴和太愤懑时就喝酒，这里虽仍不免有小刺激，然而不至于"大"，所以无须喝了，况且我本来没有瘾。不知怎么回事，烟也少抽了，大约因为编讲义，只须调查、不须思索的原因吧？但近几天可又多吸了一点，因为连作了四篇《旧事重提》①。东西还有两篇便完，下月再作吧，现在还是编讲义。

这里近来凉起来了，可穿夹衫，据说冬天比现在冷得不多，但草却很有一些黄的了。防蚊已见成效，我用的是一盘贮水，上加一杯，杯上放一箱，内贮食物，蚂蚁倒也无法飞渡。

学生方面对我还是好的，他们想出一种文艺刊物，我已为之看稿，大抵尚幼稚，然而初学的人，也只能如此，或者下月就要印出来。至于工作，我不至于拼命，我实在懒得多了，时常闲着玩，不做事。

我看你的职务太繁剧了，薪水又这么不可靠，衣服又须如此变化，你够用么？我想一个人也许应该做点事，但也无须乎劳而无功。天天看学生的脸色办事，于人我都无益，你说寻别

①　后改名为《朝花夕拾》。

的事情并不难，既然这样，那么何必一定要等到学期之末呢？忙自然不妨，但倘若连自己休息的时间都没有，那可是值不得的。

关于讲堂上我的眼睛的方向问题，斜视尚不敢，何况"瞪"乎？至于有人的"人人应该提高自己程度，灭绝私念"的伟论，我也很佩服，我若作文，也许会这样说的。但事实怕很难，我若有公之于众的东西，那是自己所不要的，否则不愿意。以己之心，度人之心，知道私有之念的消除，大约当在二十五世纪，所以决计从此不瞪了。

给你寄来一包书，都是零零碎碎的期刊之类，历来积下，现一齐寄出。其中的一本《域外小说集》，是北新书局新近寄来的，夏天你要，我托他们去买，回话说北京没有，这回大约是碰见了，所以寄来的吧，但不大干净，也许是很久不印，没有新书的原因。现在你不教国文了，已没有用，但他们既然寄来，也就一并寄上，自己不要，可以给人的。

我已将《华盖集续编》编好，寄去付印了。还收到了朱家骅①电报，是给兼士②、语堂和我的，说中山大学叫我们去指示一切。兼士急于回京，语堂是不见得去的。我本来大可以借此走一遭，然而上课不到一月，便请假两三星期，又未免难于启口，所以十之九是不能去了，这实是可惜，倘在年底，就好了。

这里的学校当局，虽出重资聘请教员，而未免视教员如变把戏者，要他赤手空拳，显出本领来。比如这次开展览会，我就吃苦不少：

开会前，兼士要我的碑碣拓片去陈列，我答应了。但我只有

---

① 朱家骅，北大教授，1926年3月，与鲁迅同被列入段祺瑞政府通缉名单，后南下任中山大学校长等职，官至国民党中央党部组织部长。

② 沈兼士，鲁迅友人，与鲁迅在日本同听章太炎讲学。1926年任厦大国学系教授，国学研究院主任，后回北京。

一张小书桌和小方桌，不够用，只得摊在地上，一一选出。

等拿到会场去时，除孙伏园自告奋勇，同去陈列之外，就没有第二人帮忙了。找校役也找不到，只得二人陈列，高处必须桌上放一张椅子，由我站上去。

弄到中途，黄坚硬把孙伏园叫去了，因为他是语堂的助理，有叫孙伏园去的权力。兼士看不过去，便自来帮我，他喝了一点酒，跳上跳下，晚上便大吐了一通。

黄坚的位置，正如明朝的太监，可以依靠权势，胡作非为，而受害的不是他，是学校，他还对同事下上谕式的条子，引起同事的同盟罢工了。语堂信用此人，可谓昏极。

我前回辞国学院研究教授而又终止，是恐怕兼士、语堂为难，现在看来，总非坚决辞去兼职不可，人也何苦因为太为别人计，而自轻自辱至此呢！

14

我亲爱的先生！朱家骅既然电约你来，我甚喜欢，你何妨来呢，不须别人的荐引而有这样的机会，不是可喜的吗？我想你不妨来中大筹备几天，再回厦教完这半年，待这边开学再来。广州虽说复杂，但思想也较自由，可发展的机会多，现代评论派此处是禁止的，所以不妨来。然而你因"难于启口"就不好意思来吗？未免太孩子气了。

我的职务，实在是不堪忍受，我自然在设法，但聘书写的是一学期，只好勉强去做。我有时受一些小刺激，就想向你发牢骚，不过你不要往心里去，我一会儿就会心平气和的。

苦的却是家庭：四个侄的读书费，寡嫂的伙食费，我都要略为帮助；小妹又催要读书，她住在我的另一个妹妹处，常受些冷言闲语，我又不能不顾；另一个久未通信的兄弟，忽然从上海来，说是谋事未就，要我给钱做盘川找事。另外，远亲近戚，都跑到学校，硬要借贷，叫我颜面不堪，苦恼透了。

他们以为我发了大财，其实我磨命磨到寝食不安，不过月得三十余元，他们硬说我二三百元的事，何尝相信这底细。

不过，我也不会那么傻，用款自然量入为出，也不至于不够。我没有开口，你不要以给三先生寄钱的方法对待我，因为开销一大，表面一阔绰，更难增我应付困难环境的能力，你晓得吗？我很后悔不到汕头去，那里离开这些，接近那些，也省好多耳目是非。

迅师！人是这么苦，好像总没有比较满意的。自然我也晓得，乐园是在天国，人是无法得到满足的，然而我们的境遇，像你到厦门、我到广州所经历的，都算例外吧！人总是想向荆棘丛中寻出一条坦途，但是永远没有坦途能够存在，因为荆棘的量实在挤满了路途的空间，却没有留下一条间隙……

三先生要的文章已偷空凑成，可以过得去就请转给他，否则尽可中饱私囊！

15

据我看来，大文是可以用的。但其中的句法有不妥之处，这是小姐的老毛病，其病根在于粗心，写完之后，大约自己也未必再看一遍。过一两天，改正了寄去吧。

请放心，我不得许可，不见得用对付三先生之法。但据我想，你自己恐怕是未必会开口的，真是无法可想。这样食少事繁的生活，怎么持久？但既然决心做一学期，做做也好，不过万不要拼命。人自然要办"公"，然而总须大家都办，倘人们偷懒，而只有几个人拼命，未免太不"公"了，就该适可而止，可以省下的路少走几趟，可以不管的事少做几件。这并非昧了良心，自己也是国民之一，应该爱惜的，谁也没有要求独独几个人应该做得劳苦而死的权利。

这几年来，我常想给别人出一点力，所以在北京时，拼命地做，不吃饭，不睡觉，吃了药校对、作文。谁料结出来的，都是苦果子。不必说一群人将我做广告自利，就是小小的《莽原》，我一走也就闹架。长虹因为他们压下了培良①的剧本，就找我理论，而他们则时时来信，说没有稿子，催我作文。我才知道，牺牲一部分给人，是不够的，总非将你消磨完结，不肯放手。我实在有些愤怒了，想至二十四期止，便将《莽原》停刊，没有了刊物，看他们再争夺什么。

我早已有点想到，亲戚本家，这回要认识你了，不但认识，还要要求帮忙，帮忙之后，还要大不满足，而且怨恨，因为他们以为你收入甚多，即使竭力地帮了，也等于不帮。

而将来你如果偶需他们帮助时，便都退开，因为他们没有得过你的帮助，或者还要落井下石，这是对于先前吝啬的惩罚。

这种情形，我都曾一一尝过，现在你似乎也正在开始尝着这况味。这很使人苦恼，不平，但尝尝也好，因为更可以知道所谓亲戚本家是怎么一回事，知道世事就更真切了。假如永远是在同一境遇上，不忽而穷，忽而有点收入，看世事就不能有这么多变化。

可是这状态又千万永续不得的，经验若干时之后，便须斩钉截铁地将他们撇开，否则，即使将自己全部牺牲了，他们也仍不满足，而且你也仍不能得救。

至于我的工作，其实也并不多，闲工夫尽有，但我总不做什么事，拿本无聊的书，玩玩的时候多。假如连编三四个钟

---

① 向培良，狂飙社主要成员，鲁迅曾为他选编并介绍出版小说集《飘渺的梦及其他》。鲁迅南下后，二人关系趋于断绝。

点的讲义，就觉得影响睡眠，不易睡着，所以我讲义也编得很慢，而且少爷们来催我做文章时，大多置之不理。做事没有上半年那么急进了，这似乎是退步，但从另一方面看，倒是进步也难说呢。

中大我当然有非马上去不可之心——虽然并不全为公事。但是，许多牵扯也实在太厉害，如走开三礼拜后，我所任的事搁下太多，假若此后一一补做，就工作太重，假若不补，就有占便宜的嫌疑。假如长期在这里，自然可以慢慢地补做，不成问题，但我又并非长久之计，何况语堂还有苦处呢。

下学期，上海、北京，我都不去，倘无别处可去，就仍在这里混半年。现在的去留，专在我自己，外界的鬼祟，一时还攻我不倒。我很想吃阳桃，之所以熬着，为己，只有一个经济问题，为人，就只怕我一走，语堂要立刻被攻击，所以有些彷徨。人就能被这样的小问题所牵制，实在可叹啊！

我所住的这么一座大洋楼上，到了晚上，就只有三个人，一个是北大来的张颐教授，一个是孙伏园，另一个就是我。张先生因为不方便，住到他朋友那里去了，这几天伏园也到广州去了，所以现在就只有我一人。

但我却可以静坐着默念HM，所以精神上并不感到寂寞。年假之期又已渐近，于是就比先前沉静了。我自己计算，到此刚五十天，而恰如过了半年。

这不只是我一人的感觉，连兼士们也这样说，生活的单调就可想而知了。原来我以为北京污浊，别处可能会好些，等到了厦门，才知这不过是妄想罢了，大沟不干净，小沟就干净么？

楼下，后面，有一片花圃，用带刺的铁丝拦着。我因为想看它有多大的阻拦力，前几天跳了一回试试。跳倒跳过了，但那刺果然有效，刺了我两处小伤，一在大腿上，一在膝盖旁，不过并不深，至多不过一分。这是下午的事，晚上就痊愈了，一点没有什么。

恐怕这事将要受到训斥吧？但这是因为预先知道没有什么危险，所以才试试。假如觉得有危险，我就会很谨慎的。

16

你能静坐默念○○吗？告诉你，她也喜欢默念书，时间呢？多半是睡不着和早上醒来之时！

近来她默念着，脑海中浮现出那一幅图画：在带刺的铁丝栏上，有一个小孩子跳来跳去，即便怕他跌伤，见着的人也没有不喜欢这种活泼劲的。

如果这也要"训斥"，那么就根本违背教育原理了。儿童天性好动，引入正轨则可，故意压抑则不可，她是办教育的，主张如此。

你以前实在太傻，就不知道个人娱乐，一天劳精耗神地为少爷们做当差，现时知道觉悟，这是你的好处。

你说"做事没有上半年那么急进"，也许是进步，但何以上半年还要急进呢，是因为有人和你淘气吗？请你不要以别人为中心，以自己为定夺①。

我校右派学生召集大会，手续时间都不合法，我开始限制她们，并设法引导别的学生起来反对。这以后或者要引起风潮吧？好的方面可以从此把右派分子打倒，否则我将离去。总之有文章了，马又到省立女师害群了，可惜只有一匹在这里，没有助手，哈哈！

我身体好，近来每饭三碗，因为有群可害，心中高兴，不觉多食些。现在背后有国民政府，自己又有权有势，处置一些反动

---

① 此段中的"有人"和"别人"都是广平的自况。

学生，实在易如反掌，猫和耗子玩，终究是要吞下去的，你可知我的得意了。

但这么一来。多数学生必以为我偏袒一方，加之我的地位又是训育，直接禁罚她们，所以成了众矢之的。

她们从前见我十分客气，表示欢笑，现在或勉强招呼，或装作不见，或怒目而视。总之师生感情破裂，难以维持了。

因此，这学潮一日不完，我自然硬干不去，但一完了，我立即走——如果那时汕头还请我去，就到汕头，否则另找事做。

对于亲戚本家，我早已感觉到像你说的那种情形，所以在北京时，我就对你说过，回广东做事不好对付。但我现在不怕他们，我量力而行，他们如硬来，我就决然不理。

不过有时他们并不硬，可怜凄惨，令人心痛，而我的哥哥听说似乎死于别人的圈套，见着寡嫂幼侄，我心中就难过。

所以我有时想不理他们，有时又想努力帮助他们，为哥哥出一口气给仇人看。两种心情冲突，在现时，实在叫我难以决断。

17

依我看，你校的事也只能这么办，对于此事，我并不怎样放在心里，因为这一回的战斗，情形已和对杨荫榆不同了。

我这几天，忽而对到广州教书的事，很有些踌躇了，觉得情形将和在北京时相同。厦大当然难以久留，此外也无处可去，实在有些焦躁。

其实，我还敢于站在前线上，但如发现称为"同道"的，暗中将我作傀儡，或者背后枪击我，却比被敌人所伤更悲哀。长虹们的架还没有闹完，听说北新书局也并不能将约定的钱照数给家里，但家用却并没有不足。我的生命，被他们乘机零碎取去的，我觉得已经很不少，此后颇想不蹈这覆辙了。

突又发起牢骚来，这回的牢骚似乎日子发得长一点，已经有两三天了，但我想明后天就要平复了，不要紧的。

夜深了，遥闻梆声，已经是五更了。这是学校本月添设的新政，更夫也不止一人。我的心沉下去，静听出各人的打法是不同的。打更的声调也有派别，这是我先前所不知道的，其中最分明的可以区别的有两种——

托，托，托，托托！

托，托，托托！托……

18

哈哈！马一发脾气，就又胜利了——学校已把为首的两名反动学生开除，其余的强行开会，向政府请愿，但政府已完全接受我们学校的处理——我好似"一怒而安天下"，功真不小，其实则是机会使然，又有各方扶助，我不过是主使发动罢了。

但这么一弄，在办学上，却失了学生的感情与信仰，上课也无味了，而且学校的经费，也实在叫人难以支持。所以已有一些先生提出辞职了。

而我本身，就现在的情形来看，有人介绍我到汕头去做市妇女部长，但尚未一定，只是以去汕头的可能性大一些。能否实现，或者在广州可以找到比去汕头更好的事，自然暂不离粤，等到放假时可以玩一通，否则在汕头，相隔不远，也佳。你以为如何？

我虽然忙，但也有时间做琐事，前一向织成一件毛绒衣，是我自己穿的。现在开始织一件毛绒背心，是藏青色，但较漂亮，因不易买到平时你要的那种，所以我以己之心度人，觉得这颜色不坏，做好时打算寄来。

现已织成大半了，不见得心细手工好，只是一点意思，可以在稍暖时单穿它，或加穿在绒衣上也可，取其不似棉的厚笨而适体罢了。

另外，我还定做了一个好玩的图章，要铺子雕"鲁迅"二字篆文，阴文。这图章大概是玻璃质，起金星，闪闪有光，说是下星期二做起——价钱并不贵，别心里先骂。打算和做好的毛绒背心一起寄来。

依害马的脾气，恨不得立刻就寄，然而图章下星期二也未必能做成，此处邮局也太不发达，分局不寄包裹，总局很远，要当场验过才封口，我打算下周星期四或星期五自己去寄，算起来你如12月初能收到，也算快的了。我原也晓得等见面时呈上，但这样我就更捺不住了。

想睡了，但学生寝室还没有熄灯，要十点半过后才熄，现在还差半小时。我怕睡了，老妈又不理，宿舍灯点到天明要挨骂的，所以不敢早睡，真受罪！

不睡，坐着干不下事，独自对着电灯。窗外虽然不是起风，也有一番滋味——想起在北平之夜，忙取出相片来看，总不如看实体，于是打算把所有收到的你的字看一遍。

另一个傻子，独立电灯下默着干吗？该打，不好好读书，做事！

19

这几日我略略有些懒，连反应都好像有些迟钝了。

细想起来，对于亲戚的帮助，你的话是对的。我愤激的话多，有时几乎说："宁我负人，毋人负我。"然而自己也觉得太过，做起事来或者正与所说的相反。人也不能将别人都作坏人看，能帮也还是帮，不过最好是"量力"，不要拼命就是了。

关于上半年的"急进"问题，我已经不大记得清楚了，这意思大概是指"管事"而言，上半年还不能不管事，并非因为有人和我淘气，而是身在北京，不得不如此，譬如挤在戏台子前，想不看而退出，是不甚容易的。

至于不以别人为中心，也很难说，因为一个人的中心并不一定在自己，有时别人倒是他的中心。所以虽说为人，其实也是为己，所以不能"以自己为定夺"的事，往往有之。

我先前为北京的少爷们当差，耗去生命不少，自己是知道的。但到了这里，又有一些学生，办了一种月刊，叫作《波艇》，每月要我做些文章。也还是依上面所说的做，不能将别人都作坏人看，能帮还是帮。

不过先前利用过我的人，知道现在已不能再利用，开始攻击了。长虹在《狂飙》第五期上尽力攻击，自称见我不下百回，知道得很清楚，还捏造了许多话。用意在一面推倒《莽原》，一面则推广《狂飙》的销路，说穿了，其实还是利用，不过方法不同。

他们专想利用我，我是知道的，但不料他看出我活着他不能吸血了，就要杀了煮来吃，有如此恶毒！

我现在拟置之不理，看看他的伎俩发挥到如何。

我已收到中山大学聘书，月薪二百八，无年限的，大约他们的计划是想以教授治校吧。

但我的行止如何，一时还不易决定。此地空气恶劣，当然不愿久居，然而到广州也有不合的几点——

第一，我对于行政方面，素不留心，治校恐非所长。

第二，听说国民政府将迁往武昌，那么熟人多半都要离开广东，我独以"外江佬"留在校内，大约未必有味。

第三，何况我的一个朋友，或者将往汕头，那么我即使到了广州，与在厦门何异！

所以究竟如何，当看情形再定了。好在开学是在明年3月初，很有考虑思量的余地。

我又有种感触，觉得现在的社会，可利用时则竭力利用，可打击时则竭力打击，只要于他有利。我在北京是这么忙，来客不绝，但倘一失脚，这些人便投井下石，反而不认识的话，彼此还是好人。在这世界上，为我悲哀的大约只有两个人，我的母亲和一个朋友。

所以我常常迟疑于此后所走的路——

一、积几文钱，将来什么都不做，苦苦过活；

二、再不顾自己，为人们做一点事，将来饿肚也不妨，也一任别人的唾骂！

三、再做一点事——被利用当然有时仍不免，假如同人排斥我了，为生存起见，我便不问什么事都敢做，只是不愿失了我的朋友。

第二条我已实行两年多了，终于觉得太傻。第一条当托庇于资本家，须熬。

最后一条则很险，于生活也无把握。

所以实在难于下一决心，我想和我的朋友商量，给我一条光……

我在我所居的这座除我之外没有别人的大洋楼中，沉静下去了……

寂静浓到如酒，令人微醺。望后窗外的乱山中，许多白点，是丛冢，一粒深黄色火，是南普陀寺的玻璃灯。前面则海天微茫，黑絮一般的夜色简直似乎要扑到心坎里。

我靠了石栏远眺，听得自己的心音，四远还仿佛有无量悲哀、苦恼、零落、死灭，都杂入这寂静中，使它变成药酒，加色、加味、加香……

莫非这就是一点"世界苦恼"么？我有时想，然而大约又不是的，这不过是淡淡的哀愁，中间还带些愉快。我想接近它，但我越想，它越渺茫了，几乎就要发现仅只我独自倚着石栏，此外一无所有。必须待到我忘了努力，才又感到淡淡的哀愁吧！

20

这几天，我感觉似乎有什么事体要发生似的，你愿否我到厦门一次，我们师生又见见再说。依你这几天的心情，似乎该有一个深了解你的来填一填你的空虚——不，或者说，另以一杯水，换去一杯酒才能振作起你来。还是由你决定一下，通知我。

你的弊病，就是对于一些人太深恶痛绝，简直不愿同在一地呼吸；而对别一些人则期望太殷，于是不惜赴汤蹈火，一旦人家不把这当作殊遇而淡漠处之，或以对待寻常人的态度对待你，你就感觉悲哀了。

这原因，是由于你感觉太敏锐太热情。其实世界上你所深恶痛绝的和期望太殷的，牵到十字街头，还不是一样的平常吗？而你却把十字街头的这些牛鬼蛇神，硬搬进"象牙之塔""艺术之宫"里，这不能不说是小说家取材的失策；如果明了了凡属小说材料，都是空中楼阁，自然就更会心平气和了。

害马从来脾气也有点同样的傻气，在天津时，一个小学时的好友来看我，见我与常君关系不错，于是痛责一通，我以为是惭愧对不起人，跑去服毒，都是一类的傻事。

后来有人劝我不要太"认真"，我想一想，的确是太认真的过错。现在那人死了，这句话我总时时记起，所以我到悬崖勒"马"的时候，就常常记起它来。

我好久就有一套话，要和你见面商量。我觉得我们要走的路还在开垦，成绩不一定恶，人又何必因了一点小障碍而不走路呢？

就拿我来说吧，回广东以来，信内不总是向你诉苦吗？然而回来才两个月，就把反动生开除两个，给她们反革命的学生一个打击。在我未来之前呢？她们猖獗到目无师长，口口声声打倒校长，学校没有一点奈何。这事的完满成功，我觉得抵得过我回来后在学校挨的苦处。从这方面来看，可以说回来无效果吗？

想到你，在厦门更比我苦，然而你的受学生的欢迎，也超出我万万倍之上。将来你即使离开厦门去其他的地方，而学生受过你的洗礼，不敢说一生，就是在某一时期，如像当初在北京那样，你不也可以以好感相待吗？

至于异日，唉！那你还是照我上面所说的吧，不要认真！

而且，你敢说天下间就没有一个人矢忠尽诚对你吗？有一个人，你说可以自慰了，你也可以由一个人而推及二三以至无穷了，那你又何必悲哀呢？总之，现在还有一个人是在劝你，就请你容纳这点意思，你要做的事，不必有金钱才达目的的，措置得法，一边做事一边还可以设法筹款的。

你有闷气不妨向我发，但愿别闷在心里。

寄来的书，我收到了。虽然不及你的多多，叫我去买，我一定舍不得这么多钱的。然而，你寄给我的，我欢欢喜喜收下，借给人看则可以，"给人"？他们可配？别妄想！

图章已雕好，夹在毛绒背心内寄来，但包裹外写的是围巾一条。这包裹长约七寸、宽五寸、高四寸左右。你打开时要小心些，图章落地易碎的……

21

怎么说呢？你今后所要去的地方，叫我很难下批评。

你脾气喜动，又初出来办事，向各处看看，办几年事，历练历练，本来也是很好的。但于自己，却恐怕没有好处，结果变成政客之流。我不知道你自己是要在政界呢还是学界？伏园下个月又要到广东，我想如中大女生指导员之类有缺额，也可以托他问一问，或者由我托他，他一定肯出力的。

你无须有"劳民伤财"的厦门之行，因为学期结束也快到了，况且我的心也并不"空虚"，有充实我的心者在。

你说我受学生的欢迎，足以自慰吗？我对于他们不大敢有希望，我觉得特出者很少，或者竟没有。但我做事是还要做的，希望是在未见面的人们，或者如你所说"不要认真"。所以我的态度其实毫不倒退，一面发牢骚，一面编好《华盖集续编》，做完《旧事重提》，编好《争自由的波浪》（董秋芳译小说），《卷施》，都寄出去了。

至于有一个人，我自然足以自慰的，因此增加我许多勇气。但我有时总还忧虑她为我而牺牲，并且也不能"推及二三以至无穷"，有这么多的么？我倒不要这么多，有一个就好了。

HM正要为社会做事，如果为了我的牢骚而不安，实在不好。我自然要从速离开此地，但结果如何，很难预料。我想这大半年中，HM不如不以我之方针为方针，而到于自己相宜的地方去，否则也许做了很勉强、非自己所愿的事务，而结果还是不能常见面。我的心绪往往起落如波涛，但这几天一想到这里，忽然就静下来了。

默坐电灯下，还要算我的生趣，何得"打"之，莫非连"默念"也不准吗？

22

有些话本来想等着当面商量的，但我管不住自己，有一种感应，想把它讲出来，待你问答。

你认为到广州不合适的三点，据我看来——

一、你担任文科教授，非政治科，能够使学生活泼并新其头脑，就是成功。治校一层，恐不必十分看重。

二、政府迁移，尚未实现，"外江佬"入籍，当然不成问题。

三、那一个人，未必要离开广州。如果有熟人在那里，那人在广州是甚易设法的。因现在还去留未定，大有商量妥当后才实行的情况；而且那个人的知交，也是广州多，当然以留广州的可能性为多。

你说有三条路，叫我给"一条光"。我自己还是瞎马乱撞，何从有光；而且我又未脱开环境，作局外旁观，我还是世人，难免于顾虑自己，难于措辞。

但也没法了，到这时候，如果我替你想，我将要说——

你的苦了一生，就是单方面为旧社会作无谓的牺牲，换句话说，就是为了一个人①牺牲了你自己。

而这牺牲虽似自愿，实不啻旧社会留给你的遗产。听说有志气的人是不要遗产的，所以粤谚有云——好子不受爷田——但你的这多遗产，在宗法方面，又有监视你不得不要之势。

而你自身是反对遗产制的，不过觉得这份遗产如果抛弃了，就没有人搭理，所以甘心做一辈子的农奴，死守遗产。

然而一旦农奴觉悟了，要争回自己的权利，但遗产又没有抛弃，所以吃苦。

还有一层，你如将遗产抛弃了，也须设法妥善安置，但失产后另谋生活，也须苦苦做工，同时又怕在这种生活中遭人排斥打击，所以显得更无办法。

我想，你的第一法就是现在在厦大，也已经觉得行不通了，"积几文钱，将来什么都不做，苦苦过活"，这苦苦，就是预防别人的排斥打击吧。

---

① 指朱安。

第二法，是在北京以前做的傻事，现在当然不提。

第三法，就是有将来能否行得通的疑问，"为生存起见，我便不问什么事都敢做，只是不愿……"这层你也知道危险，对生活无把握。

总之，第二是不问生活，专意戕害自身，不必说了。第一、三俱想生活，但第一是先谋后享，第三是一面谋，一面享，第一知其苦，第三知其险。

我们是人，天没有叫我们专吃苦的权利，我们没有必受苦的义务，得一日尽人事求生活，就努力做去。

我们是人，天没有硬派我们履险的权利，我们有坦途有正道为什么不走？

我们何苦因旧社会而为一人牺牲几个人，或牵连至多数人？

我们打破了这种两面委屈忍苦的态度，如果对于那一个人的生活能维持，对于自己的生活比较站得稳不受别人的借口攻击，对于另一方①和双方，都不会因新的局面而牵连到生活，累及永久的立足点，那么就等于各方面都不因这难题而失去了生活。

对于抛弃遗产，旧派人物的批评是不对的，就是新派人物也不能妄加任何无理的批评，即使批评了，我们也比较容易立足。

如这样做了，我们的生活将不受困扰，人人都可以出来谋生，不须"将来什么都不做"，简直可以现时就大家做，大家享受；省得先积钱，后苦苦生活，并且没有把握。

可这样做，对遗产自然不免抛荒，但实际上，遗产如有相当待遇就无问题，因一点遗产而连累到管理人的行动不得自由，这是在新的状况下所不许可的。

这是正当的解决方法，如果觉得这样讲也过火，自然还是照

---

① 上文中"一个人"指朱安，这里的"另一方"指广平。

平素在北京商量的去做，在新的生活上，我没有不能吃苦的。

但这办法对于家庭——母亲——将有什么影响？应不应该硬做，或有什么更妙的方法去做，这些都待斟酌。

总之，你的一切云云，都是经济所迫，不惜曲为经济设法。其实就真的人生而言，又何必多些枝节呢？这真叫人慨叹。

还有，上面所说的，也是为了预防攻击而作的预先考虑，如果不因攻击而防及生活，就可以不顾一切，更没有问题了。

我的话就这么直率，说了有什么煽动的嫌疑？因为你向我问，只好照直说了，还愿你从长讨论才好。

另外，你因为怕有"不安"而"静下来"，这叫我从何说起？"为社会做事"么？社会有什么事好做，是是非非，说破了不值一文钱，你愿我终身被拨弄于其中而不能自拔么？而且你还想因此仍然忍受老地方困苦无生趣的生活，来玉成我做"社会事业"吗？

我现在着实为难：如果我说不肯把"社会事业"做下去，或者会影响到别人的行动；我说还是做下去，也不见得有好处。

反正横竖都是为难，我自己没有"方针"，"相宜的地方"是找不到的。

至于说"这一学期居然已经过了五分之三"，在现在自然可以这样说，但如果回想这已过去的五分之三的日子，不是很崎岖地走过来的吗？难道它是快意的旅行？难道单独为了"玉成"他人而自放于孤岛是应当的吗？

我心甚乱，措辞多不达意，又怕所说的使你产生新的奇异感想，不说，又怕你在等——唉，实在不能达意于万一。

你在未离开那里时，千万不要自己因学校或少爷们的事愤激，自然也难禁愤激，但请你"默念"好了，渐渐就不会生气的。汕头我未答应去，决意下学期仍在广州。近日来中央政府移至武昌，我的心又飞去好几次，但一"默念"总是决定不去。无论如何，我想抵抗物质压迫，试试看是它胜过我，还是我打倒它……

23

我觉得现在HM比我有决断得多！

现在看来，我一生的失计，即在历来并不为自己生活打算，一切听人安排，因为那时预计生活不久的。后来预计并不确中，仍须生活下去，于是就弊病百出，十分无聊。

后来思想改变了，而仍是多所顾忌。这些顾忌大部分自然是生活，几分也为地位——所谓地位者，就是指我历来的一点小小工作而言，怕因我的行为的剧变而失去力量。

但这些瞻前顾后，其实也是很可笑的，这样下去，更将不能动弹。总之我以前的办法，已是不妥，在厦大就行不通了。

所以我也决计不再敷衍了，第一步我一定于年底离开此地，就任中大教授。只是我极希望那一个人也在同地，至少也可以时常谈谈，鼓励我再做有益于人的工作。

离开此地之后，我必须改变我的农奴生活，为社会方面，那么我想除教书外，或者仍然继续做文艺运动，或做更好的工作，等面谈后再定吧。

HM既然不宜于政界之事，教几点钟书如何呢？你大约世故没有我深之故，似乎思想比我明晰些，也较有决断，研究一种东西，不会困难的，不过那粗心要纠正。还有一种吃亏之处是不能看别国的书，我想较为便利的是来学日文，从明年起我想勒令学习，反抗就打手心。

至于中央政府迁移而我到广州，对我倒并没有什么。我并非追踪政府，却是别有追踪。中央政府一移，许多人一同移去，我或者反而可以空闲些，不至于又大欠文章债。所以无论如何，我还是要到中大去的。

包裹已经取来了，背心已穿在小衫外，很暖，我想这样就可以过冬，无须棉袍了。

印章很好，没有打破，我想这大概就是被称为"金星石"的，并不是玻璃。我已经写信到上海去买印泥，因为盒内的那一点油太多，印在书上是不大好的。

计算起来，我在此至多也只有两个月了，这中间编编讲义，烧烧开水，也容易混过去。何况还有默念，但这默念的程度常有加增的倾向，不知这是什么原因，似乎终于还是那一个人胜利了。

我现在身体是好的，能吃能睡，但今天我发现我的手指有点抖，这是吸烟太多的原因，近来我吸到每天三十支了，从此要减少。

回忆起在北京，一个人因劝我节制吸烟之故而碰了钉子的事，心里很难受，觉得脾气实在坏得可以。

但不知怎的，我对这一点不知何以自制力竟这么薄弱，总是戒不掉。但愿明年有人管束，得以渐渐矫正，并且也甘心被管，不至于再闹脾气的了。

《阿Q正传》的英译本已经出版了，译得似乎并不坏，但也有一点小错误，你要吗？如果要，我给你寄来，因为商务印书馆送给我了一些。

前回给你的信，我是半夜放进邮筒的。这里邮筒有两个，一个在邮政代办所内，五点钟后就放不进去了，夜间就只能投入所外的一个。

但近来代办所新换了伙计，满脸呆气，我觉得他也许连所外的一个邮筒也未必记得开，我的信不知送往总局没有，所以有时又补写一封，第二天上午投到所内的那个邮筒去，不如此就好像不放心似的……

24

哈哈！你也许是被感情所蒙蔽了吧？我的话讲得那么过火，本想等到你的当头棒喝，然而却意外的不然，你的变态不安已过去，心神略略安定，有些活气了，现在没问题了，HM可以不必挂念，或神经过敏了。

现在我要下命令了，以后不准自己半夜把信放到邮筒中，因为瞎马会夜半临深池的，十分危险，叫人捏一把汗。而且"所内"的信和"所外"的信我都收到了，正与你发信的次序相同，不必自己是傻气的傻子，也把代办所里的伙计当作呆气的呆子——实在是半斤八两，相等也。

就是HM发信，也不是这么匆匆嘛！12月6日晚写的那封信，就是早上起来后，叫服侍我们的女仆拿去的。但过了很久，我出校门，见另一个老妈拿着一只碗，似乎出街去买东西，同时手中拿着我的信，必定是代我那老妈便中发信。以此推测，我的用人，每次发信必如此，我今后得改变方法了。

刻印章的材料原来叫"金星石"，我从前还当它是玻璃呢。刻字时已刻坏了一个，算是毁了，好在是刻字的负责，我不管。这样脆，我想一落地必碎，能够寄到没破，算好的了。

一个图章何必特地去上海买印泥呢？真是多事了。

穿毛绒背心，冷了还是要另加棉袍、棉袄……的，"这样就可以过冬"吗？傻孩子！

"默念"增加，想来也是日子近了的缘故。小孩子快近过年，总是天天吵几次，似乎如此。你失败在那一个人手里么？你真太没出息了。

你一高兴，就说"身体是好的，能食能睡"一类话，但11月20日到26日则不但不是这样，并且什么也懒得做了。原因呢？据说是那一个人要去汕头，以及要做什么"社会事业"。

你又何必如此呢？其实，那一个人也并非在专为别人牺牲，不如此，自己也实在不好过，这是行乎其所不得不行，自己要这么样的，就请你也这么样做吧！

你手指还抖吗？要看医生不？我想心境好，自然减却无聊，不会多吸烟了。有什么方法可减却呢？我愿多想想。请你好好地静下来，养养身体，既打算离去，那么厦大的一切，万勿过于忧心了。

英译《阿Q正传》不必寄，现在我不空，也不大会看，等真的阿Q到广州，再拿出书本，一边讲一边对照吧！那时却不得规避，切切！

今晚大风，窗外呼呼声，空气骤冷。我是穿了夹裤、呢裙、毛绒背心及绒衣，但没有蚊子了……

25

这半年来，我并没有产生什么"奇异感想"，有时泛上心头的，却是我常常想到的那一种思想——"我不太将人当作牺牲"的思想。它一泛起来，自己便沉闷下去，就是所谓的"静下去"，而且间或还要形诸辞色。

但仔细一悟，也并不尽然，所以往往立即恢复了，实在未曾有过愿意害马"终身被拨弄于其中而不能自拔"之意。那时我仅以为，你在社会上阅历几时，可以得到较多的经验而已，并非我将永远静着，以至于冷眼旁观，将害马卖掉，而自以为在孤岛中度寂寞生活，咀嚼着寂寞，即足以自慰自赎也。

26

傻子！你"一向常常想到的思想"，实在谬误；"将人当牺牲"一语，万分不通。

牺牲的解释，大约有志愿之意，如吾人以牛羊作祭品，在牛羊本身，并非心甘情愿，所以不合；而人不是这样，天下断没有人肯甘心被人宰割。

换句话来说，这一方出之于爱护之心，那一方出之于自动愿意，就无牺牲可言了。

其实普天下也无所谓牺牲，譬如我们替社会做事，大家认为是至高无上的了，因为往往为了公义而忘却私情，从私情上讲，也可以说是一种牺牲，但人们不在乎这一点，还是向公义上走，就是认为相比之下，公义应该干，并须急着干。

只是这种所谓的"应该"，所谓的"急"，随着时间环境的变化而异，应该取一个比较合适的度。如果我认为舍此作法即无合适满意的，我就切实去实行它，这样我就按我的取舍标准知道何者应当牺牲，何者应当取择。天下事的确不能全有，也只有取吾所好了，既好而取，即得其所，也就遂吾志愿了。

这种道理是三尺童子都知道的，而三尺多的小孩子反而会误解，自己应记"打手心十下"在日记本上。

27

"牺牲论"究竟是谁的"不通"而该打手心，还是一个疑问呢。

人们有自志选择，和牛羊不同，仆虽不敏，是知道的。但是这"自志"又岂出于天然，还不是很受一个时代的学说和别人情形的影响的么？

那么，那学说是否真实，那人是否好人，配不配接受这"自志"的赠予，也就成为问题。

我先前何尝不出于自愿，在生活的路上，将血一滴一滴地滴过去，以饲别人，即使自觉渐渐瘦弱，也以为快活。

而现在呢，人们笑我瘦了，除掉那一个人之外。连饮过我的血的人，也都在嘲笑我的瘦了，这实在使我愤怒。

　　我并没有略存求得好报之心，不过觉得他们加以嘲笑，是太过的。我的渐渐倾向个人主义，就是为了这个原因；我常顾及像我先前那样以为"自所甘愿即非牺牲"的人，也就是为了这个原因；我常要人们顾及自己，也是为了这个原因。

　　但我的思想上如此，至于行为，和这矛盾的却很多，所以终于是言行不一致。好在不久就有面承训谕的机会，那时再争斗吧。

　　厦门冷了几天，但夹袍也已够，大约穿背心而无棉袍，也足可过冬了。毛绒背心我现在穿在小衫外，比穿在夹袄之外暖和得多，或者也许还有别种原因吧。

　　我之失败，我现在细想，是只能承认的。不过何至于"没出息"？天下英雄，不失败者有几人？恐怕人们认为"没出息"者，在他自己看来，正以为大有"出息"，失败即胜利，胜利即失败，总而言之，就是这样，莫名其妙。置首于一人之足下，甘心十倍于戴王冠，久矣夫，已非一日矣……

　　印泥已从上海寄来，所以就在《桃色的云》上写了几个字，将那"玻璃"印和印泥都第一次用在这上面，给你寄来。必须如此办理，心中才觉舒服，即使被斥为"多事"，都不再辩，横竖已经失败，受点申斥算得什么。

　　有时夜里已将信写好，本来还可以投到代办所外的箱子里去，但既有命令，就只有等到第二天早晨吧，真是可惧。

28

　　我校的事，近来坏得可以：校学生会改选，仍然是反动派占多数，将来还是她们把持，对抗学校；经费不足，学生又捣乱，逼得校长离开了学校；教务、总务两主任另谋新职，溜之大吉。

所有这些，都瞒过了我。我梦中做了几天傻子。校长偏又在辞呈中举荐我任校长之职，这么一来，我得任一校长三主任四种职务，但校中无款，总务无法办；无教员，教务无法办；学潮未平，训育无法办；所以我是决计不干的，已去函向校长辞职。

我回想我的吃亏，就是锋芒太露，不能做蝙蝠。所以现时我心中很泰然，一鼓之气已消，我是深深地希望只教几点钟书，每月得几十元的报酬，再自己有几小时做愿意做的事，就算幸福了。

我准备在家里好好休息几天，待放假时胖胖地见人，另一方面慢慢地找事做。我实在不中用，做做事就想休息——从自私方面来讲是好的，想你是同意的吧？听说中大助教是挂名的美缺，但你做"正教授"，我还要替你做抄写等工作，也不是挂名的，你也别以为是给我的大恩典，而且都在一处做事，易生事端，也应当留意。

你那些在厦门置的器具，如不沉重，能带来用也好，此处东西实在贵，而且我也愿看看你在厦门的生活，由用具中推想。

29

你校现状，真可见学生之愚，教职员之巧。你独做傻子，实在值不得，实在不如暂逃回来，不闻不问。

这种事我遇到过好几次，所以世故日深，有量力为之，不拼死命之说——因为别人太巧，看得生气也。

我这里什么事也没发生，不过前几天很阔了一通。将已走的伏园的火腿煮了一大锅，吃了；又从杭州带来两斤茶叶，每斤二元，喝着。

伏园走后，庶务科便派人来和我商量，要我搬到他所住过的小房子里去。我便和气地回答他：一定可以，不过可否再迟一个月的样子？那时我一定搬。他们满意而去。

其实教员的薪水，少一点倒不妨，只是必须顾到他的居住饮食，并给以相当的尊敬。可怜他们全不知道，看人如一把椅子或一个箱子，搬来搬去，弄不完。于是凡有能忍受而留下的便只有坏种，别有所图，或者是奄奄无生气之辈。

厦大与我太格格不入，不足道了。我来此，本意是为了暂避军阀官僚"正人君子"们的迫害，休息休息。而有些人却以为我放下兵刃了，不再有发表言论的便利，就翻脸攻击，自逞英雄；北京似乎也有关于我们的流言，和在上海所听见的相似，并且说长虹攻击我，也正是为此。

用这样的手段，想来征服我，是不行的。我先前的不甚竞争①，乃是退让，何尝是无力战斗。现在就偏出来做点事，而且索性在广州，住得近点，看他们卑劣诸公其奈我何？

然而这也是将计就计，其实是即使没有他们的闲话，我也还是要到广州的。

我近来很沉静而大胆，颓唐的气息全没有了，大约得力于有一个人的训示。我想1月20日以前，一定可以见面了。你做工的地方，那是当不成问题，我想同在一校也无妨，偏要同在一校，管他的。

我的手指早已不抖，至于器具，我除了几种铝制的东西之外，没有什么，当带着，恭呈钧览——12月31日我已辞去厦大的一切职务，他们想留我，但我所不满意的是校长，所以无可调和。

30

新年已过七日，离见面的日子又少了七日了——你知道吗？

---

① 实指与高长虹的竞争——即向许广平表示爱情，并积极去争取赢得广平的爱情。

270

别人都说我胖了，精神也好了许多。前段时间实在太耗费精神了，现在再休养十天，十天，加两倍的肥胖，不是更好么？虽然胖瘦对我本身没有关系，但为人们的看相计，也是胖些好吧！

现在我睡得也很多，每晚10时睡到第二天早上9时，有十一个钟头了——这个懒骨头，如何处置它？

读寄来的杂志，《语丝》106期的《〈坟〉的题记》，你执笔放肆起来了，在北京时你断不肯写出"倒不尽是为了我的爱人，大半乃是为了我的敌人"这样的句子，好像有一次写过类似的句子，但终于还是改掉了才送出去的。

这次题记算是放肆了——你是在修筑高台吧？会从上面跌下来吗？那一定是有人在上面推你了，那是你的对头，愿你小心防制它！

它也是"枭蛇鬼怪"，但绝不是你的"朋友"，尽管你口口声声唤它是朋友。恐怕它也明知道要伤害你的，然而是你的对头，于是就无法舍弃这一个敌手①。

你说北京也有关于我们的流言，这大约是三先生告诉你的吧？——听伏园讲，家里叫他回京祝寿。因此，你如来广州，我料想事情的爆发大概就在目前吧。

但我们的脾气都是反抗性的，愈攻击愈要做，不攻击也要做，时间只不过早迟而已。你先前说，要防备敌人攻倒自己，就要先寻立足点，才不会被别人一棒打倒——这么一来，即使有人不出来，出来的还照样能做事。他们料想你断不肯这么做，你却这么做，这也许是一法。

总之，你这篇《〈坟〉的题记》，许多话是自己在画供了，你是在一点一滴地透露春的消息于人间了。

---

① 这两段中的"对头""敌手""朋友""枭蛇鬼怪"均为许广平的自称。

不管事情容易"爆发"也好，还是容易"发暴"也好，我就是这样，横竖种种谨慎，还是被别人逼得不能做人。那么，我就干脆来自画招供，自说消息，看他们把我怎么奈何——

我是不愿站在台上的，即使是对头，是敌手，是枭蛇鬼怪，要推我下来，我也甘心跌下来。

我就爱枭蛇鬼怪，我就要给她践踏我的特权。

我对于名誉、地位，什么都不要，我只要枭蛇鬼怪就够了。

可现在我之所以只透一点消息给人间，一是为己，是还念及生计问题；二是为人，是他人还可以暂以我为偶像而进行改革运动。

但要我兢兢业业，专为这两事牺牲，是不行了。我牺牲得够了，我以前的生活，都已牺牲，而受者还不够，必要我奉献全部的生命。我现在不肯了，我爱"对头"，我反抗他们。

你是知道的，我这三四年来怎样地为学生、为青年拼命，并无一点坏心思，只要可给予的便给予。然而男的呢，他们互相嫉妒，争起来了，一方面不满足，就想打杀我。看见我有女生在座，他们便造流言。

这些流言，无论事之有无，他们是在所必造的，除非我和女人不见面。他们貌作新思想，其实都是暴君酷吏、侦探、小人。倘使顾忌他们，他们更要得步进步。

我蔑视他们了！

我有时自己惭愧，怕不配爱那一个人；但看看他们的言行思想，便觉得我也并不算坏人，我可以爱。

有人说我是夜，月是她，我之不愿留厦门，乃为月亮不在故。如果是"夜"，当然要有月亮，假如以此为错，是逆天而行也。这些流言都由他去，我自走我的路。

……

不过这回离开厦大，学生挽留而校方怨恨，我又成中心，正如去年女师大一样。许多学生，或跟我到广州；或往武昌，为他们计，是否还应该留几片铁甲在身上，再等一年半载？

这些此刻还不能决定，只好等见面时再商量。不过不必连助教都怕做，对语都避忌，假使如此，那真成了流言的囚人了……

我大概15日上船离厦！

32

今天是15日。迅师，你大概上船了吧！

广州有北方馆子，有专卖北京布底鞋的铺子，现时也有稻香村一类的铺子，所以糖炒栗子也有卖的——你这"外江佬"会高兴的！

33

我在"苏州"号船中，算起来到广州，该是18日吧。

这回一点没有风浪，平稳如在长江船上。想起来真奇怪，我在海上，竟历来不大遇到风波，但昨天也有人躺下不能起来的，或者我比较地不晕船也难说。

海上月色皎洁；一大片银鳞，闪烁摇动；此外是碧玉一般的海水，看去仿佛很温柔……

第十二章　碧月照大夜

异性，我是爱的，但我一向不敢，因为我自己明白各
种缺点，深恐辱没了对手。然而一到爱起来，气起来，是
什么都不管的。

——鲁迅

1

走了三天的"苏州"号，锚停在黄埔港，一艘小船围上
来，将旅客载到城内的长堤。

在宾兴旅馆住下，整理好行李时，已是掌灯时分。

他坐不住。他明白，无论如何今天一定要见到她。

鲁迅向会蓝青官话的店主问明了路程，穿过珠江南岸的繁华
的"河南"区，来到狭而长的"高第街"。

许府位于西头街尾，青砖石脚有高大墙壁，门前蹲着一对大
石狮子，门楣上挂着一块红底金字的"大夫第"的横匾。鲁迅请
门房通报。

他的心有些乱跳，但门房出来时，他反而沉静下来，尖耸着
耳朵，听着那熟悉的脚步声，由远而近地响了过来……

2

第二天一早，广平与孙伏园来宾兴旅馆，帮鲁迅将行李搬入中山大学。

20日下午，广平来访，鲁迅就邀请了伏园，一齐到荟芳园吃饭，饭后一齐看电影。

21日上午，广平来邀午饭，伏园同往，下午游小北，在小北园晚餐。

22日，鲁迅同伏园、广平同至别有春夜饭，又往陆园喝茶，晚上看本校演电影。

24日午后，广平来，并赠给鲁迅广东名产土鲮鱼四尾，又同伏园一齐，到妙奇香夜饭，饭后看电影，片名《诗人挖目记》，十分地浅薄。

从重逢的18日起，已是一周，除了23日这一天外，两人天天见面，上街吃饭，游乐，看电影——这在终生辛劳的鲁迅，是少有的休息，少有的精神上的大解脱。

……南国的异味，刺激了他已被烟草弄得苦辛的口舌；南国的异卉，新鲜了他困顿的眼睛；南国的夜空，低低地垂在他的头顶，闪动着炫目的诱人的蓝光……

只是这些只宜二人的场合，统统都邀了伏园——是照顾朋友情谊，还是因为此地是广平故里，自然当谨慎一些？人们不得而知。

3

走进中大校园正门，有一条笔直的大道，两旁生着绿叶婆娑的大榕树，路的尽头就是学校本部的办公楼。

这楼楼顶的四面，都装上时钟，所以人们都叫它钟楼。穿过拱形圆柱廊楼门，登宽敞的木楼梯转到二楼，东侧是校长办公室、秘书室、事务管理处办公室，西侧是校务会议室和全校唯一正教授、教务主任兼文学系主任鲁迅的卧室兼工作室——他被供在这全校最高最中央之地。

这个房间很宽敞，两条板凳搁上两块铺板算是一张床，罩着一顶用竹竿撑着的麻布蚊帐，白布枕头，蓝花布面的薄被子，床前靠窗户的地方，放着一张据说是教授级才能使用的七抽屉的书桌，桌边放着一个藤书架，架上摆满了线装书，墙角边还堆着书箱子，此外还有一张四方桌，一张小茶几和一口藤箱。

到了2月中旬，由鲁迅介绍，许寿裳到中大来任历史系教授，也住进了这一个房间。两人的床铺和书桌各占房内一角，起居生活，彼此互不妨碍。

4

讲演之前，他环视了一下钟楼底层这个只有三百多平方米的小礼堂，两侧墙面上下两排窗户，射进来充足的光线，使屋内十分明亮——三年之前，也大约是这个时候，中山先生在这儿主持过国民党的一大——礼堂内挤满了热情的青年，他们对鲁迅已经景仰很久了。鲁迅一到广州，就在他们的心中引起了很大的激动，有的在报纸写文章欢迎他，有的亲自前来探访，他们的一致愿望，是希望他出面来领导他们从事文艺运动和社会改造运动。但是，他们却都不知道，这是不容易做到的。

会议主席朱家骅宣布欢迎大会开始，鲁迅从讲台上的座椅中站起来，全场立即静了下来，青年们立即看见一个穿着洗旧的长衫，留着一撇又浓又黑的胡子，长着三寸多长的乱发，有着一张四十岁左右的瘦面孔的人——鲁迅！

他的讲演曲折而又含蓄：广州给他的印象是没有什么新的

气象，比起旧的社会，也没有什么特别，平静而少刺激。广州的青年好像是忙，其实是懒，精神上的表现太少。希望青年丢掉怕字，只管做下去，使广东从今年起，就有好的文艺运动出现。

有一点他加以强调：我得要申明，我并非一个斗争者，如果我真是一个斗争者，我便不应该来广东了，应该在北京、厦门，与恶势力来斗争，然而我现在已到广州来了。

鲁迅自有用意。他在后面进一步讲道：将来，广州文艺界有许多创作，这是我希望看见的，我自己也一定不站在旁观地位来说话，其实在社会上是没有旁观地位可言的，除了你不说话。我年纪比较老一点，我站在后面叫几声，我是很愿意的。要我来开路，那实在无这种能力，至于要我帮忙，那或者有力可以做得到。现在我只能帮帮忙，不能把全部责任放在我身上！我把它放下了，虽然他们要骂我，我也不管他。

他的意思隐晦，但却有轨迹可寻：对斗争不旁观，一定帮忙，但不挑重担，不做开路的先锋。那么，在广州"帮忙"之外做什么呢？找"月亮"呀！可这又是他不愿也不便言明的。于是作为一种心理上的补偿，就预先声明，自己并非一名战士。这是他人格上的坦诚之处，老实之处，照精明得一切都无所谓的国人看来，更是十足的迂阔之处——也不排斥这样一种可能，在他的意识深处，真的觉得自己的"找月亮"与大革命有些不协调，于是泛起一丝半缕的愧怍之心。

他演说了大约二十分钟，一完毕，就被人硬拉出去赴一个茶会，主人竟是广东国民政府财政厅厅长孔祥熙。

财神爷的酒席自然丰美，但谈吐却有一股俗味，鲁迅本来是再三辞不掉，才来应酬的，此刻不禁拧紧了眉头。

"我对先生是最佩服不过的！"厅长兴致勃勃地提起筷子，指着刚端出来的那道菜说，"这菜是总理生前最喜食的，今天烧这菜的，就是他先前的厨师……先生请……"

对这热喷喷的恭维，鲁迅的筷子一动也没动，嘴皮子抬了抬，掷出一句冷语——

"我就是不喜欢吃这一样菜！"

5

广平翻着鲁迅刚收到的《莽原》第二卷第二期，见他的《奔月》中有一段，写善射的羿打猎回家后遭到了徒弟逢蒙的暗算——

他绕出树林时，这是下午，于是赶紧加鞭向家里走；但是马力乏了，刚到走惯的高粱田近旁，已是黄昏时候。只见对面远处有一人影一闪，接着就有一枝箭忽地向他飞来。

羿并不勒住马，任它跑着，一面却也拈弓搭箭，只一发，只听得铮的一声，箭尖正触着箭尖，在空中发出几点火花，两枝箭向上挤成一个"人"字，又翻身落到地上了。第一箭刚刚相触，两面又立刻来了第二箭，还是铮的一声，相触在半空中。那样地射了九箭，羿的箭都用尽了；但他这时已经看清逢蒙得意地站在对面，却还有一支箭搭在弦上正在瞄准他的咽喉。

"哈哈，我以为他早到海边摸鱼去了，原来还在这些地方干这些勾当……"羿想。

那时快，对面是弓如满月，箭似流星。嗖的一声，径向羿的咽喉飞过来。也许是瞄准差了一点，却正中了他的嘴；一个筋斗，他带箭掉下马去了，马也就站住。逢蒙见羿已死，便慢慢地蹩过来，微微笑着去看他的死脸，当作喝一杯胜利的白干。

刚在定睛看时，只见羿张开眼，忽然直坐起来。

"你真是白来了一百多回。"他吐出箭，笑着说，"难道连我的'啮镞法'都没有知道么？这怎么行。你闹这些小玩意儿是不行的，偷去的拳头打不死本人，要自己练练才好。"

　　"即以其人之道，反诸其人之身……"胜者低声说。

　　"哈哈哈！"他一面大笑，一面站了起来，"又是引经据典。但这些话你只可以哄哄老婆子，本人面前捣什么鬼？俺向来就只打猎，没有弄过你似的剪径的玩意儿……"他说着……便跨上马，径直走了。

　　"……你打了丧钟！……"远远地还送来叫骂。

　　"真不料有这样没出息。轻轻年纪，倒学会了诅咒……"羿想着，不觉在马上绝望地摇了摇头①。

　　读到这，广平会心地微笑。含情的眼，辣辣地乜了乜鲁迅——他正坐在书桌旁的靠背椅上，愉快地吸着烟。

　　"读出点名堂来没有？"他得意地问。

　　"你也太那个了……"广平双眼亮闪闪的，泛着一种又惊又喜的亮光——一个女子，当她目睹情人为了她，醋劲十足地挺起枪刺，下死力地去与对手争战时，好像就会流露出这种眼神。

　　"算是和他开了一些小玩笑……"鲁迅有些发窘，但却有一种说不出的愉快，"在北平时，我还不明白他是在害'单相思病'，哪里会知道他川流不息地到我这里来，并不是为《莽原》，却是在等月亮。但他又一点也不表示出对我的敌对态度，直到我去了厦门，才从背后骂我一个莫名其妙，真是卑怯得可以。我是夜，那么当然要有月亮……"

────────────

① 此篇中鲁迅以逢蒙暗射高长虹。高在其《走到出版界》一文中，曾称自己与鲁迅"会面不只百次"，并有"即以其人之道，反诸其人之心""鲁迅先生已不着言语而敲了旧时代的丧钟"等语。

广平放下书，沉思片刻，微叹道："长虹的行径，也实在太过了。你是怎样待他的，尽在人眼中，而他却如此无理对待，这真可以说是奇妙不可测的世态人心。你泄泄愤好了，不要介意！世界上不少这类人物……"

"自然遵命！"鲁迅欢喜地答道，情不自禁地猛吸一口，将短短的、红红的烟屁股，不经意地掷到木楼板上。

"你看你看！"广平惊呼起来，"你这样遵命，看赔上小命……"

"哦！"鲁迅窘迫地笑道，"我忘记了，楼板是能点燃的……"

6

2月2日，旧历正月初一。

鲁迅独栖在空荡荡的钟楼上。没有客人，却有四堵沉默的壁紧围着；屏息听去，风在屋外踏着散漫的步子，有一下无一下地叩着屋门，发出懒而沉的闷响。

他痴痴地听着，一种沉重的孤独感袭上了心头，绍兴会馆中那盏孤灯仿佛又出现了，冷火在颤动，一缕缕黑烟缭绕着，挽成了奇异的圈子，诱惑着人朝它走……

不！这不是我的幸福之所在。我的幸福就在这里，她离我不远——我只要我所要的！别的统统给别人！

他泡上了一碗茶，按绍兴过年讨吉利的习俗，放上一枚金橘，一边品茗，一边尖起耳朵，留神着门外。

中午，忽听得楼板一阵咚咚响——她来了！只有像她那么高大和冲动的人，才有这种脚步声。他赶紧去开门。

广平像一阵风一样卷了进来，飞到桌边，布包一解，一字儿排开四样食品：鲜炸鲮鱼、佛山盲公饼、火腿片、腊板鸭，屋子里立刻溢满了一股诱人的香味。

"太少了！"广平好像有些不满足。

"够多了！这是在厦门我就盼望着的一顿年饭！"

"傻子又冒傻话。"

"你老馈赠食物，我吃多了，于心难安。"

"这不要紧。"广平响亮地笑起来，"我家的钱，原是取之于浙江，现在又用之于浙江人好了[①]。"

"原来是我生对了地方，才有这种口福。"鲁迅拈起一片盲公饼，像欣赏艺术品似的欣赏着。

广平走后，他品尝着广平送来的食品，用广平送的那支两寸长的象牙烟嘴吸着烟，将红亮的烟灰抖落在广平特地买来的痰盂里——他觉得这个年过得太有滋有味了。

7

像在别的地方一样，鲁迅在钟楼上没住多久，又成为公众的公有物了——访问的，研究的，谈文学的，侦探思想的，要求作序题签的，请演说的，看他的胡须的，看他的乱发的，看他的长衫的，全都来了，忙得个不亦乐乎。

最苦的是演说，时间是指定的，不得拖延；讲的题目与范围都是指定的；不管愿意不愿意，临时到来一帮青年，连劝带逼，绑上就走；鲁迅不得已，也只好上台去，起承转合地说上几句，但至多以十分钟为限——可他心里很不舒服，不料到了这"革命的策源地"广州，还要做这种洋八股，非常有趣，又非常苦恼。

年一过完，临近开学，作为教务主任的鲁迅更加忙碌：排时间表，发通知书，秘藏题目，分配卷子，开会，讨论，计分，写

---

① 许广平的祖父曾任清浙江巡抚。

榜，贴榜，榜被人撕又再写、再贴……

除了这些，还要对付无穷无尽的辩论：分数多寡的辩论；及格与否的辩论；教员有无私心的辩论；优待革命青年、优待的程度、鲁迅说已经优待、别人说没有优待的辩论；进行补考，鲁迅说权不在他、学生说在他，鲁迅说无法、学生说有法的辩论；试题的难易，鲁迅说不难、学生说太难的辩论；还有因为有族人在台湾，自己也可以算作台湾人，能否取得"被压迫民族"的特权的辩论；还有人本来无名，所以无所谓冒名顶替，但有人认为是冒名顶替的近乎玄学的辩论……

而一到晚上，这钟楼上每夜都有十多二十只老鼠在纵横驰骋，楼上有什么可吃的，它们便吃什么，并且还会开盒子盖。而一到清晨，就有三个工友在吼响亮的歌——鲁迅听不懂的一种歌。

"人是多么爱和有限的生命开玩笑啊！"他叹息道，他受不了这种喧闹的环境的种种干扰，决计搬出大钟楼，另外租地方住。

直接导致他移居的导火线，是中大聘请他所厌恶的顾颉刚教授为史学系主任，于是他搬到校外的白云楼上，以示不满。校方无法，只得改派顾颉刚教授去上海、杭州搜购图书碑帖，而鲁迅却再也没有搬回钟楼。

除了这些外，他移居还有没有别的原因呢？——例如与广平关系的某种考虑——不得而知。

8

出中大校门，南行到东堤，那儿有一条榕树林立的白云路，路边的二十六号是一座与马路平行的长长的三层高楼，楼房的尖角上悬挂着"白云楼"的木牌。从这楼上，可以眺望到远处的青山和奔腾的珠江；楼下西侧有一条小港，名叫东濠涌，环境倒像一处清静的读书之地。

3月16日和20日，鲁迅和许寿裳、许广平来看房子，觉得不坏，先付定金十元。

移居之前，鲁迅想了想，对广平说："请你住在一所屋子里，好吗？"

广平明亮的目光凝视着他，不言。

"自然也还有别的人！"他柔声地补上了一句。

"我明白。我愿意。"广平简捷地说。

鲁迅到中大后，广平担任他的助教，协助他的工作：鲁迅外出讲演和上大课时，她就用广东方言进行翻译；上街出游，她就做向导；还帮鲁迅在芳草街办起了一间北新书屋，卖南方不易见到的鲁迅著作和别的出版物，她除了自己经常来帮忙外，还让小妹许月平经营书屋的业务。所有这些，自然会引起社会的关注和人们的好奇，何况广州还是她的桑梓之地，还有她的许许多多的亲戚。

正是在这一点上，鲁迅体现了对她最大的爱心：他离不开广平，但又不忍心她受流言的包围，于是压抑着自己的热情之火，在许多有广平在的场合，都周到地邀请了别的友人，包括这一次移居。这对两颗热恋的心，是煎熬，无可奈何。

他们租赁的是白云楼二楼上三房一厅的一组房子，3月29日搬来，鲁迅与许寿裳分住两头，中间由广平和女工居住——广平除了以往的工作，还当翻译，管女工，料理柴米油盐……

9

砰砰砰！

4月15日的清晨，猛烈的敲门声把广平惊醒，她匆匆套上衣服，赶紧将门打开——哦！是老家人阿斗，他一脸的汗水，一脸的仓皇。

"小姐！不好了，到处都在调兵，中大也贴满了标语，还有说老周的，叫他快逃！"他说得很快，边说边喘粗气。

　　广平连忙跑到楼下，看到有许多士兵，正在集合听调动，一片灰色的军装，一片贼亮的枪刺，仿佛能嗅到一股火药味，大约是有什么举动了吧？再看看河对岸店铺楼上，平时是一家工会办事处，这时也有些两样了，似乎是在查抄……

　　广平猛地想起邓颖超大姐——她和广平一起在广东省妇女部妇女运动人员训练所任教——就一口气跑到她的寓所。

　　铁门紧闭，拼命按了好一阵门铃，出来一个彼此认识的青年，广平惊慌地把看见的向他讲了。

　　"大姐已经走了。"他低声地说道。

　　"哦？！"广平长长地嘘了一口气。

　　她赶紧跑回白云楼，叫醒了鲁迅，告诉他这不平常的一切。

　　他一听，脸色陡然一沉，胡乱地吃了点东西后，赶到中大。

　　有人告诉他，学生被抓了好几百，有的还是从宿舍里抓走的，关在南关戏院，被关的学生还在那里演戏呢。

　　他立即焦虑起来："你们看怎么办？学生被捕抓走，学校有责任，我们应当对学生负责，如果军队随便到学校抓人，学校就没有安全了。"于是他决定以教务主任的身份，下午召开紧急会议，并马上做了布置。

　　下午，天落着雨，钟楼会议室本来就很小，现在显得更加暗淡。校长戴季陶没有到会，参加的有各系主任和各部门负责人，还有一些教授，但没有年轻人。

　　鲁迅坐在主席座位上，校委员会副主任委员、主持校务的朱家骅坐在他的正对面。

　　鲁迅开门见山："学生被抓走了，学校有责任，校长不出来，现在我来召开这个会，请大家来说话，我们应当像是学生的家长，要对学生负责，希望学校出来担保他们。我们也要知道为什么抓走他们？有什么罪？被抓的不是一两个，而是几百人！"

朱家骅马上表态："关于学生被捕，这是政府的事，我们不要对立。"

"学生被抓走了，是公开的事实，被捕的学生究竟违背了总理三大政策的哪一条政策？"

"我们要听政府的，党有党纪，我们要服从。"

"五四运动时，学生被抓走，我们营救学生，甚至不惜发动全国工商界都罢工罢市。当时朱先生等都参加过，我们都是五四运动时候的人，为什么现在成百成千学生被抓走，我们又不营救了呢？"

"因为那时候是反对北洋军阀。"

"现在根据三大政策，就是要防止新的封建统治。"

对立一下发展到了最尖锐的地步。

鲁迅根本不想后退，又沉痛地说道："学生是国家的栋梁，是多年培养的果实，一旦因此牺牲，不仅是中大的损失，而且也是国家的损失。我提议，在座诸君，联名具保，营救被捕的莘莘学子。"

会场一下陷入了沉默，有些先生你看我，我看你，忧惧，惊吓，有些坐立不安。

"我看要联名具保的话，得先查明被捕学生的姓名，人数，所属的科系吧？否则我们从何保起？"聪明人提出了这个在严密的搜捕中根本无法办到的事让鲁迅办。

"这次是中央当局整理党务的决策，联保恐怕也没有什么效果吧？"预言家更提出了悲观的预言。

鲁迅无法。

会议无结果而散。

10

第二天，鲁迅捐钱十元慰问被捕学生。

据广平说：军队强迫女子师范学校学生在操场集合，由右派学生指名，凡指名为"左"派者一律捉去，如自己还在彼校，极有可能……青年将青年推入死地，这的确出乎鲁迅的人生经验，使他目瞪口呆。

他不想再做傀儡，辞去了中大的一切职务，许寿裳、许广平也一同辞职。

朱家骅三次登门探访，学校当局也指派代表前来挽留，三次送来聘书，鲁迅一概拒绝。

报纸上刊出了他因"亲共"而逃亡的消息。

原来要他作序的书，现在借故取回了。

刊物上有他题签的，趁机换掉了。

……

天气开始炎热，阳光从西窗直射入白云楼，屋内九蒸九晒，迫得鲁迅只能勉强穿一件单衣。

书桌上放着一盆枝叶青葱得可爱的"水横枝"，他看看绿叶，编编旧稿，总算也在做一点事。他觉得，在这样的日子，做着这等事，真是虽生之日，犹死之年，很可以驱除炎热。

但人与人之间的悲欢好像是各不相通似的，这楼上有人病得要死，有人却放着留声机，有人狂笑，有人打牌，楼下小港中泊着十几只船，一船一家，一家一世界，谈笑哭骂，悲欢忧乐，只管按自己的活法去活。远处时常传来不知是谁的哀声，而这里的人们丝毫也没有察觉到那里正有青春的生命在毁亡。

鲁迅的心灵受到深刻的震荡，产生了一种离奇而芜杂的心绪，悲愤、痛苦、头晕、失眠、烦躁……

"去游游北门外的田野吧！"广平说。她那忧虑而体贴的目光，给鲁迅淌血的伤口，裹上了一条很有效力的绷带。

人世在流着血的赤红，郊原却在蓬勃着无边的碧绿，禾苗青，树叶青，小河更青，下午落了一场雨，这一片青色之上，又抹上了一层油亮的光彩，更翠生生、晶莹莹，逼着人的一双干涸的眼睛。

鲁迅、许寿裳、许广平，还有另一位友人，默默地、惊喜地伫立在原野上，让这生命的绿汩汩地流入胸中，去滋润那已龟裂的心田……

鲁迅清理了自己的思想，从芜杂中理出了一个头绪来，感到这一年多，漂流于闽粤两省，幻梦醒了不少，经验也更丰富了。

他开始忍耐，巧妙地应付环境：不逃不跑，有人来探访了，他就大谈陀思妥耶夫斯基；有人来请讲演了，他就大讲其读书问题，大讲魏晋风度及文章与药及酒之关系问题，听者觉得奇怪、有趣，但结果又摸不着头脑，奈何他不得。

11

阴历七月初七……

晚上，广平与月平请鲁迅去高第街看七夕供物，他仰观天上那条变得很窄很窄的天河，那两颗挨得很近很近的牛郎、织女星，眼中涌出一片喜悦，愉快地答应了。

许府很深，即使处于闹市，高宅大院中也还听得见阶下草中蟋蟀的细语低吟，看得见树上碧叶中萤火虫提着青灯在穿梭巡游。

许府人也真多，重重院落好像都有人进进出出，据说上上下下大概有二百多将近三百号人，各人都匆匆忙忙，脸上却是一副冷漠相。

287

姐妹俩不理这些，径直把鲁迅带到一个小院中，扶疏的花木筛下斑驳的月光，当中的小桌上，摆满了奇形异状的油炸饼，摆满了莲蓬、白藕、菱角、栗子、荔枝、西瓜等瓜果，簇拥着一架银光闪烁的木架子，架子上挂满了针线和各色女红……

广平指点着那些油炸饼："这是巧果子，二斤面、七两糖炸成的，暗寓七月七的两个'七'；这个长条是织女用的梭子；这个小圆饼，是织女脸上的酒窝；这个拐头饼，是牛郎的犁头……"

"好……"鲁迅欢喜得沉吟起来。

"周先生，你是文学家，给我们形容形容吧！"月平小妹有意要将他一军。

"好！比我们绍兴的七夕好得远！"

广平"哧"的一声笑出声来："你恐怕是想讨……月平的好吧？"

鲁迅连忙避开这个话题，向月平大讲起七夕的来历来：传说天宫里的织女动了凡心，下凡与牛郎结婚，天帝大怒，将织女禁闭起来，每年只准七月初七与牛郎相会一次。天上的织女肯下嫁牛郎，实在是一件不平凡的事，所以自古以来的善男信女都十分倾慕。其实，牛郎织女是两个星座的名称，七夕较为接近就是了。

"最后两句，太煞风景！"广平冷不防插了进来。

"为什么？"月平大为不解。

"的确的确！"鲁迅忙不迭地承认。

月平睁大了亮闪闪的困惑的眼睛。二人无语。

仰观天上——银河变得越来越窄，牛郎、织女星挨得越来越近……

"我到井口上去听听！"月平发出了少女银铃般的欢笑声。

"去吧！他们正在勇迈地跨过鹊桥……"鲁迅说。

"去吧！他们正在说，我们……"广平说。

12

9月10日，旧历中秋节。

这一夜，鲁迅将《唐宋传奇集》大致编好，又为它写了一篇序例，一片银白的清光洒在稿笺上，他连忙起身，将窗户推开——

南海生明月，又大又圆，像块硕大的金盘子，盛出了天上人间的脉脉深情，它的悠悠银辉，正在世上每一双恋人的眼睛中闪闪烁烁……

前年的中秋，广平远远地提着四盒月饼，跑到西三条来喝酒……

去年的中秋，我在厦门，她在广州，她老是回想前年的那一个中秋……

长虹却说他是太阳，我是夜，广平是月亮，不……月亮属于夜……

今夜，我的月亮就在隔壁，她和我挨得是这样地近……

而那太阳呢？那月亮不需要的太阳呢？……

鲁迅颇有些自豪、自得，微笑着在序例的结尾处捎带了一笔——

"时大夜弥天，璧月澄照，饕蚊遥叹，余在广州。"

他是痴情的，总忘不了在这些细微之处，向恋人献献自己的衷情；他又是敏感自尊的，总忘不了在这些细微之处，对情敌捎带一刺①！

---

① 他万万不会想到数十年后，他的这四句情海戏语，竟会被解释成为经历了广州"四一五"大屠杀后他对反动派的蔑视——"大夜弥天"指反动派的猖狂，"璧月澄照"指革命者的坚贞，"饕蚊遥叹"指反动派的悲鸣，"余在广州"更体现出他的硬骨头精神，云云。略举一例，一论文说鲁迅"像一竿火红的战旗，傲然屹立在大夜弥天的广州"。

他曾对一个学生解释过这四句话："那是我有意刺高长虹的！高长虹自称是太阳，说景宋是月亮，而我呢，他却谧之为黑暗，是黑夜。他追求景宋他说太阳在追月亮；但月亮却投入黑夜的怀抱中，所以他在那里诅咒黑夜。"

原来如此！

13

1927年9月27日，中午，鲁迅和广平将行李运上太古轮船公司的"山东"船；下午，船从广州出发，向上海航去。

在广州时，鲁迅劝广平和自己一起到上海去，她认真考虑后，答应了他——

她曾渴望着参加社会工作，但又想同是工作，如果自己独自去闯，可能也多少能做一些事，可社会是这样复杂，而自己又过于单纯，单纯到有时使鲁迅很不放心，事情摆在面前，恐怕独自干工作是困难的了，既然如此，就在他跟前做事也是一样的。

同时，对鲁迅在广州所经历的坎坷风险，她心中隐隐作痛，怪自己年轻、幼稚、阅世不深，没看出这里的凶险之处，向他表示了太多的乐观，才把他劝来的。她自然希望鲁迅能从速离开。

除此之外，也许她还有另一层考虑——最好能避开亲戚们睁大的眼睛，无拘无束、自由自在地去和所爱者生活在一块儿……

这种推测也不无道理，两人所去的上海，离新军阀蒋介石统治中心南京更近——以鲁迅的丰富经验，自然不会自投罗网，去虎窝边觅一席之地。比较合理的解释是上海是中国近代文化的中心，在那里可以大有一番作为，同时又距住有众多亲属友人的北平和广州较远，可以避开他们过于关心的目光……

当然，这只是一种推测而已。

14

10月3日，天气晴朗，午后"山东"号驶达上海，下船后，两人搬进了共和旅馆。

下午上街拜访了几位友人，并请来三弟建人，在陶乐春吃了一顿夜餐。

晚上林语堂和孙伏园、孙福熙兄弟来访。深受英美文学的熏陶，大有英国绅士风度的语堂，于别人的私事毫不注意，谈兴正浓，胖乎乎的圆脸上泛着老朋友相见时的欢喜。而伏园与福熙则看看鲁迅与广平，发出会心的一笑。

4日，午前孙氏兄弟又来了，加上建人、语堂，六人一齐往言茂源吃午饭。下午六人同照了一张相——鲁迅与广平同居时并没有单独留过影，从某种意义上来说，这的确是一张颇含意味的纪念照。

5日，伏园、福熙兄弟又来拜访，笑眯眯地送上了合锦二盒①，鲁迅与广平也不推辞，含笑收下了。

6日，郁达夫、王映霞夫妇来了，陶元庆、许钦文来了，谈到中午，达夫做东，六人去六和馆吃午饭。

饭后，茶房端上咖啡来。广平轻轻地搅动着，鲁迅很热情地向她看了一眼，又用告诫亲属似的热情口气，对她说："密斯许，你胃不行，咖啡还是不吃的好，吃些生果吧！"

达夫心里"哦？！"了一声，从这一个极细微的告诫里，他才第一次看出了鲁与许之间的"名堂"。

1927年10月8日，晴。上午，鲁迅和许广平从共和旅馆移居到

---

① 旧时民间婚礼常挂主婚姻的和合二神像，一持荷，一捧盒，以荷谐"和"，以盒谐"合"。孙氏兄弟送"合锦二盒"，似也暗寓此二字。

景云里二十三号。在他们的卧室兼书房里，一张黑色的半新不旧的中号铁床安放在东南角，床上挂着帐子，那白色十字布绣花的帐沿，是广平亲手缝制的。就这样，他和她开始了同居生活，任何形式都没有要。

在鲁迅看来，家庭早已徒具形式，而实同离异，为过渡时代计，不肯取登广告等等手续；至于结婚请酒，他更有奇妙的见解："人们做事，总是做了才通知别人。譬如养了小孩，满月才请吃喜酒，这是不错的。但是两性还没有同居，就先请吃结婚酒呢？这是否算是贿赂，请了客就不会反对？"

在广平看来，自己飘零余生，向来视生命如草芥，所以对这事也不想要世俗的名声，只要两心相印，两相怜爱，就是薄命的自己厚遭挫折之后的幸福生活了。

基于爱情，完全自愿，月亮终于投入了大夜的怀抱！——这桩20世纪20年代末的美满结合，将在现代中国的地平线上，长久地闪耀着基于平等自愿的现代爱情之光！

15

"老板，我结婚了。"

鲁迅走进北四川路上的内山书店，用漂亮的日本话，向新结识但已很熟稔的内山完造说道。

"跟谁呀？"内山连忙问。

"跟许。"鲁迅极简单极干脆地回答，"人们太为我们操心了，说这说那的，不结婚，反而于心不安了。"①

他还和另一位日本朋友增田涉谈起过朱安："因为是母亲娶

---

① 内山说鲁迅与内山书店发生关系是在他与广平结婚之前，这与《鲁迅日记》及许广平的回忆不相符合。

来的，所以送给母亲了。""恺撒的东西还给了恺撒。"增田涉开玩笑地说。鲁迅点点头，愉快地笑起来。

和他的这种坦然相比，广平好像还有些羞涩——

有一天，荆有麟来拜望，见鲁迅住在二楼，许广平住在三楼。晚上，鲁迅将二楼他的床铺让给了荆有麟，自己住到了三楼去。

第二天上午，广平拿着一封信下来，交给鲁迅，说："你看，她们多可恶！江绍原①太太来信说，她要改称呼了，再不姊妹相称，她要称我师母。"

鲁迅笑了，说："那就让她称师母好了，有什么要紧呢？"

"那我也要改称呼了。"荆有麟也帮着敲边鼓。

鲁迅又笑，而且是很响亮的笑。

"你们都可恶！"广平脸红起来，一下子跑了出去。

16

为社会，为他人，为自己，鲁迅和广平十分谨慎地处置自己的爱情，他们的同居没取任何形式，尽量地不声张，但社会并不放过他俩，流言家的流言仍在流，而且居然流上了门来。

四个月后，1928年的2月，鲁迅收到了上海大同大学教员周伯超的信，他对有人"宣传先生讨姨太太，弃北京之正妻而与女学生发生关系，实为思想落伍者"的流言，十分愤慨。

周伯超信中所说不管是否确实，它的确反映出一种有代表性的社会心理和眼光——人们正用冷森森的如鉴别外星人的目光，来打量鲁迅和广平这一对"异类"；如果再考虑到流言的传播者以前还是真诚的反封建战士，那么人们不得不慨叹这种生态环

———————————

① 鲁迅在中大一起任教的朋友，后有信札来往，小鲁迅十七岁。

境，也未免太严酷了一点吧？

17

车到杭州时已是半夜时分，鲁迅、许广平、许钦文三人到了离湖滨较远、比较僻静的清泰第二旅馆。川岛和斐君^①先一天已在这里预订了一间房间，现在也赶来接风了。

"大先生！"川岛欢喜地叫着，他已经有一年半没见鲁迅了，乍一见面，觉得先生不但精神愉快、旺盛，而且使人对他有一种新鲜的感觉：脸上气色很好，不像先前那么沉郁和苍白了；人也似乎胖了一些；身上的衣着也比以前整洁得多。他心里一阵高兴，感到先生的日常生活起居，已经得到了照顾，有了改变，于是感激地朝先生身后的"月亮"点了点头。

孙斐君与广平是女师大时的同科同学，一见，欢喜得拉起手来。

川岛夫妇聊了一阵，回家去了，他们给三人预订的房间很长很长，设有三张床铺，各人一张，夜太深，很自然地当晚就都在那里睡下。

第二天一早，钦文要到城中亲戚家去看看有无信件寄到，临走，鲁迅很认真地对他说："晚上请你仍然到这里来睡，一直到我们回去！"显然来杭车上的混乱情形已使鲁迅觉得杭州不大太平，所以唯恐自己的"月亮"有所闪失。

遵照他的话，钦文天天和他们一道玩，晚上就同在旅馆里过夜——钦文在学校里任教，现在正放暑假。

头一天中午，去湖内楼外楼午饭，鲁迅特别欣赏那一味虾子

---

① 章廷谦，笔名川岛，鲁迅的学生，与鲁迅始终相友善；斐君，即章廷谦的妻子孙斐君，两人于1924年初结婚。

烧鞭笋。饭后走到西泠印社，在四照阁饮茶闲谈，一直到傍晚，出来时又买了一些拓本。

晚餐，川岛邀大家去杭州有名的素菜馆功德林。平时，鲁迅对素菜馆很是不满，在北平，川岛就亲自听他讲过，素菜馆内常有一些伪装的鸭，假样的鱼，以及素鸡、素火腿一类素食荤名的菜肴。他认为如果有人愿意去吃鱼吃鸡鸭，吃去好了；既要戒杀生，吃素持斋，却仍不能忘情于鸡鸭鱼肉，素菜荤名，实在大可不必。现在川岛和他"捣乱"，故意要请他吃这些以假乱真的东西。

哪知鲁迅并不厌烦，有些菜，还很欣赏，特别是对"笋油"（清炖笋干）更是称道——大概是兴致高，心情好的原因吧。

天气酷热，第二日鲁迅肠胃受病，腹泻，就在旅馆中服药休息，湖面上一阵阵的热风吹来，他对广平笑道："蒸神仙鸭了！"

第三日，腹泻已好，又去楼外楼吃午饭，饭后游虎跑。

森森林木往坡上漫去，清清的泉水向谷底流来，好一个避暑的去处！他们喝茶，谈天，说笑，嬉闹，舀泉水洗头，濯足，到泉眼冒出的一个小方水池前去丢铜圆，所有这些，鲁迅都来参加，尽情地玩，好像看不出年龄的大来。

累了，渴了，大家再坐下来；又喝茶，谈天；茶淡了，一次又一次地重泡，喜得茶倌来回乐滋滋地跑。

林木一深，夜幕也悬出得早，众人以为天黑了，走出山来，太阳还恋着山头，没下去哩。

大家叫来一辆敞篷汽车，绕净慈、苏堤归去。只见湖面上流淌着粉红色的波光，晚归的一艘画舫像一支梭，徐徐地织着一幅硕大的锦；淡淡的远山之上，燃着大团大团的晚霞，裹着保俶塔苗条的塔身；天空中，夏云在奔驰，在变幻，车过涌金门时，保俶塔就被它遮得只露一个尖顶，快要望不见了。

"古诗'夏云多奇峰'原是写实啊！"川岛开始大发感慨

了。"今人有人名叫夏奇峰，却近乎象征了。"鲁迅答道，发出了爽朗的笑声。

第四日，他们去游灵隐寺，鲁迅仔细浏览崖壁上的各色石刻，而广平则在"壑雷亭"那里睁大眼睛寻找什么。忽然她惊喜地高呼："哦！我祖父在杭州做过官，所以在这里留着匾额哩！"大家围过去，仰观，果然在匾额上的大字旁边，刻着"许应镳重建"一行小字。然后逛了一些旧书店、新书店，又去翁隆盛茶庄买了十元钱的龙井、杭菊。鲁迅一边走，一边兴致勃勃地评说："杭州旧书价比上海的高，茶叶却比上海的好……"

晚上，广而浅的西湖将敛积了一天的暑热蒸发了出来，"热煞得了！"到处都可以听见这种怨声。钦文因为白天跑路多，干事多，困乏得要命，不管热不热，早早地睡着了。

深夜，他一觉醒来，恍惚中，首先觉得月光分外地皎洁，铁栏杆窗子的影子，映在楼板上，一格一格的，很是明显。随即钦文听见了鲁迅的声音——他还在走廊里乘凉，正在同他的"月亮"絮语。

钦文这才隐约地感到，他们是在度蜜月。

的确，1928年7月四天的杭州畅游，鲁迅和广平没有去访旧，没有去吊古，痛痛快快地玩了四天。在鲁迅辛劳的一生中，也只有这一次，居然匀出了四天的时间来休息了一下。

这，是为了践同居时两人之约——那时他俩有一个小小的奢望，一个渺茫的梦，什么时候有空了，什么也不做，去杭州好好地玩上几天……

18

秋凉了，秋深了哩！

朱安抱着一柄细扫帚，哗！哗！将院中零乱的枣树叶聚拢，成一个暗褐色的小丘。她喘喘气，仰头望了望枣儿落尽的光秃的枝丫，心中叹道，西北风就要起了，黄沙灰土马上就要来了！

前些日子，鲁迅寄来和广平一起照的照片，太师母欢喜地拿出来给朱安和俞芳看。俞芳有些意外，但很高兴，忍不住偷眼去看大师母，她好像并没有不愉快的表情……

咳咳咳！正在午睡的太师母咳嗽起来，朱安连忙放下扫帚，去北屋窗下侧耳细听。

母亲平息下来，又呼呼睡去，朱安轻轻长喟一声，又扫了起来。

俞芳姑娘来了，抱过扫帚，几下就扫净了落叶，与大师母在北屋台阶上闲扯起来——

"大先生和许广平姐姐结婚，我倒想不到。"

"我是早想到了的。"

"为什么？"

"你看他们两人一齐出去……"

"那你以后怎么办呢？"

不料俞芳这一句话，触动了朱安的心，她很激动很失望地说："过去大先生和我不好，我想好好地服侍他，一切顺着他，将来总会好的。我好比是一只蜗牛，从墙底一点一点往上爬，爬得虽慢，总有一天会爬到墙顶的。可是现在我没有办法了，我没有力气爬了。我待他再好，也是无用。看来我这一辈子只好服侍娘娘一个人了，万一娘娘归了西天，从大先生一向的为人看，我以后的生活他是会管的……"

俞芳意外，吃惊，想不到大师母会向自己讲这些话，她好像真的看到了有一只蜗牛落地跌伤了。久久地望着神情沮丧的大师母，姑娘想不出一句合适的话来安慰她，只得暗暗责怪自己，不该在她面前谈起这事，惹她伤心。

沉默。

见俞芳不说话，朱安拉过姑娘的手，捏在自己的掌中，轻声叮嘱道："我也是随便说说的，你不要把话讲出去。"

"大师母，你放心，我不是多嘴多舌的人，你是看着我长大的。"俞芳似乎在向她发誓。

"是的，是的，我相信你口紧，才和你说的。"朱安答道，一本正经地……

第十三章　第一次离别（1929年5月—6月）

> 小刺猬，我们之相处，实有深因，他们以他们自己的心，
> 来相窥探猜测，哪里会明白呢。我到这里一看，更确知我
> 们之并不渺小。
>
> ——鲁迅

1

小白象①！今天，是自从我们同住后第一次离别的头一天。现在是下午六点半，查查铁路行车时刻表，你已经从浦口动身，车已开了半小时了。

悬想你一个人在车上，一本文法书不能整天老捧在手里吧？放下的时候，就会空想，想些什么呢？千头万绪，首先肯定要想小刺猬在家中不晓得怎样过着——种种幻想，其实不如由我来实说了吧。

---

① 许广平《鲁迅先生与海婴》云："林语堂先生似乎有一篇文章写过鲁迅先生在中国的难能可贵，誉之为'白象'，因为象多是灰色，遇到一只白象，就为一些国家所宝贵珍视了。这个典故，我曾经偷用过，叫他是'小白象'。"

早晨将你送出门口以后，我回到楼上，太阳从东边射到躺椅上，我坐在那里，一面看《小彼得》，一面剥瓜子，绝对没有四条胡同，因为我要战胜这一点，我要拿我的魄力出来抵抗，我胜利了！

这一日，我睡睡，醒醒，醒醒，睡睡，收拾收拾房子，看看文法，同隔壁人们谈谈天，写写信，精神还好，那个地方已经没有什么不舒服了，还慢慢地往外面走走，买些香蕉枇杷回来，大家一起吃呢！

……

小白象！转眼就过了一天，夕阳西下，现在已是14日下午6时20分了，你快到济南了吧。车是走得那么快，我只愿你快些到目的地，以免路途中让人挂念。你到北平后，在回来之前，千万不要冒险乱走，只要你平安住着，我也可以稍稍宽慰一些。

昨夜晚饭后，我稍稍读点书，9时便睡在平常的床上，我总喜欢在楼上，心里比较舒服。睡到今早6时半醒，假寐到8点多才起床。白天看看书，谈谈天，3时午睡，到5时多才起来。照你的嘱咐，充分地休养，人很舒服，没什么毛病，患处似乎也好多了，你不要挂念。

只是我太安闲，你途中太苦了。共患难的人，有时也不能共享一样的境遇，奈何？

2

乖姑！小刺猬！我在车上，居然订到了一张卧床，一路安眠。不知道刺猬可能如此大睡，我怕她鼻子冻冷，不能这样。

今天午后车到前门车站，北平一切大抵如旧，正刮大风，我饱餐了三年未吃过的灰尘。下午给你发了一封电报，我想，如果快的话，那么16日下午可到上海。

家里也一切如旧，母亲的精神、模样仍如三年之前。她问："害马为什么不同来呢？"我答："她有点不舒服。"其实我在车上就曾想过，像这种震动法，对乖姑是不相宜的。

　　母亲近来的见闻范围似很窄，她总是同我谈八道湾，我对此毫不关心，所以我也不想多说我们的事，因为恐怕她对这也不见得有什么兴趣。只不过久说必须回家探访一趟，现在是回来了，了却一件事，总是好的。

　　现在是15日晚上的12时，很静，和上海大不相同。我不知乖姑睡了没有？我觉得她一定还未睡着，以为我正在大谈三年来的经历了。其实并未大谈，我现在只望乖姑要乖，保养自己，我也应当心平气和，度过预定的时光，不使小刺猬忧虑。

3

　　小白象！这几天，没甚事体，我睡得也多，食得也饱，有时还要添两次饭，你回来一定见我胖了。那个地方也完全不痒……了，别的症候也好了，想是休息过来的缘故，以后我当更小心，不使有类似这类的事体发生，省得叫远行的人放心不下。

　　这几天，你的话总陪着我，所以我虽一个人也不害怕了。天快亮，往日你要睡的时候，我照常地醒来，明知你是离开了，但好像你在旁边预备着要睡下似的。这古怪的感情，这味道叫我如何描写？

　　16日吃中饭的时候，三先生把电报带来了，看着，心中何等快慰——虽然明明相信你必定平安到达，但越是如此，越觉得应该非有电报不可。真奇怪！

　　看电报后，我好容易才找出一句话来，说："这'安'字可以省去。"三先生说："多这个字更好放心。"他真可谓是心理学家，知道你的心理了。我到现在，自己总是呆呆地高兴，不知是什么原因。

你离家的第一天，吃夜饭的时候，阿菩①把我叫下楼去，还不肯罢休，一定要把你也叫下去。大家再三开导她，还不肯走。她娘说是你到街上去了，才不得已地走了。

这孩子好有趣！

说真的，我真喜欢给你写信，今天下午刚发一信，现在又想执笔了，这也等于我的功课一样，而且是最高兴习的那一门。

此时是晚上9点半，我一边洗脚，一边想起今天是礼拜五，明天是礼拜六，快过去一礼拜了，此信明天发，到北平大约又过去一礼拜了，收到你的回信时又是一个礼拜，那么总共就过去三个礼拜了——虽然到时还很有一段时间，但不妨先以此自我安慰，自我快活！

你如经过琉璃厂，别忘记买你写日记用的红格纸，因为已经所剩无几了。你也许不会忘记，我是提一声较放心。

我寄给你的信，总喜欢送到邮局，不喜欢放到街边绿色的邮筒内，我总疑心那里可能是要慢一点的；而且也不喜欢托人带去。

于是我就慢慢地走出家去，说是散步，信藏在衣袋内，明知道被别人知道也不要紧，但这事自然而然就觉得像含有某种秘密性似的，连邮局门口的方木箱也不愿意放进去，必定走到里面投入桌子下的信箱中。

有时心里又想，天天寄同一名字的信，邮局的人会不会奇怪？挽救的方法，就是用你的较生的别号。这种古怪思想，自己也觉得好笑，但没有生有支配这股神经的神经，就让它胡思乱想吧。

---

① 周建人的女儿周瑾的小名。

每当走去送信的时候，我就回忆起有个孩子，夜里跑到楼下房外邮筒去的事，我想天下再没有比此君更痴呆了。但北平的邮筒路途太远，自己跑去总不方便，此风万不可长，宜切戒！！！

4

小刺猬！在北平才知道，关于咱们的故事，在北伐后此地忽然盛传，研究者也很多，但大多知道得不确切。

羡苏告诉我一件故事：大约一两月前，某太太①对母亲说，她做了一个梦，梦见我带了一个孩子回家，自己因此很气愤。

而母亲却不大以她的气愤之举为然，因此告诉她外间真有种种传说，看她怎样。

她说已经知道了。而消息的来源，她说是二太太告诉她的。我想，老太太所闻的来源，大约也是二太太。

因此，我就把我们将有小白象的事告诉了羡苏，她并不以为奇，说这也是意料之中的。

后来我就告诉了母亲，说八月间，我们要有小白象了。她很高兴，说，我想也应该有了，因为这屋子里，早应该有小孩子走来走去。

这种"应该"的理由，和我们是另一思想，但小白象的出现，则可见世界上都认为是当然的了。

不过我却并不愿意小白象在这房子里走来走去，这里并无抚育白象那么广大的森林。北平假如不荒芜下去，似乎还适于居住，但为小白象计，是须另选处所的。这事等将来再商量好了。

———————

① 指朱安。

303

北平很暖，可穿单衣了。我除了看看几个熟人外，已无事可做。我觉得日子实在太长，但愿速到月底。

我的身体是好的，和在上海时一样，很小心于卫生，只是刺猬也应该留心保养，使我放心。

我相信她正是如此！

5

小白象！今天收到你15日夜写的信，分外欢喜，泪随喜下，情不自禁，没奈何也。

我这几天，大概，夜里不是一二时醒，就是四五时醒——平时这两个时候我也总要醒的，不属异常。白天我不想睡，怕睡得太多，夜里不能睡。只是精神很好，不像前些天的疲劳。

天气暖了，我的鼻子不致冻冷，而且夜里也不须起来小便，更不会冻冷了。前些天还到大马路买了些毛巾、浴盆等，以备他日之用——一则乘此时闲空，二则现在还容易走动之故。

总之，你的乖姑很乖，这是敢担保的，她的乖处就在听话，小心体谅小白象的心，自己好好保养，也肯花些钱买东西吃，也并不整天在外面飞来飞去，也不叫身体过劳，好好地，好好地保养自己，养得壮壮的，等小白象回来高兴，而且更有精神陪他。

他一定也要好好保养自己，心平气和，度过预定的时光，切不可越加瘦损，已经往来跋涉，路途辛苦，再劳心苦虑，病起来怎样得了！

刺猬把生活状况——说了，务求其详，你切不可言外推测。今天还接到北平友人的信，说那面可穿单衣，你也可少穿些了。上海这两天晴，很和暖，一到落雨，又相差二十多度了。

6

小刺猬！我也收到了你的信，这使我怎样地高兴呀。未曾四条胡同，尤其令我放心，我还希望你善自消遣，能食能睡。

林卓凤曾问过羡苏，听说鲁迅有要好的人了，结过婚了没有，但未提那"人"是谁。羡苏答以不知道。这是细事，不足深考，顺便谈谈而已。

看现在的情形，我们的前途似乎毫无障碍了，但即使有，我也决计要同小刺猬跨过它而前进的，决不畏缩。

这几日访人，讲演。回来本不想多说话的，但因为这儿现代评论派太出风头了，所以想去讲几句。下月初我要走了，但决不冒险，小刺猬千万不要担心，因为我知道冒险的全权，并不是全权在我的。

7

小白象！小莲蓬！昨天，午饭前我读到你15日从北平写回来的第一封信，然后去吃饭，饭后回来又看了一遍，以后隔几小时又打开看看，临睡在床头读它一遍，起来之前又读了一遍。

越读越想在里面找出些什么东西似的，好像很清楚，又好像很模糊，如那个人的面孔一样，如离别的情绪一样。真是百读不厌！

自然，拆开信，第一眼触到眼帘的，就是笺纸上那三个红彤彤的枇杷——那是我喜欢吃的东西，譬如昨天下午出去寄信，我就买了一篓子回来，大家大吃一通。阿菩发烧得很厉害，什么都不想吃，见了枇杷，才喜欢起来，吃了几个。随后，大家才琢磨出她是要出牙齿的缘故，到今天还在痛，还在吃苦，但由此也可知枇杷效力之大。

我也是喜欢它的人，所以小白象首先选了那个花样的笺纸，算是等于送枇杷给我吃的心意一般。

其次是另一张笺纸上的那两个莲蓬，很好，还有旁边题的那首诗："并头曾忆睡香波，老去同心住翠窠；甘苦个中侬自解，西湖风月味还多。"我也读熟了。我就定你是小莲蓬，因为你矮些，乖乖莲蓬！你是十分精细的，我知道，你这两张笺纸不是随手拾起来就用的。

我今天仍在做手工，是织小绒背心，快成功了，今早接到我大妹子的信，她产后动辄头痛，低头拾物也痛不可当。我问她要什么药，我说北方也可托人买，但她也说不出要什么药。

她信内又说，姑母不久要回上海，到时我难免要去应酬几天。我们的事情也许要向她说了，其实，不说也会看见的……

8

小刺猬！我所选用的两张笺纸，确也有一点意思的，大略如你所推测的那样；莲蓬中有莲子，尤其是我所以选用的原因。但后来的各笺，也并非幅幅含有义理，小刺猬不要求之过深，以致神经过敏。

你的大妹的头痛，我想还是身体衰弱之故，最好是吃补剂，如我所吃的鱼肝油之类。你可以从这回书局寄来的编辑费中划出百元之谱，买而寄之，我辈有余而她不足，补助也所当为。寄以现款，原也很好，但她大抵是要移作家用，不以自奉的，但倘能使她精神舒服，那么听其自由支配，亦佳。一切由你考虑决定。

燕京大学的学生又在动员我去教书，派韦丛芜来游说，我马上拒绝了。他吞吞吐吐地说，燕大国文系主任早就疑心我未必肯去，因为在南边有唔唔唔……而主任则说是听周作人说的。

我答以原因并不在"因为在南边有唔唔唔"，那是也可以同到北边的；我的谢绝，只因为不愿意去做教员。因此就把我在厦门时长虹的流言，以及现在你在上海的情况告诉了他，只是对于那小白象一事，却尚秘而不宣。

姑母来上海，即使不发表也将被发现，自然以发表为宜。结果如何，可以不必顾虑。我对于一切外间传言，即使最消极也不过不辩解，而大多是对这些认账之时为多，是是非非，都由他们去，总之我们是有小白象了。

计我回北平以来，已两星期，除应酬之外，读书作文，一点也不作，并且也作不出来。那间后屋，一切如旧，我常独自坐在靠壁的桌前，这旁边，先前是小刺猬常常坐的，而现在她却不坐在床沿上，这是使我最觉得不满足的。

此刻小刺猬=小莲蓬=小莲子不知是睡着还是醒着。好在我在这里距启行之日也已不远了。这是使我高兴的。但我仍然静心保养，并不焦躁，小刺猬千万放心，并且更要自己保重。

9

小白象！姑哥！我总挂着你，我的信总不知不觉地带有伤感的成分，会不会叫你难堪？小白象！我真真是记挂你，但你莫以为全因盼你的信的缘故，其实无论如何，不在面前，总是要牵连的。

你在北平，也很忙于应酬，这也是没法的事。久不到那里，熟人见见面，也是好的，而且也借此可消永昼。有时我怕你跑来跑去吃力，但有时又愿意你到外面走走，既可变换生活，活动一些，也可以出出风头，你其实也太沉默了。我这种心理似很普通，但也可笑的。

母亲高年，你回去的日子不多几天，最好多同她谈谈，玩玩，博她欢喜。

北平我视它如故乡的，有时感情比真的故乡还留恋，因为那里有许多叫我纪念的经历存留着。

朋友来信，说是听我在天津的一个很生疏的同学说我已和你订婚，叫我详函告知。大约最近有人又在宣传，而且要我们自家挺身而出。看来这已必不可免，只得顺着进行。

上海天气暖，看看我那里，似乎膨胀得有些可以，其他毛病是没有的。我同某先生商量，也赞成姑母如来，不妨告诉她一切。

前些天，她真的来了，老瘦可怜。我与她一起出街，上下电车，她被我照应后，总回过头来照应我，小心之状可掬。我还没布告，大约已被窥破八九了。

咱们的事，如果有人硬来对付，我倒情愿。最怕是软，难于为情，我是怕软不怕硬，讲情不讲理的。我打算向她和盘托出。

28日早上，姑母又来了。代她写了几封信后，我把我们的事大略说了……从前师生关系……由京至粤至沪……在沪同事而为方便起见，于去年往杭州……现在已有孕数月，想向各方面大略告知一下……

她说，从前知道我在外面做事，很高兴，但想起我孤独一人，似抱独身主义，甚觉凄凉挂心，可是不敢开口劝说。现在知道了这事，如释重负，心中畅快了。

她对我打心眼里好，我告诉她，是实在不忍心蒙蔽她；并且我的亲人方面，如由她说出，则省去我一番布告手续，而说出以后，我今后数月的行动，就可以不似惊弓之鸟，也是一法。

但她是否肯费唇舌，也不敢知，只得由她做去就是了。

10

小莲蓬而小刺猬！不知怎的，我自从到北平后，觉得非常自在，对那些"正人君子"式人物的一切言行，甚为漠然，很感叹在寂寞的世界里，即使想得到一个可以对垒的敌人，也是不容易的。

小刺猬，我们之相处，实有深因，他们以他们自己的心，来相窥探猜测，哪里会明白呢。我到这里一看，更确知我们之并不渺小。

5月31日这天，有三个日本人来看我所藏的佛教石刻拓本，很诧异于收集之多，力劝我作目录。这自然也是我所能为之一，我以外，大约别人也未必做得了，然而我此刻也并无此意。

总之，综计在北平的各种感受，似乎我在新文学和旧学问的各个方面，凡我所着手的，便给别人一种威吓——有些旧朋友自然除外——所以得到的不是攻击，便是"敬而远之"。

这种情形，使我更加大胆阔步，然而也使我不能专于一业，一事无成。而且又使小刺猬常常担心，"眼泪往肚子里流"。

所以我也对于自己的坏脾气，常常痛心；但有时也觉得唯其如此，所以我配获得我的小莲蓬兼小刺猬。

此后仍旧四面八方地闹呢，还是暂且静静，做一部冷静的专门的书呢，倒是一个问题。好在我定于6月8日启行，很快就可以见面详谈了。我自然选择最稳当而舒服的走法，决不冒险，令小刺猬的小白象有一点损失。

你喜欢吃的小米、棒子面已经买齐。

这两星期以来，我一点也不颓唐，但此刻遥想小刺猬之采办布帛之类，预为小小白象经营，实在乖得可怜。这种情形，真是怎么好呢。我应该快到上海，去管住她。

哥姑！我的有莲子的小莲蓬！你不要以为我在这里时时如此彻夜呆想，我是并不如此的。这回不过是因为睡够了，加以行期在即，有些高兴，所以随便谈谈。

现在是6月1日早晨5时，我乘的车是8日午后2时开……

第十四章　小红象

我本以绝后顾之忧为目的，而偶失注意，遂有婴儿，念其将来，非常惆怅，然而事已如此，亦无奈何，长吉（李贺）诗云：已生须已养，荷担出门去。只得加倍服劳，为孺子牛耳，尚何言哉。

——鲁迅

1

凌晨三点。

广平觉得腹中的小生命，突然地不安静起来，有规律地动着，传出阵阵疼痛。

她忍耐着痛楚，手抠住床沿，咬紧牙齿，不忍心把丈夫叫醒——他劳累过度，有些发热，但仍旧工作到一两点，刚刚才睡熟……

第二日上午，鲁迅到福民医院就诊，医生说是热出于喉，给了三种药，共花了六元钱。

回家，还来不及吃药，他就听见广平小声地呻吟，连忙奔到床前，抓住她的手。

"怕是要……"她的脸色苍白，掠过一丝痛楚而幸福的微笑。

他一愣，马上明白过来了："好！好！……"激动得放开妻

311

子的手，又情不自禁地死死抓住……

马上陪广平去福民医院，办妥了住院的一切手续。

护士通知：马上临产！小床预备好了！浴盆预备好了！热水也预备好了！……

除了回家吃饭，鲁迅没有片刻离开过广平。

1929年9月27日大清早，医生来了。经过近三十个小时的阵痛，广平已狼狈不堪。检查后，医生的神情好像有些严重，叽叽咕咕议论了一阵，她一点也听不懂。

他们将鲁迅叫到一边，告诉他，婴儿的心音听起来只有十六下，并且还在逐渐减少。更危险的是濒死前的污便也下来了："尊夫人是难产，周先生，你看是留小孩还是留大人？"

"留大人！"他不待思索，脱口而出。

就像以往手拉着手战胜一场又一场艰难困厄一样，鲁迅紧捏住广平的手，用一种轻松爽快的语调，贴着她的耳朵，安慰她："不要紧，拿出来就好了。"

他短而硬的头发触到了她滚烫的面颊，她感觉到一种力，在深入自己的体内，变成了自己的力，在强大地支撑着自己……

医生操着钳子，把小孩的头拔出来，如同在地母的怀抱中拔去了一棵大树。那树根一条条紧抓住地母的神经，彼此的联系刚切断，难受得使人几乎昏晕过去。但赤红的小身体终于出来了，呱呱啼着，向人间报了到。

"我们的孩子……"广平喘出了长长的一口粗气。

"是男的，怪不得这样可恶！"鲁迅欣慰地笑了。

2

第二天。

鲁迅兴冲冲地走进医院的房间，手里捧着一盆小巧玲珑的文竹①，轻轻地放在广平床边的小桌子上。

"给你的！"他柔声说道。

她惊喜地打量着！

——谢谢你了，我的先生！这是太好的礼物……以前你也送过我许多的东西，都是书，和赠送其他朋友的一样……这回难为你费心……

3

从景云里寓所到福民医院不过百数十步，鲁迅每天至少到医院两三次，有时还领着一批批的朋友来慰问，而他自己总要带些好食品来——有时是顺便，有时是特意。

一当静静地坐下来，他更喜欢长时间地、慈祥地端详孩子的脸孔："……很像我……不过，我没有他漂亮……"

10月1日的早晨——以往鲁迅多半还没有起床——他9点左右就到了医院，悠悠闲闲和广平摆谈。

"你有没有想起给他取个名字？"他问。

"没有。"广平期待地望着他。

"想倒想起了两个字，你看怎样？因为是在上海生的，是个婴儿，就叫他海婴。这个名字读起来很悦耳，字也通俗，但绝不会雷同。译成外国名字也简便，而且古时候的男人也有用婴字的。如果他大了不高兴这个名字，自己随便改过也可以——反正我自己也在另取名字——这个暂时用用也还好。"

对广平和孩子，他是这样地不愿自专自是，自然使广平十分佩叹他的精细周到，满心喜悦地同意了这一命名。

---

① 许广平的回忆录却说鲁迅选的是小松树，其言似受时代影响所致，《鲁迅日记》记载："……买文竹一盆，赠广平。"

4

晴和的阳光痒酥酥地搔着每个人的脸。鲁迅，三弟，三弟媳搀着已入院十二天的广平，抱着海婴，浩浩荡荡地开回了家中。

他本希望她在医院多休养几天，但她又觉得他老奔波于医院和家之间，静不下来工作，不大妥当，所以征得医生的同意，还是回来了。

走到楼上卧室，广平眼睛一亮：哈！清洁齐整，像在医院里一样，床边摆起了小桌子，桌上放着茶杯、硼酸水之类的常用品，还有那一盆精致的文竹。每一件家具，都尽可能地调换过位置，比从前做了很多的调整。平时他是从不留心过问这些琐碎事情的，现在安排起来却很妥帖。

这使广平惊奇、喜悦，躺在床上，将屋子的每一角落，细细地看了一遍又一遍，心中一边默颂着爱力的伟大，一边痴痴地想——

女人除了在恋爱的时候享受异性的体贴温存之外，到了做母亲时，如果丈夫是合理的丈夫，看到自己爱人为生产所受到的磨难，没有不加倍同情、爱惜的。这时候的体贴温存，也是女人最幸福的生活呀！但这风味稍不同于初恋，那时比较生疏，女性多少有些矜持。而一到做了母亲，躺在床上，身体一点点在复原起来，眼前看到一个竭然忠诚的男人在旁照料自己的饮食、起居等一切，就把不久前生产的苦痛看作是幸福，真是苦尽甘来，满心舒畅……

5

还在医院中，医生就建议鲁迅雇一位奶娘——大约诊断后料定母乳不足——并劝说若是住在医院，找奶娘验身体更方便一些。

但是鲁迅不同意，一定要自己来照料。

这一对既没有育儿经验，也不肯相信别人经验的书呆子，除了听听医生的话之外，认为最可靠的，莫过于《育儿法大全》一类的书了，以致弄到事事向它请教的地步。

喂奶：甲书说是每三小时一次，每次若干分钟；乙书说每次五分钟；丙书说是每次哺一只奶，留一只第二次哺，交换哺乳，较为丰足……

但人毕竟不是机器，不会这么规律化的。海婴也真难对付：有时吃几口就睡熟了，推也推不醒；有时他醒了，到时间也不许吃，任随他啼哭。而广平自己呢，起先不到两小时就觉得奶涨潮了，连毛巾也几乎湿透。这样以后，再到喂奶时，已是低潮。还是让海婴饿着肚皮按时间吃，因此常发现他的小嘴巴左转右动，一副觅吃的馋模样。

她不安起来，和鲁迅研究："你看海婴……"

"瘦些不要紧，没有病就行了。"他说，好像满在行。

过了两个多月，孩子得了感冒，去看医生，称了称体重，医生惊讶了。"这不对头。孩子的重量只够新生儿两三周的标准……你们是怎样养他的？……"

一对贤父母顿时有点手足无措了。

研究了海婴的生活，医生教他们在新鲜牛奶里加粥汤、滋养糖等，分量逐月增加。如此办理之后，孩子才逐渐胖了起来。

洗浴：在医院时，每天都由护士抱来抱去，怎样洗的，鲁迅与广平从未见识过。

回家，她稍稍能够起床了，两人开始商量给海婴洗澡。他真是特别小心，不许用未曾开过的水，更不愿别人代劳，在一只小面盆中，盛了半盆温水，由广平托住小孩的身体，由他来洗。

水本来就不大热，又经空气一吹，海婴冷得面孔发青，小身子发抖，大人也狼狈不堪，只得草草了事。

孩子却立刻有了反应，发寒，发热，感冒。好不容易才治好，从此几十天都不敢给他洗澡。再加几次伤风，天又转冷，怕他再感冒，更连解开他的衣服都不敢了。

"你最好还是每小时看看他的尿布好了！"鲁迅怯生生地说。

他总算是学过医的，广平自然不好反对。看的结果，却是弄得小孩的小屁股，被一团团的湿污浸得脱了皮。

只有又去看医生。医生介绍看护小姐每天来给小孩洗浴。贤父母仔细观摩：把小孩卧在温水里，水中放有温度表，时常留心，冷了再添热水；这样孩子在水中一声不响，蛮舒服。

"周先生，许先生！你们也可以自己动动手哩。"护士小姐建议道。

他俩却吓怕了，很有点气馁，鲁迅悄悄地对广平说："还是让她洗吧，我们洗病了，不是还要花更多的钱吗？我多写两篇文章就好了。"

于是孩子每天仍请看护洗浴，一直洗到他满了七个多月。在别人看来，他们养小孩不是在养，而是在给自己吃苦头。

这使广平十分惭愧：如果自己对育儿有些研究，多少懂些看护及照料小孩的常识，那么总可以贡献一点意见，纠正他的过分当心，何至于处处弄得吃力不讨好呢？

6

夜里12时。

鲁迅睡足后，连吸了两支烟，然后蹑手蹑脚地往楼上走——海婴出世，他就把书房从楼上搬到楼下的会客所，这样可以静心工作，又可以避免在小孩面前轻手轻脚地不自在，避免烟气熏了小孩，避免会客时吵扰广平的休养……

女工困乏地坐在海婴的小床前，12时以前的数小时，是由她值班。鲁迅替下了她，然后值到2时；2时到6时，由广平值班；而鲁迅则在楼下书房里写作到清晨。

这对夫妇，每夜都是如此，时时留心着海婴的服食眠息……

海婴醒了，大着眼睛，鲁迅抱着他，坐在床口，手捏一个香烟盒，弄得哗哗直响，引得海婴嘿嘿直笑，小身子立在他的大腿上乱跳。

倦了，他则把孩子横放在他的两只肘弯上，从门口到窗前，从窗前到门口，来回地走，以平平仄仄平平仄的调子，轻柔地歌咏——

> 小红，小象，小红象，
> 小象，小红，小象红；
> 小象，小红，小红象，
> 小红，小象，小红红。

一会儿，又变成仄仄平平平仄仄调——

> 吱咕，吱咕，吱咕咕呀！
> 吱咕，吱咕，吱吱咕。
> 吱咕，吱咕，吱咕咕，
> 吱咕，吱咕，吱咕咕。

一遍又一遍，一遍又一遍，孩子在他两手形成的小摇篮里安静地睡熟了，他很吃力，但总不肯变换姿势，好像那雄鸽，为了喂养小鸽子，就是嘴角啄破也不肯放弃它的责任似的……

7

孩子长大了些。

他常闹病。白天，父母一定多将他放在自己身边；到了夜里，才交给女佣照应，但要不时地到他们卧室去打听。

咳咳咳，海婴好像咳嗽……

广平看了看刚躺下的鲁迅，忍耐着，不去理会。

“你听！”鲁迅却摇了摇她。

广平连忙起身，披衣出去，一会儿回来，又高兴又埋怨地说：“你神经过敏，孩子好好的。”

“但愿是我的神经过敏。”鲁迅仍然不安。

不一会儿，广平又被唤醒了。他苦着脸说：“我睡不着，海婴好像咳得有些厉害了！”

广平翻身下床。隔了很久才回来，困乏得直揉眼睛，对抱腿踡坐在床上的丈夫说：“这一回，算你猜中了……”

如果广平睡得太熟，孩子不是咳得太凶，他就不叫醒她，自己亲自去照料。

难怪他要说：“一妻一子也将为累了。”

8

吃完饭，鲁迅拣出几片自己喜欢吃的饼干。黄澄澄地叠在桌子角上，半片半片地慢慢吃。

海婴跑来，一眼瞧见，冲到他跟前，一下全抓在自己的小手中。

鲁迅愉快地摇摇头。

广平调头直笑。她想起了从前在西三条的那些日子……

黄饼干在海婴的小红嘴中消失得特别快，完了！又一点不含蓄地摊开他的小手。

鲁迅又心甘情愿地补充给他。

海婴又挤上父亲靠着的藤躺椅，骑马似的坐在父亲身上，边吃边与父亲进行学术讨论：

"爸爸，侬是谁养出来的呢？"

"是我的爸爸、妈妈养出来的。"

"侬的爸爸、妈妈是谁养出来的？"

"是爸爸、妈妈的爸爸、妈妈养出来的。"

"爸爸、妈妈的爸爸、妈妈，一直到从前最早的时候，人是从哪里来的？"

这娃娃达尔文追寻到物种的起源来了，鲁迅语塞，只得告诉他："是从单细胞来的。"

"没有单细胞的时候，所有的东西都从什么地方来的？"

据说小孩都是深刻的哲学家，他们往往凭自己的直觉，就能一下子接触到宇宙的本源问题，所以即便是明如鲁迅，也无法招架海婴的凌厉盘诘，只得挂出免战牌：

"等你大一点读书了，先生会告诉你的。"

9

夏夜，屋里熄了电灯，添了一层暗乎乎的使人惬意的凉爽。

眠床上，海婴夹在父与母之中，听讲故事。一高兴，他就两面转来转去地吻着爸爸与妈妈，很公平，轮流着吻。

吻累了，瞧了瞧欢欢喜喜的父亲，他突然问道："爸爸，人人是怎么死脱的呢？"

"是老了，生病医不好死了的。"

"是不是侬先死，妈妈第二，我最后呢？"

"是的。"

"那么侬死了，这些书怎么办呢？"

"送给你好吗？要不要呢？"

"不过这许多书哪能看得完呢？如果有些我不要看的怎么办呢？"

"那么你随便送给别人好吗？"

"好的。"

"爸爸，你如果死了，那些衣裳怎么办呢？"

"留给你大起来穿好吗？"

"好的。"

有一天，儿子甚至还问："爸爸可以吃么？"

爸爸的答复是："吃也可以吃，不过还是不吃吧。"

儿子后来就不再问了，大约是决定不吃了。

10

海婴这一辈子，只挨过父亲寥寥可数的几次打——

那是在他顽皮到不可理喻之时，鲁迅临时抓起几张报纸，卷成一个圆筒，神情严肃地照儿子身上轻轻打去。

"爸爸，我下回不敢了。"海婴赶紧叫道。

一看儿子这可怜巴巴之状，父亲的心软下来，皱紧的面纹松开了。海婴一下就体察到阴天已过去，要出宽容的大太阳了，胆子立刻大起来。抢过那卷纸筒，问："看看，这里面是什么东西？"

他想研究父亲在纸里面包藏些什么东西来打他，一看，却是空的。那种先迫切、后茫然的神情，逗得父亲大笑起来。父子俩又亲热起来，只是儿子会比较小心拘谨一些时候。

隔了一些时候，海婴也就家政大计发表了自己的不同政见——

他一本正经地说："我做爸爸的时候，不要打儿子的。"

鲁迅问："如果坏得很，你怎么办呢？"

"好好教伊，买点东西给他吃。"

鲁迅笑了，默默地愉快地想：我是最爱孩子的，但儿子的意见却比我更和善，能够送东西给不听话的孩子来做感化工作，这不是近于耶稣的被打了右脸再把左脸送过去的忍耐吗？——实际上却未必真能做得到吧。

广平也会打儿子的。这小子很聪明，见女工迁就，他就会格外地泼辣；见妈妈怕他吵闹，尤其是在父亲睡熟或做工的时候，他就会更吵些。也许妈妈要神经过敏些，就赶来禁止，他一反抗，就讨到一场打。

可做父亲的打完之后，孩子走开可以不理；做母亲的，这样的冲突一多，看到孩子挨打后的惶惑、不安、胆怯，想到他有时又不是明知故犯，能不回心转意、给孩子以慈爱的抚慰吗？这样一来，母子间的威严总不能建立起来。

她觉得，有时连丈夫也不能理解自己的这一片苦心，他总爱自得地说："看来，还是我对付小孩是对的。"

广平只好自认晦气。有时想不过，拉着儿子问："爸爸打你痛不痛？"

"不痛。"

"打起来怕不怕？"

"怕的。"

"妈妈打你怕不怕？"

"不怕。"

这天，海婴又淘气，广平责骂他。完后，她向丈夫说起："这小孩不知怎么搞的，挨骂之后，总要我抚慰抚慰才算了事呢？"

"哪里只是海婴是这样呢？"鲁迅坦然地说道。

广平恍然大悟："啊！原来你也是要这样的吗？我晓得了。你无意中说出心底的秘密来了。"

11

海婴蹦跳着跑进书房来。

鲁迅的稿纸正写到一半。儿子见他并没有像以往一样放下笔来，有些意外，有些不高兴，绕到他旁边，小手往笔头上一拍，纸上立刻染了一大块墨迹。

"唔，你真可恶。"鲁迅虽然爱惜心血铸出来的东西，但并不发怒，放下笔，嗟叹着。

儿子飞一样地逃走了。

这使广平忧虑，以后即使是父子俩玩，她也要陪在旁边——这不是他的命令，而是她自动地认为要这样做才好。她觉得如果叫女工的话，她们是更不了解他的脾气和小孩的心情的。

看看儿子在丈夫身边玩得差不多了，广平会及时提议叫海婴走开，免得误了他的工作。

遇着鲁迅高兴，他会说："不要紧的，让他多玩一歇吧。"或者说："他玩得正高兴，不肯走的，让他在这里，反正我不做什么。"

这样一来，广平只好察言观色，看看他是不是急着要做事，再看看儿子是不是到了适可而止的时候。

如果观察不对头，不晓得他在忙于工作，或者以为他们父子正欢畅地谈天，不好蓦然打断，等了又等，最后才由丈夫开口叫儿子到别处去玩。

等海婴一走，鲁迅就会感慨地说："把小孩交给我领了几个钟头了。"

同儿子玩的时候，他是高兴的，广平不敢打断他们的兴致；但海婴走后，他又马上觉得时间浪费了，与爱子周旋得太久了——这使广平忐忑不安，在彷徨无主中度着日常的生活。

12

在马路上，因为体力之故，海婴多半由广平带领，或抱在手里，她手里的东西，鲁迅一定抱过来自己拿——他渴望分担妻子的重负。

如坐洋车，总是海婴在当中，鲁迅与广平分坐两旁，他招呼着妻与子，用脚拦阻他们，用手扶持，防止跌倒。真是全副精神，太费神了！如海婴再东指西画地鉴赏马路，提出疑问，他与她就会心地一笑……

这一家子就这样径自地赶着自己的路！

第十五章　第二次离别（1932年11月）

　　我甚好，海婴也乖，你不必挂心。也不是故意说来安
慰你，实在是千真万确的真话，我总不肯骗你的，相信我吧！

——许广平

1

　　哥！此刻是11日夜9时，你早晨上车，现在大概已离开浦
口，向山东去了吧？

　　中午，我给你寄来了当天的上海报纸，以后也每日如此，直
到你离开北平。

　　狗屁①昨天打的那一针，大有效果。除你所知的，10日上午三
次便，下午打针后一次便——这是短时间，还不能立即见效——
夜间平安，你走的今早上也未大便，直到午后才便一次，很厚，
像糨糊状，此后到睡时也未再解便。

　　今天仍然带他去打了针，并且开了一种水药，医生嘱咐明天
换药，又嘱咐明天再去看，吃物仍然要吃流质，我已照办。依这

---

①　海婴绰号之一。

情形看，这回好像不像前次那么费劲了，自然我也加倍小心，因为你不在旁边的缘故，但我也不会加倍辛苦的。

狗屁问过爸爸好几次。我想最好直说，就对他讲："祖母病了，爸爸去看她。"

他又问："祖母在哪里？"

我说："很远很远的地方，叫北平。"

他说："啥辰光回来啦？是弟弟困困醒个辰光吧？"

我说："不是的，要多多辰光的。"

他也就不吭声了——你看！你挂记的狗屁好乖。

盼望母亲可以不再用药了，祝福她老人家！

哥！时间又过了一天，现在是12日晚10时了。我将你昨天走后留下的校稿又校了一次，发现错漏不少，但非大错，如环作坏，往往作往住等，多看一回好多了，打算明天便送去。

今天带海婴到医院，头一个先看，今早的那次大便也带给医生看了，还要打针，叫明天仍去，打针否再临时定，看情形是快好的了。

狗屁很乖，不像昨天吵着讨爸爸了，似乎也不十分地疙疙瘩瘩，今天给了他三次奶，一次鸡汤，另外一些糖果、饼子。中午有客人来，带有新出的香烟八罐，大约是想送你的，知道你不在，带回去了，但却被狗屁扣留了一罐，他以为凡客人带来的东西，都是给他的，真真要命。

我想起北平从前市场上，有雪景、山水、树木、人物装成一盒的玻璃盒子，小的两角钱一盒，很好看。你如有兴致，带几盒回来，送给熟人和狗屁、阿菩之流也好，因为它轻而易取。另外别的北京玩意儿也好，但非必需，路上不方便就不必带了。

你的日记用的纸如快用完，便中也买些带回吧！

2

乖姑！我一路很好，每天吃两餐，睡整夜，车上也无认识我的人。

北平似一切如旧，西三条也一切如旧，我仍坐在靠壁的桌前，而只一人。在百静之中，自然不能不念及乖姑及小乖姑——或不至于嚷"要爸爸"乎？

海婴已痊愈了吗？只要他很乖，就是很大的安慰。母亲说，以后不得称之为狗屁也。

这几日的《申报》都已收到，正如我所希望的，你不要太自行劳苦了。重看校稿，校正不少，很可嘉奖，我不料其乖至于此也。

看母亲情形，并无妨碍，请同仁医院的盐泽博士来诊断，我与他交谈，知道母亲不过是慢性胃病，因不卫生而发病，久不消化，遂至衰弱，决无危险，也无他疾。今天已好得多了。明日仍当诊断，大约好好地调养一星期，就可起坐了。

但这老太太很爱发脾气，她的学说是："医不好，就立刻死掉，医得好，就立刻好起。"所以特别地焦躁，今天头痛才好，就已偷偷地卧着编毛绒小衫了。

我很好，一切心平气和，眠食俱佳，可勿念。现在是夜2时，未睡，因为母亲服泻药，起来需人扶持，而她又不肯呼人，所以需轮班守她，但我到3时也要睡的。

这里天气很暖和，但静极，与上海比，真像两个世界，明年春天大家来玩个把月吧！某太太[①]对我们颇示好感，听说当初二太太曾来鼓动她，劝她想得开些，多用些钱。但被老太太纠正

---

① 指朱安。

了。后来又谣传害马肚子又大了，二太太曾愤愤然来向她报告，我辈将生孩子而二太太不平，可笑也！

3

哥！那些挑拨的人，本事也不过"多用些钱"的劝告，遇到不在乎钱的，那么就是用光也不要紧了，到那时挑拨也不成了，真"可笑也"。

……

海婴一切都好，为小心计，现在仍隔天去一次医院。他的医生很细心，甚可感，可惜北平没有什么好玩意儿，否则可以带些回来送给医生也好。

别人给你的信，我都拆开。擅自代理，太不守道德了，你可能原谅吗？

你在"靠壁的桌前，而只一人。在百静之中"想写东西吗？你要写的小说，需要材料吗？如不需要，可以写，不妨乘此机会写好再回来，省得上海整天闹哄哄的，写不好。

如果你愿意写，我们在这里是可以等的，反正你要等太师母好些才能回来。这样似乎比闲坐无聊更易消遣，但注意不要太吃力，这是我第一关心的。

作起小说来，不是一时可以写完的，或者你愿意玩玩，那么还是不写也好！一切请自己斟酌吧！

北平天气冷，你御寒的衣着没有带齐，不知旧的能否寻出来敷衍一下？如没有，即使做新的也不要紧，比受冷生病好多了。

太师母近来精神更好了吧？请你替我请安。

海婴这一向很乖，也不大钉我，在我旁边，我也能做工。我的做工，连日都是一有闲空，就抄《两地集》①。

我甚好，海婴也乖，你不必挂心。也不是故意说来安慰你，实在是千真万确的真话，我总不肯骗你的，相信我吧！

4

乖姑！我相信你的话，所以很高兴。小乖姑大约总该好起来了。我也很好。母亲也好得多了。但她又想吃不消化的东西，真是令人为难，不过经我一劝，也就停止了。

她和我谈的，大多是二三十年前和邻居的事情，我不大有兴味，但也只得听之。

她和我们的感情很好，海婴的照片放在床头，逢人就立即献出，但二老爷的孩子们的照相则挂在墙上。起初，我很不平，但现在才知道这是她的一种外交手段，所以便无芥蒂了。

二太太已将自己的父母迎来，却虐待得真可以，甚至一见某太太，两位老人也不免流泪。

我是极自小心的，每顿午餐、晚餐，只喝一杯黄酒，食一碗饭。只是19日下午因取书，触倒一板。打在脚趾上，很痛，马上擦兜安氏止痛药，到第二天早晨已全好了。

此地老友，皆待我甚好，这种老朋友的态度，在上海势利之邦是看不见的，殊不似上海文人之翻脸不相识也。我已答应他们到北大、辅仁大学、女子学院各去讲演一回。至于所讲，那不消说是平和的，也必不离开文学，可勿远念。

你的"哥"独坐靠墙之桌边，虽无事，也静不下，不能作小说，只可乱翻旧书，看看而已。我的信件，你随便处分，很好，岂但"原谅"，还该嘉奖的。

----

① 即后来出版的《两地书》。

5

海婴和前几天差不多，精神也好，自己躺在你的躺椅上装作爸爸——

"爸爸回来了。快！快叫我……"他一本正经地对老娘姨说。

"爸爸！"老娘姨忍住笑，喊道。

"快问我是从哪里回来的。"

"爸爸是从哪里回来的？"

"我看娘娘毛病好了回来的。"

20日中午，觉一困醒，他吵着要吃新鲜东西，就给了两块松子糖给他。

"这糖是从哪里来的？"他问。

"北平祖母寄给弟弟吃的。"

"为什么要寄给弟弟吃？"

"因为弟弟乖！"

他听了非常高兴。快吃完了，就从糖肉里挑出松子来，集拢，把糖给我，说："弟弟弗喜欢吃这个。"

北新书局转来一封不熟识的姚某信，说要从你的著作内选几篇译成英文，是和一外国人合译，征求你的允许。恐怕也只能允许，但看信上的话，此人也不免有些"浮气"似的。这是我的一种敏感，或不至于此，也说不定。

22日晚上，海婴稍稍有些气急，但不如前次厉害。医生教我热水内放些芥辣粉，请老娘姨将毛巾绞干，捆在身上，每两三小时换一次。我是每两小时换一次的，下半天已好些了。

他太弱了，我想是太小心关起来之故，以前老娘姨整天抱他外出，虽偶然伤伤风，但不似今年之多病。

我想顶好有一个地方，有人和他玩玩，那就是幼稚园了，横滨桥有一个广东人开的，下电车就是，收费颇大，但学生比较上流，我旧日同学的子女有四人每天都在此求学，听说还很不错，我想送入试一试，使他每天都有那么几个钟头唱唱歌玩玩。你以为如何？

23日起，耗子吵了两夜，我就用药给它吃，吃了三小块，昏掉了，放在马桶里，畅快之极！

《两地集》的信已抄到八十四，恐怕快完了。

25日，海婴差不多全好了，气急也没有了，也不咳了，大便还没有，明天拉出来一定是好的。

他的情形，我都是照直说的，一点也没有瞒你，为的是不忍心瞒你，但因此使你挂心，这是我的不是。听了这些，你可以宽心了吧？以前我虽小心，而未十分小心，以后十分小心，他必不至于再生起病来了。

现在是28日上午8时半。海婴昨夜困得很好，起床后精神也好，大便还没有拉——今天总要拉的，总要好起来的。

我就要带他去看医生了。

6

乖姑！我今天出去，想买些回上海送人的东西，结果一无所得。西单商场很热闹，但玩具铺只有两家，"雪景"无之，它物都恶劣，未买一物，而被扒手窃去两元多，盖我久不惯于围巾手套等，万分臃肿，举动木然，故贼一望而知为乡下佬也。

现只有为小狗屁买小物件三种，都得之于商务印书馆。别的人的实在无法可想，不得已，那么我想只能后日往师大讲演后，随便买些蜜饯，带回上海，每家两盒，聊以塞责，或再以"请吃饭"补之了。

母亲虽未起床，却是好的，医生宣告无须诊治，再连续服药一星期就行了，所以她也很高兴了。我也好的，已不喝酒，勿念为要。

　　今天是28日，我29日必定动身返沪。

第十六章　夫与妻之间

站在太关切熟悉上的我，对于他，能否趋重于理智的观察，还是不敢自信的；那么我的记载也只能作研究鲁迅的人们的一种参考，依然是我自己的鲁迅观罢了。

——许广平

1

从下午两三点钟起，鲁迅就开始陪客人，陪到5点钟、6点钟，客人如在家吃饭，吃过饭又一定要在一起喝茶，或者还没有走就又来了新的客人，于是又陪下去，陪到9点、10点，有时陪到12点——从下午的两三点钟起，到夜里12点，如此长的时间，他都是坐在藤躺椅上，不断地吸着烟。

客人走散，已是下半夜，他歉然地走到床前，赎罪似的想陪一陪辛劳了一天的妻子：

"我陪你抽一支烟好吗？"

"好的。"广平抬了抬困乏的眼皮子。

他躺到旁边，触着她的耳际，絮絮细语，一起劲，就又要求说："我再抽一支烟，好吗？"

"好……的……"广平的声音有些含糊了。

他继续娓娓道来，如催眠曲一般，不待这一支烟燃完，广平差不多已在床里边睡熟了，他连忙轻轻地走开。

这时，海婴早已在二楼和保姆一道睡着了，全楼沉寂下去，窗外的世界也安静了，鲁迅坐到书桌前，拧亮台灯，一束冷绿的光照到那摊开的稿笺上。

他写了很久。

到后来，他开始轻手轻脚地收拾书桌上的东西，伸懒腰，静默地探出两腿来，像躺帆布椅似的将身子长长地放在藤椅上——像是在重温已逝去的这一天，又像是平和宁静、毫无所思似的。

等烟吸完，他轻轻蹀进寝室，先把没关好的窗门收起来。他想尽量将手脚放轻些，不要惊醒她的好梦，但反而不自然了，弄得窗子发出哐的一声响。

"怎么？把窗子弄得那样响！"帐子中的她，好像在喃喃细语。

"声音并不大。"他说。

"以后由我关好了，我先关窗再睡。"

"不用，你睡足了，完全醒了，再关就好了……"

死一般的静寂降临了，很久很久，两人没有别的话语。但她却时时闭着眼，用手抚摩着他的脸，然后又吻他，吻他的手，吻他的身子。

经过不知多少时间，他说："我起来喝一点茶，吸一支烟……"这之后，他又重新躺在她的身旁。

两人依然没话可说。

等他的烟都变成了灰末，星散在床前的地下时，他说："大约有两点钟了。我们灭灯睡吧……"

寝室暗黑，她静静地，他却老是叹气。

她不敢问，陪着，过了好久，才有点鼾声从他那里发出，她才放心地睡下。

偶然他动了动，她赶紧曲着身子来抱他，但总觉得他像是被睡魔缠扰着一样不能自主地回抱。

早上，广平在厨房里忙活着。

海婴从三楼下来，背着书包，保姆送他到学校去，经过父亲的门前，老保姆小声地叮咛他："轻一点走，轻一点走。"

太阳照在花园中红红白白的夹竹桃上，又明亮亮地晃进了屋内，抹在鲁迅收拾得整整齐齐的书桌上——写好的文章已压在书下边，累了一夜的毛笔则静静地歇在烧瓷的小龟背上。

一双拖鞋停在床下。

2

从广州初到上海时，广平与几个朋友合办了个妇女刊物。

出了几期，鲁迅说："这种不痛不痒的东西，办它干什么？"

想想也的确如此，广平因此也就不再办下去了。

她又想，除了帮助他搞些琐务之外，自己应当有正当职业，于是就托许寿裳先生设法在教育界找事。

再三努力，将要成功了，但被鲁迅反对了好几次，他说："如果你到外面做事，我的生活又要改变了，又要恢复到以前一个人干的生活中去了，让我想想再说。"

事情就这样搁起来了。

以后又遇到另外的机会，广平又向他提起出外做事，他又说："你做事这些薪金，要辛苦一个月，看人家面孔，我两篇文章就收来了，你还是在家里不要出去，帮帮我，让我写文章吧。"

这样的结论，迫得广平回到家庭，管理厨房和接待客人，做他的义务副手。后来再做了母亲，成天给家庭的一切闹昏了，到夜里往往睁不开眼皮，他看看笑了，催促她休息。

有时她也写点东西给鲁迅看看，他指出这里没抓住要害，那里没抓住要害。广平再看看，也确是如此，久而久之，自己的写作雄心也就没有了。

她渐渐地发现，自己思想上的进展越来越迟缓，许多的事，和周先生一谈时，就觉得自己的理解总是不足，比他要差得多。渐渐地，她就以看到周先生的战绩为乐，而不想自己去独立作战了——鲁迅的战绩也的确是辉煌，在上海九年，作品的收获超过了以前的二十多年！

"他的工作是伟大的，然而我不过是做了个家庭主妇吧！"

——广平有时一想到此，就悲不自胜，她责问自己读了书为什么不给社会服务；但是，她又不能更不忍离开家庭，丢下他，独个儿走到外面去做事……她深刻地意识到，这是一种牺牲，但又是一种自愿的牺牲，一种并不是受了什么恳请或逼迫的牺牲，要做无名人物的心愿，充塞了她的胸怀。

她也不知道自己究竟属于哪一种女性。

"我想，我大约是有一点旧头脑、有一点新思想融合起来的一个东西。这东西也许被一些人所满意，如对手①方面就是，然而自己本身则是不满意的，有苦闷的——有时被新思想所指引，不甘于现状；有时被旧道德所涵养，又安于现状……"

她无法得出答案。

3

广平觉得，家里很像机器房，简单的用具之外就是机器材料——书籍——而夫妻两人就是两架小机器。

他在写作，她在抄写或校对。

他多半值夜班，她值日班。

---

① 犹言今日所说的"对象"。

仅有的机会才到外面散一下步。

这两架机器就这样地工作着，生产出《而已集》《三闲集》《二心集》……生产出《奔流》《语丝》《朝花旬刊》……

4

萧红从北方来，鲁迅很喜欢吃她做的饺子。

但举起筷子时，他却要征得广平的同意："我再吃几个吗？"

——因为他的胃不大好，每饭后必吃"脾自美"胃药丸一二粒。

在北京，衣服是什么时候高兴换了，就自己去拿；洗脸则是随便什么时候都方便。而现在这一切琐细之事都由广平效劳了。

他时常向人感叹："现在换件衣服，也不晓得向什么地方拿了。"

5

"海婴的毛线衣，每年拆一次，洗过之后再重打起，人一年一年地长，衣裳就一年一年地小了。"

在楼下陪着来熟了的客人，广平一边谈着，一边手里动着竹针。

这种事是她忙中偷闲做的，夏天就开始预备着冬天的，冬天就做夏天的。她常常讥笑自己："我是无事忙。"

其实，有事无事，她的忙都是真的，每一餐饭，都好像没有安静地吃过。海婴一会要这个，一会要那个；若一有客人，上街临时买菜，下厨房煎炒，就是摆到桌子上来，还要从菜碗里为客人拣好的夹过去；饭后又是吃水果，削苹果皮，若吃荸荠看客人削得慢而不好，也要削了送给客人吃……

除了用竹针打毛衣，她还用机器缝衣裳，剪裁了许多件海婴的内衫内裤，嗒嗒嗒地在窗户下面缝。

6

而广平却偏偏忽略了自己。

每天上楼下楼，跑进跑出，她都穿着一式的旧衣裳，洗的次数太多，纽扣都洗掉了，也磨破了，一看，就知道是几年前的旧物。

春天，萧红突然见她穿了一件紫红绫绸袍子，很是奇怪。

广平牵起袍子的下摆，微笑起来："这料子，是生海婴时，别人送给他做被子的礼物。真做被子，又很可惜，就拾起来做了一件袍子！"

刚说着，儿子就蹦跳着朝这边跑来。广平连忙向萧红使个眼色："别提了！再提，海婴又要给我找麻烦，一听说是他的，他就要要。"

冬天，广平穿着一双大棉鞋，这也是她自己做的，一直到二三月，早晚冷时还穿着。

她和萧红在花园里拍一张照片，低头一看，纽扣掉了，连忙拉过萧红，替自己在前边遮着。

她买东西，总到便宜的地方去买，要不然就到减价的地方去买。

处处俭省，把俭省下来的钱，都印了书和印了画，或劝丈夫买了书买了画——

日常生活的开支，鲁迅是绝不过问的，可他的买书账是自己记下来的。他想写一部高质量的文学史，想买《四部丛刊》做参考材料，但价钱太咬手，要几百块大洋，害得他犹豫了很久。

"买吧！省得以后东借西找，该花的还得花。"广平使劲劝他。

他咬咬牙，决定买。

而反观广平，却是一副寒酸的村姑相。她的内心深处，是不愿意和他形成太相反的对比，更不愿意在不必要的地方花去他绞脑汁换来的钱。

这使鲁迅感动，常笑着说："看你这样落拓，去买一些新的来吧！"

广平说："要讲究，你这点钱，还不够我花呢。"

彼此一笑，也就罢了。

7

她可以一边与客人谈着话，一边站起来，摘掉花盆里干枯了的叶子。

每走一个客人，她都要送到楼下的门口，替客人把门打开，客人走出去后，轻轻地关了门，再上楼来。

丈夫临时要寄一封信，她就换上皮鞋，跑到邮局去。若是落雨天，她打起伞就冲出门。

她忙。她愉快地笑。她的头发有一些开始白了。

8

"周先生平常喜欢喝一点酒，给他喝什么酒好呢？"广平向郁达夫先生请教。

"最好还是不烈的黄酒。"他说。

广平的脸上浮现出为难的神色："他喝黄酒时，量老喝得很多。所以近来我就给他喝五加皮，只是这酒性太烈，我就把瓶塞平时拔开，好叫酒气消散一点，变得淡些。"

——她原也晓得酒精成分多少的科学知识呀，可是爱丈夫爱得过分，连常识也被热挚的真情所掩了。

这使郁达夫感动得几乎落泪，笑她太没有酒的知识，讲了量与质的关系，讲了酒精成分的比较，劝她以后最好是给周先生好的陈黄酒喝，否则还是喝啤酒。

没多久，鲁迅突然送了达夫两瓶十多年陈的绍兴黄酒，笑眯眯地说："这是一位同乡带出来送我的。"

达夫悬着的心落实了，相信以后鲁迅再也不会喝像五加皮这样的烈酒了。

9

他的写字台面向窗子，像上海别的弄堂房子一样，那窗差不多有整整的一面墙那么大。

他把它关起来。他的习惯是怕吹风。他说："风一吹，纸就动，时时要防着纸跑，文章就写不好。"

屋里热得像蒸笼，请他到楼下去，他不肯。他的习惯是不换地方。

太阳热烘烘地照进来，广平劝他："把书桌移开一点吧！"

仍然不肯——尽管他已满身流汗。

10

邮差送来一封信，他拆开，是某一大书局的要人做寿的征文信。

他感慨地对广平说："我的社会关系太复杂了。比如这封信，看似很简单，而其实包含有我的地位、声望以及各方面的情况，才会有这样的信到来。这，是我积了多年的精力、物力、苦心所致的。所以仅此一端，就可以看出我这个人的社会关系太复杂了。"

有些人恨他，但有时又忘不了他——这使广平喜欢，也使她悲哀。

11

他常感寂寞，烦躁不安。

敲门声一响，他就会赶紧伏在窗口看看，是不是他自己的客人。

一面躲藏，一面又希望有人来——这使广平也受了他的寂寞的熬煎，更增加了她的担忧。

12

"太平我是看不见的了！"他常说。

一说，广平就颇生反感。

13

创造社的成仿吾，曾经不公正地批评过《呐喊》，这使鲁迅一直耿耿于怀。

春天中，有人通知他：创造社要在他们开的北四川路书店楼上咖啡座开会，商议对付鲁迅的法子。

他立刻兴奋起来，问明了开会时间，一吃过午饭，就招呼："走，我们到创造社咖啡座捣乱去，坐在他们面前，看他们怎样对付吧。"

340

于是，他率领广平、三弟、荆有麟，浩浩荡荡，开进创造社的楼上咖啡座。刚巧，侍者在屋中间摆起了一张长台子，鲁迅俨然主人样地邀请大家："先生们，请就座！"

　　先生们果然笑嘻嘻地在台前就了座。

　　"任随什么人来，也不让！"鲁迅吩咐道，精神很是亢奋。

　　幸而整整坐了一下午，来客虽是川流不息，但并没有人来说明要长台子开会，叫他们让出。

　　电灯亮了，该吃晚饭了，他们才在笑声里走出了创造社咖啡座。

　　街市上的灯火在鲁迅的眼中，打出了一片喜悦的金黄，他边走边说："什么也不怕！怎样来，就怎样应付，他们就莫可奈何了。"

　　这是1929年春天的事，算算时间，离成仿吾批评《呐喊》，已有五七年之久了。

14

　　书桌旁的玻璃缸里，养着十尾活泼的"苏州鱼"，忽然短少了，没有尸体，周围也看不到跳出的痕迹。

　　疑案连续发生了几次。一天夜饭后回到书房，电灯一亮，一只猫从玻璃缸边倏地蹿开，疑云顿消，于是他见到猫就赶去打。

　　夜。一阵哐啷哐啷的大声响，从楼下客堂里传来，把睡熟了的广平惊醒。她莫名其妙地赶紧跑下去一看——关起门窗，拿着棒，他正在打猫，困兽不善斗，朝两头的窗，南来北往地跳，他也南来北往地追着打。

　　一见广平，他气喘吁吁地呼："快……"

　　她赶紧加入打猫战线，乱棒之下，结果了那坏种。

　　此外，苍蝇和蟑螂也是他最恨的，他说："蟑螂最可恶，什么书都吃，撒了些污，又将书都弄脏。身子又扁又滑，逃得真快，随便什么缝子都钻得进去，真可恶。"

夜静之时，他拿着喷杀虫药水的枪，摸进厨房，骤然开亮电灯，朝见到的蟑螂猛射，然后又爬到桌上，朝歇在天花板上的星星点点的苍蝇喷，对这些恶物绝不宽容。

一方面除害，一方面久坐的肢体又得到了运动，这使广平喜欢，但有时又觉得好笑——

一只蟑螂，在地上蠕蠕地爬，仇人见面，分外眼红，他立刻脱下一只鞋子，握在手里，赤着另一只脚，追着打。

又出来一只……

追的时间一多，来不及洗脚，脚底就变得黑乎乎的了。

15

书似乎比他的生命还要重要。

偶然弄脏了，一着急，他会牵衣袖去揩拭；手不干净，也一定洗了才翻看；书架上的书收拾得整整齐齐。

他更不愿意借书给别人，万不得已，非借不可的，就另买一本赠送。

有时送给他的丛书，为了急于与同类的一齐收藏，就是广平准备要看，他也会嫌等得太久而包起来。

曹禺的《日出》就是这样，广平还没看完，就被收走，像电影正映到一半，便停止住了，使她一阵不舒服。

但如果是海婴来抢他正在看的书，或是翻弄他的图画，他却从不阻止，最多叫广平在旁边帮忙照料，待孩子看完后才收好。

妻子一边执勤，一边感动地想："他对幼小者的同情，不肯拂逆他的意志，无论在什么时候都一样，甚至对于自己酷爱的书也是如此呀！"

16

初到上海，深秋的一个下午。

暗暗的暮色悄悄地从窗台上爬了进来，他仍然伏在桌上，迷头迷脑，聚精会神，捏着笔，写不完地写呀，写！

妻子偶然地将双手放在他的肩上，柔声地说："休息一下吧……"

砰，他的笔是放下了，却满脸的不高兴。

还很孩子气的广平，满心好意，遇到这，就像从极暖的温室骤然走到冰天雪地一样，感觉到气也透不过般的难过。

稍后，丈夫给妻子解释："写开东西的时候，什么旁的事情都是顾不到的，这时最好不理他，甚至吃饭也是多余的事。"

这给妻子非常深刻的印象，从此处处更加小心，听其自然了。在共同的生活里，他也尽可能地迁就别人，总勉强着自己，从来没有因为写作的忙和急而不和她在一起吃饭的。

17

偶然，广平不加检点，不管场合地说了一些话，他听到以后很不以为然。

恰巧他自己也有点不痛快，白天人事纷繁，友朋来往，还不大觉得。但一到夜里，青灯一盏、二人相对时，他就沉默，沉默到要死。最厉害的时候，会茶烟不吃，像大病一样，一切都不闻不应。

广平被搞得痛苦万状，她并不伤心自己的遭遇，而是焦急他的自暴自弃："为了我的过失吗？打我骂我都可以，为什么弄到无言！如果是轻蔑之极了，那我们可以走开，不是谁都没有勉强过谁吗？"

他不高兴得更厉害时，乘广平没看见，半夜里会喝许多的酒，跑到空地去躺下——正如他自己所说，像受了伤的羊，跑到草地去舔干自己的伤口。

这样的情形，广平见过不止一次，每次她都会问自己："我能这时候把他丢下不理吗？"

那回夜饭以后，他自个儿悄悄地睡到凉台地上，才三四岁的海婴寻来了；这孩子很乖巧，也一声不响地挨他睡下。

湿漉漉的夜风凉凉地吹拂着。

广平到处找寻，终于觅到了这一对大小孩子，不禁转悲为喜，而鲁迅这时倒爬起身来了。

他不是故意和她过不去，他时常说："我们的感情算好的。"

她也明白他的天真，他对一切人可以不在意，但对爱人或者会更苛求——以后广平看到海婴对自己时常多方刁难，更懂得了丈夫为什么对最关切的人如此相待——更何况鲁迅在社会上受到许多磨难，一有感触，自然会千百倍于常人的看法的。

可家里的这种折腾，却着实使广平委屈和难过，她心里想：我同情你，但不知此时如何自处，向你发怒吧，那不是我所能够的。向你讨饶吗，实在是莫名其妙，何况自尊心是每个人都有的，我不知道要你饶什么。抑郁，怅惘，彷徨，真想痛哭一场，然而这是弱者的行径，我不愿意。

就这样，沉默对沉默，无言对无言，顶多一天半天，慢慢云消雾散，阳光又出来了——

他会主动解释说："我这个人脾气真不好。"

"因为你是先生，我多少让你些，如果是年龄相仿的对手，我不会这样的。"她答。

他马上说："这我知道。"

18

广平觉得自己之于他，与其说是夫妇的关系来得深切，倒不如说不自觉地还时刻保持着一种师生之谊。

她以为这样看更贴切一些。

她不明白为什么会如此，时常提出来询问他："我为什么总觉得你还像是我的先生，你有没有这种感觉？"

他总是笑笑地说："你这傻孩子！"①

19

两人因斗气而陷入了缄默。

"做文学家的女人真不容易呢！"他抱歉地说，"讲书时老早就通知过了，你不相信。"

"世间会有好人吗？我得反抗一下，实地研究看看。"这是广平的答复。

于是就这样地和气起来，两人从没有吵闹过。

20

广平觉得他很懂人情，如果要叫她做些事，也要斟酌情形才开口；见到她忙了，也会来助她一手。

他担心她的憨直，不善处世，所以不惜自己加倍做工，免得

---

① 鲁迅逝世后，许广平在1939年所写的《鲁迅先生与海婴》中说："现在我是明白了，因为他太伟大，他的崇高，时常引起我不期然的景仰。"

她在外面低首下心地谋生活。

他总不断地指导她，说她太直率，不懂事，有时甚至发恼，质问她："你一个人将怎样生活？"

的确，在他的庇护下，她像暖室中的小草，丝毫受不到风吹雪打。

"可是我一个人在北方读书时，自己也生活了十年之久，不还是好好地活下来了吗？"广平不禁偷偷地笑了起来。

21

她自己有一笔私款，是在广州教书时积蓄下来的，数目不大，只有三百元，只够一人用几个月。

她在自己的存折上，总是保持这个数目，既不减少，也不增多，永远是三百元这个整数。

她曾当着鲁迅的面，对几个好朋友说："我有三百块钱，我没有把它同周先生的钱混在一起……如果有朝一日我们不能共同生活下去了，这三百块钱是足够维持到我找到工作的。"

她也曾对另外的朋友说过，她要保持自己的独立地位，反对妇女婚后成为男子的附属品。她还说，当然，她不会和她的周先生离开，但也要设想，万一发生不得不离开的情况，她就可以不依赖别人的资助，用这三百元维持自己几个月甚至半年的生活，这期间，她就能够找到职业了。

对此，鲁迅打趣地向人说："中国的妇女啊，总有些体己钱。'许'也不例外。"

22

广平准备将丈夫平常的举动与谈话记录下来，久而久之，把这种材料选择编辑一下，也许可以使别人对他的文字有更清楚的了解。

晚间，她拿起笔，预备写。

他问她写什么。她将意思告诉他。他表示不愿意。

她明白：他认为不值得这样做。

但歇了一下，他又说："要写，就坏处也得写。"

23

每一种新出版物一到手，他的高兴劲简直没法子形容，兴冲冲地一本一本包起来，想使朋友们赶快收到。

这种替人设想的忘我心情，广平立刻体会了，感动了，自然在旁边给他拿包裹纸啦，绳子啦，糨糊啦，共同把书包扎起来。

眼看着这一包包的书摆在案头，他这才靠在躺椅上，发出满足的微笑，扳着指头，计算着朋友该收到的日子。

24

夜饭过后，如果不忙着工作，他们就喜欢不开电灯，在那里休息，尤其在夏天，差不多天天如此。

窗外的路灯相隔不远，映射到屋里来，光影中还能探视一切，在这朦胧的微明中，另有一番情趣。

如果是月夜，那清光和室外的灯光交相辉映，柔和地淌进室内来，他就会欢喜地说一句：

"今天的月亮真好呀。"

25

周围已被黑暗所吞没，远处偶然传来一两声犬吠，传来或断或续的叫卖声。

儿子早已睡熟了。

这时，一灯在前，他，伏案写作；她，在一旁读书报，做手工。

倦了，大家放下工作，饮些茶，谈点天，吃些零食。

多么满足呀！这真是一天中的黄金时光。

26

人生几何，他却苦磨了一生，所以广平总愿他能歇息歇息。

于是，晚间海婴睡静了，客人也没有，工作比较放得下的时候，像突击一下似的，他俩会叫一辆汽车，很快地溜到电影院坐下。

每次的座位都是最高价的，他认为：看电影是要高高兴兴，不是去寻不痛快的，如果坐到看不清楚的边远角落里，还不如不去。

另外，广平有点近视，为了方便她，更为了以她的满足为满足，他才一定要这样做。

还有，他不愿意费许多时间去空等，普通座位，容易客满，早去竞争，他是不肯的，只得花较大的价钱坐对号位子了——

他俩的座位多半是在楼上第一排，除非人满了，是很少坐到别处去的。

27

他时常对她说："我要好好替中国做点事，才对得起你。"

广平感奋，心中一阵伤痛，说："门徒害夫子。"

鲁迅不肯承认这话。

28

她常替他到医院取药。

她一走，他就偷偷地做工，在她预定要回家的时间前停止。

一面达到了自己的目的，一面免去了爱人的责难，这样的精神状态使广平深感可怕。

后来连病中预定的夜间休息也不大做得到了，仍拿起笔来。

广平质问他："你不是夜里不打算做事了吗？"

他说："我做一些些。"

29

应友人的邀请，他出门去了。

夜，广平焦躁地对着灯儿，等待那人，坐也不是，睡也不是，看书也不是，做事也不是。

她绝不愿意想到有什么意外会发生，但脑子中偏在生动地描绘着那场意外：一个人浴血躺在地上，血在沸腾，她却安坐在家里……

闻足音则喜，她竖起耳朵，听到了钥匙触到门锁的响声，赶紧去开电灯，满心的疑虑顿时变成了自觉多余的庸人自扰了。

"你……"一面是喜悦的埋怨。

"我……"一面是抱歉的说明。

像瞬息而作的闪电的相遇，互相拥抱，任欢慰的目光激起热烈的心跳……

30

咬紧牙关，挣扎着，度着相亲相爱的生活。

他们为自己那未必微不足道的爱，立了一方纪念碑——1933年4月，《两地书》出版了。

这部通讯集是经过两人共同选择、增删、修改、编辑而公开的。

原信共一百六十封，收入《两地书》的是一百三十五封。鲁迅曾说过："一个人的言行，总有一部分愿意别人知道，或者不妨给别人知道，但有一部分却不然。"所以从某种意义上来说：《两地书》是"不妨给别人知道"的，而删改的"一部分却不然"。

这部书稿由广平抄录付排以后，鲁迅自己又用精致的宣纸，工工整整地抄写了一部，留贻予海婴。

他在《序言》中深情地告诉未来时代的人们——

> 我们以这一本书为自己纪念，并以感谢好意的朋友，并且留赠我们的孩子，给将来知道我们所经历的真相，其实大致是如此的。

31

1935年冬，广平对友人说："周先生的身体是不如从前了。"

1936年3月，鲁迅病了，靠在二楼的躺椅上，心脏跳得比平日厉害，脸色略灰，喘息沉重，不用走近他的身旁，一跨进卧室就能听得到。

广平正相反，脸色是红的，眼睛显得大了，讲话的声音是平静的，态度并没有比平日慌张。在楼下，一有朋友走进客厅，她就会迎上去，告诉说：

"周先生病了，气喘……喘得厉害，在楼上靠在躺椅上……"

32

怀着虔诚和期望，她端着黑漆方木盘往楼上走，盘中摆着一小碟豌豆苗，一小碟鸡——是拣鸡身上最好的一个地方的肉，一小碟黄花鱼——也是拣鱼身上最好的一部分。

半个钟头以后，这盘子仍装得满满的，竟照原样，一动也没动，又端下来了。

她眉头微微地皱了起来，向来看望的朋友说："周先生的热度高，什么也吃不落，连菜也不愿吃，人很苦，很吃力。"停停，又似乎在安慰自己，"他也许不喜欢吃这些，周先生人强，喜欢吃硬的，油炸的，就是吃饭也喜欢吃硬饭……"

她又楼上楼下地跑，呼吸有些不平静，此刻如果坐在她的旁边，好像可以听到她的心跳。

她按时间给他吃药。她按时间给他试体温表。她给他试过以后，还要把一张医生发给的表格填好——

那表格是一张硬纸片，上面画了无数根线，她就用刻度尺比量着，在上面描画着度数。

尖尖的山，低低的谷，低低高高，高高低低，在表上形成了一条接连不断的红线。

一画到高处，她的手就颤抖了。

33

书、报、信，都要由广平先看过，必要的就告诉他，不十分必要的，就放一放。

老娘姨病了，要请两天假，她的活计又全堆到了广平头上。

海婴掉了一个牙齿，但没人带他上医院，自然又得广平去。

儿子在幼稚园里读书，又是买铅笔，又是买皮球，临时还想出个花样儿，要吃什么花生糖什么牛奶糖的，一边跑，一边喊，冲上楼去。

广平一把抓住他，拉下楼来，轻言细语地对他说："爸爸病啦。"然后拿出钱来，嘱咐娘姨，只买几块糖而不准让他格外地多买。

海婴最喜欢听讲故事，这也是大麻烦，广平除了给他讲故事之外，还要在长桌子上，偷一点工夫来看鲁迅因病搁下的校样。

收电灯费的来了，在楼下一打门，广平就赶快往楼下跑，怕的是再多打几下——

咚咚咚！她觉得那响声格外地惊心，吓人！

34

夏天，楼下客厅。广平手里拿着一大团毛线，迎着客人又站了起来。

"周先生好一点吗？"来客问。

她照往常那样答道："还是那样子。"

说着，眼泪流了满脸，一边拿起杯子给客人倒茶，一边用左手拿着手帕按着鼻子。

"周先生又不大好吗？"客人又问。

广平说：“没有的，是我心窄。”

过了一会，鲁迅要找什么东西，喊她上楼去。广平连忙擦着眼睛，带着那还没有缠完的毛线团，匆忙地上楼去了。

楼上坐着须藤老医生和另外两位极熟的客人。一见他们，广平就自己低下头，不好意思地笑了。她不敢到鲁迅的面前去，背转身问他要什么，然后又慌忙地把毛线头捻住，在手上缠了起来。

一直到送老医生下楼，广平都是背向鲁迅站着。

35

有人曾问过德国女版画家珂勒惠支："从前你用反抗作主题，但是现在你好像很有点抛不开死的观念了。这是为什么呢？"

她用深有所虑的语调回答道："也许因为我是一天天老了！"

她的这一自诉，鲁迅早在编《凯绥·珂勒惠支版画选集》时就知道了。

如今他自己也好像到了这一步：日夜躺着，无力谈话，无力看书，连报纸也拿不动，可惜又未修炼到"心如古井"的程度，就只好想，有时也竟想到"死"，想到了写遗嘱。

于是他想定了一些，都是写给亲属的，其中第二条是："赶快收殓，埋掉，拉倒。"第四条是："忘记我，管自己生活。——倘不，那就真是糊涂虫。"

广平完全明白这是留给谁的。

36

他默默地躺着，有时也想：原来这样就算是在死下去，倒也并不痛苦；但是，临终的那一刹那，也许并不是这样的吧；然而，一世只有一次，无论怎样，总是受得了的……

后来，却有了转机，7月间他好像好了起来。14日，很知心的门生许钦文来看望他，赠火腿一只，红茶一盒。钦文本准备第二天就回杭州的，见鲁迅似乎有一些话没说完，就改口说："不就回到杭州去，明天我还要再到这里来的！"

第二晚还到了另外一些客人，广平跑进跑出地忙，好一阵都不见人影。

鲁迅叫钦文挨近他坐下，轻声说："钦文，我写了整整三十年，约略算起来，创作的已有三百万字的样子，翻译的也有三百万字的样子了，一共六百万字的样子，出起全集来，有点像样了！"

鲁迅又告诉了他编排的方式，然后静默起来，可两眼盯着他，似乎在等待他发表意见。

"结集起来，的确是有点像样的了！"钦文突然醒悟过来，鲁迅先生这是在交代后事了！这种情况，如果直接同广平明讲，会使她伤心流泪的，所以他姑且先同自己说说，日后也好转告她。

先生的心好苦啊！

"而且，"钦文忍不住又补充道，"还要写，再添点创作和翻译！"

"这倒是——"鲁迅刚想说，广平走进房间来了，他停住了这话头，改谈起别的事来。

37

他做了一个梦。

他走出去，看见两旁埋伏着两个人，打算攻击他，他想：你们要当着我生病的时候攻击我吗？不要紧！我身边还有匕首呢！于是将它投出去，掷在敌人身上……

这梦后不久，他的病更减轻了，可以稍稍散散步，看看电影，生活生活了，更可以打制匕首，投向……

38

10月17日上午，他在续写《因太炎先生而想起的二三事》。

午后，他穿好袍子，走下扶梯，想出去散散步。

外面有些风。可他已决心外出，衣服穿好之后，广平知道是很难劝止的，不过还想留住他，就急忙说："衣裳穿够了吗？"

他探手摸摸，里面是穿了绒线背心的，说："够了。"

"车钱带了没有？"广平赶紧又问。

他理也不理，就径自走了。

当晚，病又发作，气喘，一夜未眠。18日，终日喘着……

39

枕边，放着一张着色的木刻小画片，这是他病中常看的——

画上，有一个穿大长裙子，飞散着头发的女人，在大风里跑，在她旁边的土地上，还开着小小的红玫瑰花……

他有许多画，为什么只选了这张放在枕边？

这原因，连广平也不知道。

40

19日，夜，12时。

每隔两小时注射一次的强心针注射了以后，广平怕看护要熬通夜会受不了，就叫她困一下，到两点钟注射时再叫醒她。

广平看护着他，给他揩汗。汗有些黏冷，不像平常。

揩他的手，他就紧握她的手，而且好几次都如此。

他细声说："时候不早了，你也可以睡了。"

她说："我不瞌睡。"

但为了使他满意，她就对面地斜靠在床脚上。

好几次，他抬起头来看她。

她也照样看他，还赔笑着问他："你感觉了吗？病好像轻松了一些……"

但他不说什么，又躺下了。

他也许这时有预感，可他没有说。

她是没有想到问。

又连揩手汗。他又紧握她的手。她却没勇气回握他了，怕刺激他难过，装作不知道，轻轻地放开了他的手，给他盖好棉被。

后来她回想：我不知道，应不应该也紧握他的手，甚至紧紧地拥抱住他，在死神的手里把我敬爱的人夺回来？

41

清晨五时，天将发白。

他的头稍朝内，呼吸轻微了，连打几针也不见好转。

众人要她呼唤他。

"周先生！周先生！……"

广平千呼万唤，她的周先生也没有再应过她一声了……

医生说：过了这一夜，再过了明天，就没有危险了。

医生说：过了这一夜，再过了明天，就没有危险了……

第十七章　尾声：历史与文献

周先生对我并不坏，彼此间没有争吵，各有各的人生……

——朱安

忘记我，管自己生活。

——鲁迅

犹如病弱的人曾经输过血的一样，身体里已经渗透了别人的一部分血液，就是想忘记，事实存在着，终于成为不可能的了。

——许广平

1

鲁迅先生讣告

鲁迅（周树人）先生于 1936 年 10 月 19 日上午 5 时 25 分病卒于上海寓所，享年五十六岁。即日移置万国殡仪馆，20 日上午 10 时至下午 5 时为各界瞻仰遗容的时间。依先生的遗言"不得因为丧事收受任何人的一文钱"，除祭奠和表示哀悼的挽词、花圈等以外,谢绝一切金钱上的赠送。谨此讣闻。

鲁迅先生治丧委员会

蔡元培　内山完造　宋庆龄　A.史沫德莱[①]　沈均儒

萧参　曹靖华　许季茀　茅盾　胡愈之　胡风　周作人　周建人

此讣告刊登于上海本埠中文与日文诸报上。

2

10月20日,北平《世界日报》刊出了如下的一条报道:

周夫人述悲怀

鲁迅除有爱人许景宋女士及一子随同在沪外,北平西三条二十一号寓所,尚有其八十余岁老母,及妻朱女士。此处周家已寄寓十余年,鲁迅生前在北平时,即寓于斯。其寓所为一小四合房,记者投刺[②]后,即承朱女士延入当年鲁迅之书斋接见,室中环列书箱书橱甚多,东壁是鲁迅速写像一帧,陈设朴素。朱女士年已届五十八岁,老态龙钟,发髻已结白绳,眼泪盈眶,哀痛之情流露无遗。记者略事寒暄后,朱女士即操绍兴语谈前两周尚接其(指鲁迅)由沪来信,索取书籍,并谓近来身体渐趋痊复,热度亦退,已停止注射,前四日又来信谓体气益好。不料吾人正欣慰间,今晨突接噩耗,万分悲痛。本人本拟即日南下奔丧,但因阿姑年逾八旬,残年风烛,

---

① 史沫德莱通常译为史沫特莱,美国女作家。后面的萧参即萧三,许季茀即许寿裳。

② 刺即名片,投刺意为递上名片。

聆此消息，当更伤心，扶持之役，责无旁贷，事实上又难成行，真使人莫知所措也。记者以朱女士伤感过度，精神不佳，不敢过事长谈，遂即告辞。

3

紧接着，第二天的《北平晨报》也发了一篇特写：

中国名作家鲁迅夫人访问记

昨天的早晨，没有风，秋阳照着这熙攘的街市，车马仍然像往日那样的飞跑着，可是在这古城中，每个人的面孔都含着一种忧戚的表情在注视着报纸刊载着这种不幸的消息。当笔者走到了宫门口西三条二十一号时，门前有许多的人在谈论着这不幸消息，因为过去他们不知道这伟大作家的家就是在这里的啊。这院子倒并不怎么大，三间北屋住着鲁迅母亲和他的原配夫人，三间南屋那就是鲁迅昔日在平居住写作的屋子，四周的书柜里，装满了线装的书籍和些中日文的书。昨天这里便成了致祭的地方。在东边的墙壁上，挂着一张长约二尺，宽有一尺的画像，据说这是陶元庆1926年鲁迅在平时给画的，面貌仍是那么清癯。前面一个长桌上摆着祭品，屋里充满了肃穆的气氛，使我沉默了有好久。鲁迅的夫人面貌也是清癯得很，看年纪已有半百开外了，穿着白鞋白袜，并用白带扎着腿，头上挽着一个小髻，也用白绳束着。

当笔者首先致了一番慰唁之辞后，她便流露着极其伤感的神色，说道："周先生逝世情形，已志各报。关于北平家族的方面，现在并没有什么意见，因为上海有许多的友好，为他办理一切的，这里他的母亲已是八十岁了，总是需人服侍着，所以一时我也不能动身赴沪！"她是绍兴人，和周先生同县，民国二年结的婚，来到北平已有十四年之久[①]了，和鲁迅有三年多没见面。在她谈到这里时，恰巧他的令弟知堂[②]老人也在这里，于是笔者为要知道一些鲁迅先生别的事情，便向他去探询一切。

据周作人先生谈："鲁迅的死，在当日8时由他的弟弟建人（现任商务印书馆编辑）给这里打的电报，关于他生前的事情，因为他的个性偏强，所以少有人向他询问事情的，他在文学界中的批评如何，我不愿意说，外方人士比我认识着较甚清楚的。他生平的著作一共有十多本，他在上海的景况如何，我也是不如何清楚的。如今他死了，北平的文学界现有人拟为他举行追悼会，本人以他上海方面已有家眷，对于那里的景况如何，也不明了，故自有上海文学界和建人就近在那里为他主持，所以本人也不再去沪的了。"末后我们又谈到他得病的原因。他说："鲁迅在教育部任金事时身体很好，以后因写作用心过度，竟转成一种心脏病，今年春天打算赴日移地治疗的，以后病有起色，乃打消计划。"谈及此笔者便辞去。

4

三味书屋塾师寿镜吾老先生的儿子寿洙邻，在北平司法部门工作，因先父的关系，与鲁迅交往甚笃。在这悲痛的日子里，他不仅多方劝慰太夫人，还叫妻子不时地来劝慰朱安。

---

① 此处有误，鲁迅与朱安结婚在清光绪三十二年（1906），朱安到北京已有十六年。

② 周作人的号。

寿夫人见朱安祭祀鲁迅，特别地准备了一种食品——用白薯蓣切成片，然后用鸡蛋和面粉涂在上面，在油中炸熟，黄澄澄的。

"这是他最喜欢吃的，"朱安的眼圈又暗暗地红起来，"家里唤作'鲁迅饼'……"

5

深秋的风，动着墓地上黄杨和梧桐的叶子，在一片沉重广茫的哀歌声中，鲁迅的灵柩轻轻地垂落进地穴中。

一旁的海婴，茫无所知，独自在吃他的糖饼。

以后，他突然问母亲："妈妈，我是不是没有爸爸的儿子？"

广平觉得不能瞒他了，只好直说："是的，你要好好地记得爸爸，一直到长大起来。"

他说："自然记得啰，将来我还要写一本书呢。"

6

广平做了一个梦：

他要广平给他做杏仁糕吃，又特别嘱咐：杏仁粉可到东洋店里去买——其实东洋店里没有这粉的——她答应了，并且也想到，光是杏仁粉是做不出糕的，要加米粉、好糖，还可添些鸡蛋、牛奶。她很高兴，因为他平时不大肯想出些什么，要自己做给他吃的。她正要动手做，却醒了过来……

好梦破碎了，痛苦煎熬着广平，她痴痴地想着：假如是19世纪的头脑，我还可以勉强做出糕点来，供在灵前，希望你的魂兮归来，享受一切。然而我明明地看着你没有了知觉，我不相信有天堂。所以这一点点的安慰也使我做不到！……没法填补的缺憾呀！……

7

每当夜里，广平都不敢走到昔日的卧室里去，即使有事非进不可，也急急地把事情办了就走出来。

是畏惧幽灵么？不！以前她的一个好朋友死去，她就热烈地希望能有幽灵，可以和她像生前一样来往。其实，现在她最怕的是那明晃晃的灯光，使积淀在这屋子里每一角落的印象，都清晰地浮现出来——

靠门的方桌上，放着许多的书，每一本，每一堆，每一摞，都经过他的手的摩挲；大的书怎样搁，小的书怎样放，他都有一定的处置；书堆上还有那一匣散开的线装书，中间夹了各式的签条——"不，我怕看它，我没有正视它的勇气。"她想。

书堆下面，拿掉桌布，那旧式的红漆木桌子，是他生病前特地从别的地方搬来的。为的是好方便他，省些力气，在房间里取点炉火温暖，吃起饭来舒服些。这里也曾招待了不少朋友同吃——"不，我怕看见这桌子，想起了一切的一切，我是多么脆弱呀！唉，没有本领的人。"

那衣橱，仍旧挂着他最后出门穿的那一件破旧黑哔叽的袍子；那橱柜，空空洞洞，好似她的心头一样；放他夜饭后时常喜欢吃的糖果点心的衣橱的另一角，她更怕看到——"它会招引我想起他要东西吃时的神气。他叫我'忘记我'，这叫我如何能忘记？难道这些真如烟云一般消散了，捉也捉不住？"

那张破了的藤躺椅，她原来私心准备等搬了家（如果他不死，他们准备10月25日以前搬家，因中日关系紧张而此地又日侨居多），偷偷地买一张西式的绵软的，只要已经买到手，多花些钱他也不会再吭声的——"这计划我却没能够实现，他花费了大部分的光阴工作，而作为休息的所在，直到死，还是这破藤椅子。真是没福消受比较舒适的物质生活呢，还是我的错失呢？我没有法子再去问他，这疑问将埋葬在我的心坎里，直到我与生俱去。"

那书桌，到上海以来，他在上面消磨了九年的光阴，桌上未完成的稿子，日常的文具，每天离不得的烟具、茶杯等，都摆在眼前，哪一件不是经过他的手泽呢？——"唉！最揪心的是忙时，左手拿着烟，右手执着笔，聚精会神地工作，那紧张程度是可怕的，不等相当的机会是不肯歇手的。消耗他生命最厉害的就在这辰光，而且一切作家的生命，不都是这样地耗掉了的吗？"

那藤椅的右方，是那缸苏州鱼，她曾和他一同铺沙，灌水，安放水草，再把鱼慢慢放下去；害怕水苔铺密了，妨碍鱼的呼吸，他时常亲手将它们去掉。现在鱼的呼吸好好的，活泼泼地游泳，而那朝夕亲近它、爱护它的人，倒停止了呼吸——"鱼假如也有灵魂，恐怕它的泪要和缸里的水一样深吧？然而我，既不是鱼，也没有停止呼吸。我走入这房中，无名的空虚就袭击着我，我只觉一切都和我生疏了。这不是我往日的境遇，这情景我不熟识！我那房中是要有他存在的。他却去了……这房间我滞留不住了。"

于是，她取下悬着的那本美丽牌日历——

"民国二十五年10月19日"！

自从撕到这一个黑色的日子后，广平就再也无力气撕下去了。

她将它严严实实地包了起来，一层又一层，一层又一层……

8

三十八岁的许广平，带着七岁的海婴，带着鲁迅在上海的全

364

部遗物，迁居到了霞飞路霞飞坊六十四号。

这是一幢三层楼的弄堂房子，她与孩子住二楼，女工双喜姐住三楼，丈夫的全部遗物也存放在这里；底楼则给了老朋友郑颜玉和她的家人住。

她，决心好好地看守他所留下来的一桌一椅，一书一物……

9

转眼鲁迅逝世已三月，文化界同人希望出一本纪念集，赶在半周年纪念时刊印成书。商量编辑大纲时，大家一致认为应该有先生的一个年谱，后来决定民国元年以前由周作人写，南京、北京时期由许寿裳写，上海部分则由广平执笔。

终身与鲁迅友善的许寿裳先生，深刻地理解亡友，深刻地理解亡友的妻子，准备秉笔直书他们的婚姻与爱情的史实，他在信中先征求广平的意见——

> 年谱上与朱女士结婚一层，不可不提，希弟谅察。关于弟个人婚事，裳拟依照事实，直书"以爱情相结合……"并于民七①特标"爱情之意见"一条，以示豫兄前此所感之痛苦。言隐而显，想荷谅解，如尊意以为未妥，仍可修改，务请相示为盼。

因此，他寄给许广平的年谱草稿中的有关部分是这样写的——

> （民国）前6年6月回家与山阴朱女士结婚。

---

① 此处有误，实际应为民国八年，即1919年。

（民国）8年1月发表关于爱情之意见，题曰《随感录四十》。

（民国）十六年与许广平女士以爱情相结合，成为伴侣。

10

广平真不愧是特立独行的现代女性，面对历史，做出了杰出的回答。收到上述年谱草稿后，她马上将自己写的一份寄给在北平的许寿裳，她认为：

> 朱女士的写出，许先生再三声明，其实我绝不会那么小气量，难道历史家的眼光，会把陈迹洗去吗？
>
> 关于我和鲁迅先生的关系，我们以为两性生活，是除当事人之外，没有任何方面可以束缚，而彼此间在情投意合，以同志一样相待，相亲相敬，互相信任，就不必要有任何的俗套。我们不是一切旧的礼教都要打破吗？所以，假使彼此间某一方面不满意，绝不需要争吵，也用不着法律解决，我自己是准备着始终能自立谋生的，如果遇到没有同住在一起的必要，那么马上各走各的路……

因此，她希望许寿裳先生那充满好意并且是当然事实的两句话"以爱情相结合，成为伴侣"，就不要记在纸上了，在自己所拟的草稿中，民国十六年这一年她径直写成"……与许广平同居"，六个字，简单明了。

许寿裳欣然同意，又仔细斟酌，把广平的籍贯与尊称加上，这句话就变成了"与番禺许广平女士同居"，写入了正式的年谱之中。同时在民国八年（1919）处列出"1月发表关于爱情之意见，题曰《随感录四十》"，暗示这篇文章与鲁迅的生活有密切关系。

广平曾经热忱地希望"将来一定要有更详细的年谱，如果有许多种更好"，因为"在最近百年社会思想以及文化史上，要研究这一时代，是没法子把鲁迅先生推开或掩藏起来的"。

以后的年代，果然有新的各式的鲁迅年谱、年表问世，时间更后，文字更长，篇幅更大，但往往都有意无意地"推开或掩藏"了许谱中的直笔，为尊者讳了。

读这类文字，再细思当事人当年的恢宏气度，也许人们会陡然发现自己落后了一个世纪，而广平却超前了一个世纪吧？她正活生生地立在历史进程的前方，疑惑地询问为旧眼光所囿的新时代的人们——

"我们不是一切旧的礼教都要打破吗？"

11

短短的一年中，广平征集到七十余位受信者手中的八百多封鲁迅书信，编成了《鲁迅书简》，印行了《夜记》《且介亭杂文末编》两本杂文遗著，出版了《鲁迅先生纪念集》，向丈夫的周年忌辰献上了四束圣洁而不凋零的花。

中日关系紧张，她更担心鲁迅的手稿和书籍会在狼烟中荡然毁去，于是加紧准备将丈夫的全部著作编成全集。经过热心人士多次协商，决定全集的编辑工作由"鲁迅先生纪念委员会"负责，进步文化社团"复社"对此提供赞助与支持。

但全集共二十卷，六百余万字，要进行这样大规模的整部印刷，环顾国内，广平认为只有"以介绍全国文化最早能力最大的商务，最为适当"。于是许寿裳提议，广平致函胡适，请他帮助向商务接洽。胡适当即致函商务编译所所长王云五，得到了他的同情与允许，只是为了防止别的书贾的捣乱和外间的造谣，须取得鲁迅遗属对他的著作的版权的授权委托书。

鲁迅治病和办理丧事，给广平拉下了近万元的亏空，她只有靠微薄的版税硬撑，海婴又多病，更是雪上加霜。但在这艰难困厄之中，她仍八方筹措，按月供给北平的婆婆和朱安夫人一百元，从未间断，和丈夫生前时一模一样。如此地尽心竭力，一以贯之，自然使两位老人分外地感激，很快地，1937年7月2日，朱安女士寄给了许广平女士一封全权委托书——

景宋女士：闻

先夫鲁迅遗全集全部归商务书馆出版，姊甚赞成，所有一切进行及订约等事宜，即请女士就近与该书馆直接全权办理为要。女士回平如有定期，祈先示知，以免老太太悬念。其余一切统俟面谈

此颂时祺并祝　婴儿健康！

姊　朱氏检衽
7月2日

朱安并不识字，她的信是请宋琳①代笔的，宋琳同时有一封信给广平，说明事情的经过——

景宋先生：奉书敬悉。

大先生遗集出版有日，不胜欣喜之至。大师母处已说明，兹按照她的意思代写委托书一封，即请检核此事，自当由先生全权办理。大师母亦甚明白，外间自无从造谣也。

专复并颂！

———————————

① 鲁迅的学生、挚友。

时祺！

宋琳　谨启
7月2日

1938年9月25日，鲁迅逝世两周年纪念日的前夕，数千部二十巨册的《鲁迅全集》印刷完毕，陆续送到了全国各地读者手中。

如同鲁迅生前，人们过多地被鲁迅的光彩所吸引，却没有十分注意到广平一样，现在大家都在称颂广平出版鲁迅遗著的巨大勋劳，却忽略了另一个女人的默默的奉献。

但人间自有真情在，具有新道德的新女性并没有忘却那位旧时代的女人。为了让更多的读者买得起全集，广平自动提出减少版税，一套二十卷的全集只收取一元，所以她总共只得到四千多元版税。但她马上拿出一千三百多元，作为鲁老太太和朱安夫人的生活费，余下的还了鲁迅的药费和治丧费，再余下的，才是自己和海婴的生活费。

12

抗战爆发，广平与朱安的联系被切断。

日军占据了上海，保持"中立"地位的英法租界成了惊涛中的"孤岛"。霞飞坊属法租界，而广平的住处又是公开的，所以人来客往，差不多成了进步朋友们的一个无形联络站。

从1939年春夏开始，年轻的广东姑娘凌山成了许家的常客，广平母子从不把她当外人看，天南地北，无所不谈，成了极知心的朋友。

一天吃过晚饭，广平房间里，两人靠坐在床边闲谈。

凌山望了望她所敬重的许先生：高大、健壮，在广东人中的确是出类拔萃的，穿一件半新不旧的深色旗袍，椭圆脸上的大眼睛很有精神，只是齐耳的短发已经花白了……姑娘心里涌动着许多的感触，想了想，说："许先生，我曾经算过，他比您年长十七岁，对不对？可是你们情深爱切，以沫相濡，真难得。"

"路，不是从没有路的地方践踏出来的么？"广平坦然地回答，"不过你知道，也不是一帆风顺的，我们遇到的波折可不少。"这些波折，凌山从书本上或是道听途说，也知道一些。"那么，年龄呢？"她脱口又问。

"你很想知道吗？"广平眨了眨眼，笑了，因为她知道这正是凌山生活中遇到的问题。

"当然，很想，非常想。"姑娘认真地说。

"年龄么？"广平慢吞吞地说，"唔，那是个比较复杂的问题，不能一概而论，得看具体情况，什么事情都是相对的。"

凌山目不转睛地凝视着广平，她觉得许先生既重感情，又富理智，所以很想"榨"一"榨"她的人生经验。

广平沉吟片刻说："平心而论，年龄与兴趣是关系密切的，年龄相差过大，兴趣也会截然不同，这是自然现象，不足为奇。年轻人爱活动，兴趣广；年过四十，人已定型，兴趣也没有那么多了。但是年龄的差异是不能阻碍真正的爱情的。如果彼此有更大的共同点，比如对生活持共同的看法，对人生抱共同的目的，品质相同，兴趣一致，年龄就不是主要的了。"

凌山很想听许先生亲自讲讲她的恋爱故事，好几回话到嘴边又咽了回去，终于还是拐了个弯儿，提了出来："看来，求爱总是男方采取主动，你看怎样呢？"

"为什么女方一定要等着被动呢？"广平反问道，随即又自问自答似的说，"既然恋爱是男女双方的事，心心相印，心有灵犀一点通，两个心向着一个目标前进，怎能分出彼此——谁主动谁被动呢？"

又谈起友人刚翻译出版的苏联革拉特珂夫的长篇《土敏

土》，谈起小说的女主人公黛莎，广平称赞她从一个贤妻良母终于变成一个和男子并肩建设新生活的新型妇女，但对"一杯水主义"的恋爱观却不敢苟同。广平是个认真的人，认为恋爱也应该严肃认真，应该把爱情与婚姻统一起来，作为性道德的标准，男女双方应该平等相待，互敬互爱。妇女解放和男女平等并不等于性爱就像喝一杯水或握一次手那样随便，她主张以爱情为基础的一夫一妻制。

"你真的幸福么？"凌山请求广平原谅她的直率，既然开了头，她就索性要趁机问个究竟了。

"当一个——像他这样的作家的妻子不容易呢。"广平一股脑儿地抖出了十年来照料丈夫的艰辛，这些话听起来像是诉苦、发牢骚，但她绯红的脸上却流露出一种幸福感。

"许先生，我希望能得到正面的回答。"凌山提醒她。

"唉，不要逼人太甚嘛！"她抬眼瞅了瞅姑娘，笑了笑说，"对于幸福，不同的人自有不同的看法，讲究'嫁汉嫁汉，穿衣吃饭'的人当然视我为疯子，为'匪类'。可我觉得，十载恩情，毕生知遇，师长丈夫，融而为一，就是莫大的幸福。唔，你说呢？"

"究竟是什么这样吸引您呢？"凌山真怕把她给问得不耐烦了。

"啊，不错。他的精神世界是多么惊人地丰饶广阔，不能不叫人倾心；他身上具有潜在的吸引力，能够令人感到生的伟大……总而言之，他需要我，需要我的关心、爱护、支持和帮助，需要真挚的爱情，需要青春的活力。我们能够一起'带着镣铐进军'，我感到无比的光荣和幸福。"

这一下该满足了吧！凌山姑娘！

不！她还有一个想提而未提的问题。提吧，怕会引起许先生不高兴；不提吧，总觉得有块骨头卡在喉咙上，不吐不快。

正好有一次大伙讨论妇女问题，趁热打铁，在晚归的路上，凌山硬着头皮问许先生："他去世时，您还不到四十，为什么不再结婚呢？难道是封建烙印在作祟？"

广平不声不响，直往前走。这是凌山开始没有料到的，她非常懊悔自己的愚蠢，竟提出这样刺伤人心的问题。

广平叹了一口气，说："你呀，聪明一世，懵懂一时！夫死不嫁就是封建，好家伙！"停顿了一会儿，她又自言自语地说，"'忘记我，管自己生活。'我知道这是他对我的遗言……他的一言一行，已经融合在我的生活里面，犹如病弱的人曾经输过血一样，身体里已经渗透了别人的一部分血液，就是想忘记，事实是存在着，终于成为不可能的了……在他死后，我对他生活的各方面似乎更能了解了……"

夜风从苏州河上吹来，凉凉地，灯火在静静流淌的河水上闪闪烁烁，在广平像深潭一样的双眸中闪闪烁烁……

从前也有这么一个夜晚，看完电影出来，没有叫上汽车，他们就过了苏州河的大桥去等电车。等了二三十分钟电车还没有来，鲁迅就倚着苏州河的铁栏杆，坐在桥边的石围上，拿出香烟，装上烟嘴，悠然地吸着。

海婴不安地来回乱跑，父亲招呼他和自己并排坐下。

一家子静静地瞧着映着灯火的河面。

那河水也像今夜一样地流着……

13

广平还对另一位友人蒋锡金谈起过她的周先生。她说：现在我写东西总觉得笔头发涩，比起初学写作时还要枯涩，有时竟枯涩到写不出来。和周先生共同生活了十年，这十年的生活提高了自己的认识能力，也开阔了眼界，然而就是写不出东西来了。这不就是一种牺牲吗？现在的牺牲是到了尽头了，然而也许还不算到了尽头，还有许多的事要继续牺牲下去，例如，要把多病的海婴带大，要把周先生的许多遗著、遗稿、遗物加以整理、保存和出版，这足够自己做一辈子的。但是，我还想练笔，要锻炼自己重新获得独立作战的能力！

14

偶然的机会，她遇到了几位男性先生。

他们各自埋怨自己的太太不肯走出家庭来。

一个说："我的太太过于宝贝小孩子了，一步也不肯出来。她没有不良嗜好，不吸烟，不打牌，不跳舞，样样都好，就是不肯到社会上来，连做礼拜都不太肯去。"

另一位说："你还不晓得我呢，新年拖她出来，后来你知道吗？"

广平赶快接上了话茬："我知道，你的太太责备你叫她出来是不是？"

"就是，就是！"那位先生承认了。

他们七嘴八舌，都希望有机会多多拖他们的太太出来，更表示自己从心底愿意她们走到外面来。

广平笑了，说："也许是的吧，然而是不是以前没有开放过，所以此刻一时开放了也不肯出来呢？"

轰！她的这句话引起男士们的一阵哗笑，紧接着又是坚决的否认。

广平说："恐怕是的吧，我的L在世时，我就没能够到这种地方来。"

他们说："你也自己承认了。"

在广平看来，这好像是一个比较普遍的社会问题，她的一个很要好的女朋友就曾对她讲过："有些和美的家庭的丈夫，尽管在社会上大吹男女自由平等，要女人出来谋生，经济独立，一到自己的女人，就什么都两样了。"

广平也有这样的感觉，她觉得这些男士们是很需要家庭的，自己出去了，妻子在家守着，甚至收信会客，自然都比用人周到，回来了，更需要伶俐的妻子在旁，更觉方便。所以女人就成天在家，惯了，也就不想出来了。

——"这个责任似乎不能专责备女性，这是社会构成的病态现象，是社会组织落后的国家的必然的现象，解决它，不全是女性本身，在男性，在社会问题上，我以为都有关系。"

15

广平并不希望我们的文坛志士们因热爱鲁迅而全盘模仿他。

譬如，因为她是他的学生，有位朋友看到了她对他的一切，恰好这朋友的爱人也是学生，于是很神气地说："我是你的先生，我应该教你，你应当像景宋一样。"

另一位听广平说过鲁迅不肯借书给人，于是他对他的爱人也如此。

广平想：这未免太"那个"了。

大可不必。

16

她带着海婴坐电车。

儿子细高的身材像妈妈，浓黑的头发却酷似爸爸，体质弱，老爱感冒、气喘，常常病恹恹地，靠在妈妈的背上。

只有一个座位。母亲让儿子坐着，自己站着。

上来了一个金发蓝眼的外国老汉，见海婴占了一个座位，便用手指勾了勾，说："Stand up（站起来）！"

海婴冷不防猛地一惊，就站了起来。

外国老汉毫不客气地坐下，还得意地补了一句："I'm an old man（我是老头儿）！"

这派头使广平起气，便也向这外国老汉用手指勾了勾："Stand up！"

外国老汉的神经并不老，一惊，赶紧站起来。

广平将儿子搂过来，坐在自己的腿上，还回敬了一句："I'm an old woman（我是老太婆）！"

外国老汉没有法子，只得尴尬地往车下走，边走边回头打量那讲英语的年轻的中国老太婆。

17

1941年12月15日清晨，日本宪兵突然冲进广平的家。

被抓走前，她匆忙将一瓶治气喘病的药塞给儿子，叮咛他避到友人家去。

到第二年的3月1日，才由内山书店出面，将广平保释出来。

在狱中共蹲了七十六天，打、骂、饿、踢、鞭挞、通电，种种酷刑都经历过了，当她苦到受不了时，总觉耳边仿佛有人在激励自己：对付酷刑，要紧的是熬过最痛苦的一刹那，过了这一刹那，人就昏迷，失掉知觉了——这是丈夫的经验之谈，他仍在支撑着她！

当她出牢门时，双膝关节上仍留着电刑的伤痕，走路东倒西歪，头发已完全变白，像是一位真正的老人了！

18

她去取保存在英商麦加利银行保险库中的《鲁迅日记》。

她拿出来的尽是一本本簿子，一堆堆纸张，而不是金条、珠宝……

几个日本人见了，叹息道："在我们日本，就不能有中国这样的女子！"

19

1943年4月22日，北平西三条胡同二十一号院子，苍凉冷凄。

朱安守候在处于弥留状态的娘娘床前。

八十五岁的鲁老太太，凝视着终身服侍自己的儿媳妇，干涩的眼眶里蒙上了稀薄的泪光，该给她留下点什么呢？她昏昏沉沉地想着。

老太太又挣扎起来，用自己的枯手抓住了儿媳妇的瘦手，断断续续地说："……安姑……老二……每月的一百五十元……我就留给你了……"——老太太说的这笔钱，原是周作人每月给她的零花钱：十五元（而当时鲁迅是每月汇寄一百元），以后物价飞涨，币制变动，终于折合为"联准票"一百五十元。

儿媳呜咽起来："娘娘，不！一百五十元我不要。大先生生前，从来没有要过老二的一分钱……"

鲁老太太无力地摆着头："……不管怎样……你都得收下……这是我的钱……和别人……无关……难为你……一辈子……"

朱安搂住婆婆，失声痛哭起来："我生为周家人，死为周家鬼！娘娘怎么说，我怎么办，决不违背……"

鲁瑞当日故去，葬于北平西郊板井村墓地。

广平出狱后，长时间处于日本宪兵的监视之下，再加作人夫妇的原因，没有北上为婆婆送终，这使她十分痛苦。

但赡养婆婆她已尽了最大的努力，良心无愧，她半辛酸半自豪地想起了老太太以前信中对自己的称赞——

"自从老大去世以后，一切事体赖你主持，家中老的老小的小，如无你这样一位能干而贤惠的人，我更要痛苦呢。"

愿婆婆好好安息！

20

1944年8月25日，《新中国报》登出一条引人注目的消息："鲁迅先生在平家属拟将其藏书出售，且有携带目录向人接洽。"

广平十分震惊，在9月10日的《申报》上发表了《许广平关于鲁迅藏书出售问题启事》，郑重指出："鲁迅先生终生从事文化事业，死后举国哀悼，故其一切遗物，应由我全体家属妥为保存，以备国人纪念。况就法律言，遗产在未分割前为共同共有物，不得单独处分，否则不能生效，法律有明文规定。如鲁迅先生在平家属确有私擅出售遗产事实，广平等决不承认。"

而朱安却有自己的苦衷，9月23日，她请人代笔，给内山先生写了一封信，为自己出售藏书的事解释："到了日暮途穷的现在，我也仍旧知道名誉和信用是很可宝贵的。无奈一天一天的生活压迫，比信用名誉更要严重。迫不得已，才急其所急，卖书还债，维持生命。倘有一筹可展，自然是求之不得，又何苦出这种下策呢！"

21

　　黄昏，静悄悄的，听得见被向晚的风摇落的枣儿的噼啪声。

　　朱安和先前伺候太师母的女工正在吃晚饭，碗里是汤水似的稀粥，碟子里有几块黑黑的酱萝卜。

　　院子里响起了人声，常来走动的宋琳进来了，身后跟着两位先生。

　　"大师母！"宋琳招呼朱安，"这位是唐弢先生！这位是刘哲民先生！他们受广平师母的委托，专程从上海赶来的，想和你商量商量。"

　　朱安点点头，缓缓放下筷子，瞅着来客。

　　唐弢说："许广平先生以及鲁迅先生生前友好，最大的愿望是希望鲁迅遗物能得到好好保藏，大师母的生活困难，上海家属一定设法，至于大先生的藏书，请千万保持原样！"

　　朱安听了，一言不发，过了一会儿，却冲着宋琳说："你们总说鲁迅遗物，要保存，要保存！我也是鲁迅遗物，你们也得保存保存我呀！"

　　屋子里顿时沉寂了下来。

　　少顷，唐弢打破了缄默，将广平被捕，上海书籍抄走，战火蔓延，导致汇款中断的经过，详细讲了一遍。

　　一听到海婴，朱安脸上立即浮现出关切的神色。唐弢想了一下，索性将广平被捕时安排海婴转移到外边的情形，全部告诉了她。

　　她黄瘦的脸上渐渐露出了笑意，关切地问："孩子的哮喘好了没有？"

　　"好了，好了，已经痊愈了。"唐弢赶紧答道。

　　出乎他的意料，朱安竟以微微责备的口吻说："大先生就这块肉了，你们为什么不把海婴带到北平来，让我看看？"

唐弢连忙解释："兵荒马乱的，我们来一次都不容易，怎么带得了孩子！"

朱安点点头，自己也笑了。

她为什么高兴呢？原来她常暗自思忖，自己已五十出头，此生此世是不可能有孩子的了。按绍兴习俗，没有孩子，也属妇人的一大罪过，现在有了海婴，他是大先生的儿子，自然也是她的儿子，自己的罪过现在一下子得到赦免，怎能不高兴呢？而且有了海婴，死后，他会给她烧纸、送庚饭、送寒衣……阎王就不会认为她是孤魂野鬼，再罚她下地狱，挨饿受冻了。

鲁迅逝世后，忠厚的朱安又向太师母和宋琳表示：自己将来的生命寄托于海婴，大先生一切遗著，均唯景宋女士是赖，绝不为任何人所诱惑……

说到这，唐弢又告诉朱安："在上海大家就商量定了，大师母的生活费仍由在沪家属负担，假如有困难，几个朋友愿意凑起来代付，请千万不能将藏书出售。"

"每月拿他一百五十元，"朱安俯下头，低声说，"我的眼泪一直往肚里咽。"

"的确太少了。"

"不！"她望了望唐弢说，"我不是这个意思，你知道，大先生生前从来没有要过老二一分钱，他的一百五十元我不想要，我没有办法，才卖书……"

"这一百五十元？"唐弢问，他不明白这数字的由来。

朱安悲苦地叙述了婆婆的临终嘱咐，然后眼泪汪汪地又说："我生为周家人，死为周家鬼。娘娘怎么说，我怎么办，决不违背！……"

22

1945年12月19日，北平《世界日报》刊登了署名为"海生"的一篇文章，呼吁人们"为鲁迅先生的遗族和藏书尽一点力"，文中有一处写道：

> 今年夏天，我受一位朋友的请托，送一笔款子到她（指朱安）那里去，和她见了一面。那时，她正患着病，咯血，是因为每天吃杂粮而营养不足的缘故。她很伤感地诉述着苦况，并且说"想死又死不掉！"这样凄惨的话。
> 关于鲁迅先生生前的藏书，仍旧由她保存着。她一度曾有出卖的意思，后经友人的劝阻作罢。可是她对我表示，在实在没有办法的时候，也只有出卖了完事。

23

同月25日的《世界日报》，又刊载了署名为"朽木"的一封读者来信，内中写道：

> 在大叫纪念鲁迅的时候，也该正视一下虽然鲁迅伟大，他给我们留下宝贵的教训，但也要看看他的遗族，那样的可怜的遗族；孤单的夫人同着迅翁的心爱的藏书，度着凄苦的岁月，并且喊着"想死又死不掉！"的痛心语。我们这一般敬爱迅翁的青年，就没有一点感触么？……她也许是一个无知无识的妇人，但只凭借了她（当然还有迅翁的先太夫人）而将许多珍贵的文献保留住了，没有散失，也没叫敌寇抢去，这不是我们国家的光彩么！

......

24

同月26日，《世界日报》收到了因云先生的来信，并附法币四百元，嘱转交鲁迅先生的遗族。

27日又收到朽木先生的来信，提议"发起一捐款运动，作为实物援助"。同时还收到一篇文章，说是近日有朱、徐两先生探望过鲁迅夫人，除表示慰问外，还分别送了点款子，但夫人并没有收受。

于是29日下午，编辑部派出记者拜访鲁迅夫人，转达读者的慰问，转交因云先生的捐款。记者所写的访问记发表在31日的《世界日报》上：

> 一盏昏黄的电灯，先让我看清楚的是桌子上的饭食。有多半个小米面的窝头摆在那里，一碗白菜汤，汤里有小手指粗的白面做的短面条（有人管这叫"拨鱼"），另外是一碟虾油小黄瓜，碟子边还放着同是虾油腌的尖辣椒，一碟腌白菜，一碟霉豆腐。这就是鲁迅夫人当天的晚餐，没有肉也没有油，没有一个老年人足够的营养！
>
> 夫人的个头很矮，一身黑色的棉裤袄，在短棉袄上罩着蓝布褂，褂外是一件黑布面的羊皮背心。头发已经苍白，梳着一个小头，面色黄黄的；但两只眼，在说话的时候，却还带着一闪一闪的光芒。
>
> 我先说明了来意，鲁迅夫人连说了好几个"不敢当"，并叫我代她向一切同情关切鲁迅先生和她本人的人们道谢。以后，我就把因云先生的那封信和所附的法币四百元拿出来。夫人把信接过去，到房外找同院的一位先生给看了看，回来

说可惜没有姓，同时好像也不是真名。对那四百元，却始终不肯拿，只说盛意是可感的，但钱却不能收，因为生活一向是靠上海的许先生（即许景宋女士）给她带钱，没有上海方面的同意，另外的资助是不好接取的。据说：由于前几天朱、徐两先生的好意，夫人已经给上海写信去了。

鲁迅夫人又说，最近曾收到沈兼士先生送来的一笔款子，是国币五万元。这笔钱，本来是上海的许先生托沈先生带的，但沈先生当时并没有拿那笔钱，只说到北平一定给鲁迅夫人送一点款子去；结果，钱是送到了，然而并不是许先生托带的，而是沈先生自己跟几位老朋友凑起来送的。

……夫人说，这间屋子还保持原来的样子，一点也没有动，一切都跟鲁迅先生生前布置一样。我看了看，不禁想起：就在这套间之内的北窗下，鲁迅先生的为人类的笔墨辛劳。

夫人今年六十七岁，比鲁迅先生大两岁。海婴，鲁迅先生的遗孤，据说已经十七岁了。夫人说的是绍兴话，略带一点所谓京腔；我是靠了别人的翻译，才能完全听懂的。

同鲁迅夫人谈了大约有一个钟头。夫人谈到交通的不便，谈到物价的飞腾……她说："八年了，老百姓受得也尽够了，然而现在，见到的还是不大太平！"说完了，冷酷地笑了笑，接着又有几声咳嗽。夫人说，这些天身体总不大好，常常喘，可是血已经不吐了。想到夫人的身体，想到夫人的年纪，再想到那没有足够营养的饭食，我好像没有话可以说了。

六点多钟，向夫人告别。夫人送到房门，还不断地叫我代她向一切关切鲁迅先生和她本人的人们道谢。在寒风凛冽中，走着黑暗的西三条，天边好像有一颗大星在闪耀。同行者没有言语，我也沉默着。

或汇寄，或托人，广平不间断地接济朱安的生活费用，抗战胜利后，通货膨胀，物价飞涨，汇款的数目也从以万计到以十万、百万计。朱安很是感激，她在给海婴的信中说："值兹上海百物高涨，生活维艰之秋，还得堂上设筹接济我，受之虽饥寒无虞，而心中感愧，实难名宣。"

广平想方设法地维持与劝勉她，1946年1月18日给她的信中说——

朱女士：

　　前后给海婴信，都已收到。你的生活为难，我们是知道的，而且只要筹得到，有方法汇寄，总想尽办法的。从前知道寄款不易，在胜利前先托人带上巨款，也是此意。上星期曾托来薰阁陈先生转上法币两万元，今天又托上海银行汇出法币两万元，共四万元，又托人汇去十五万元，三批共十九万元。筹措不易，望省用数月。来信说，不肯随便接受外界捐助，你能够如此顾全大局，"宁自苦，不愿苟取"，深感钦佩。我这些年来一切生活，不肯随便，亦是如此。总之你的生活，我当尽力设法，望自坚定。社会上要救助的人很多，我们不应叫人费心。至于报上说有人想捐一笔款买下藏书，仿梁任公①办法放图书馆内，我们不赞成，想你也不会赞成的。如果有人说及，谢绝好了。我们都好，勿念。

　　祝好

　　　　　　　　　　　　　　　　　　　　许广平

---

① 即梁启超。

这样的信使朱安十分感念，她去信要广平和海婴的照片。收到照片后，看了，回信说"心里非常高兴"，更为广平"显得老了，也瘦了"担心……

26

1946年10月24日，广平走进了冷落的西三条胡同。

二十年了！当初和他一齐走出了这条胡同，现在却只剩自己独自一人回来……

二十一号院子，已经颇显出衰颓之象，黑漆大门有部分已剥落，露出一块块用黄泥和稻草混合的灰白色彩的底子，宛如点缀着疏落黄发的老人的秃头。一进大门，门里横摆着大大小小的腌菜缸，一望就知，住在这里面的人口不会太少，而放东西的地方却不会过多。满院子杂乱无章，和二十年前的整洁齐整相比，已恍如隔世。

广平忍不住想痛哭一场，在上海临动身前，她就怕到北平后会有这样一个开场。现在她拼命忍住眼泪，心里默默地念："我能够克制！我能够……"

从前鲁迅接待客人的南屋以及西屋的一间，都让给表兄阮和森一大家人住了，入门那间浅浅的东屋仍由女工住着，朱安依然如故，仍旧住着北屋。

她听到了脚步声，放下吸了几十年的水烟袋，拖着小脚，迎着广平，站了起来。

"你……"两个女人互相凝视着。

无限的人生沧桑，无限的是非恩怨，无限的阴晴冷暖，无限的酸甜苦辣，横亘在她们中间，也把她们紧紧地联系在一起。她们都情不自禁瞟了瞟"老虎尾巴"——

那屋里好像又飘出了一缕辛辣的烟味……

27

一切的一切，都是这么熟悉，这么亲切，这么令人伤感，这么令人落泪。

"我能够克制！"

广平不敢多想，极力把脑子里的那部电影剪断，变成漆黑的一片，让自己成为一个不思考的机器人。

将近半月，她整日整日地置身于丈夫遗留下来的大大小小二十六只书箱与书橱间，逐只打开，去尘，包裹，再投些樟脑丸，然后重行封锁。

不识字的朱安有时也帮帮她的忙。

一切都弄妥了，广平启程回到上海。

朱安来信说："你走后，我心里很难受。要跟你说的话很多，但当时一句也想不起来，承你美意，叫我买点吃食，补补身体，我现在正照你的话办。"

28

朱安老了。她的老病又发作了，越来越沉。

小海婴的老毛病也犯了。

广平简直无法脱身北上。

病中，有记者来访朱安。

她说她的遗嘱是："一切财产由许广平子海婴继承。"

她对广平的评价是："许先生待我极好，她懂得我的想法，她肯维持我，不断寄钱来。物价飞涨，自然是不够，我只有更苦一点自己，她的确是个好人。"

她嘱咐隔壁邻居傅太太清理自己的衣物，开一名单，拟分赠各亲友——其中有两块衣料，她托人转送给广平。

1947年3月1日，她请人代笔致函许广平——

许先生：

　　我病已有三个月，病势与日俱进。西医看过终未见好，改由中医诊治，云系心脏衰弱，年老病深不易医治。自想若不能好，亦不欲住医院，身后所用寿材须好，亦无须在北平长留，至上海须与大先生合葬。衣服着白小衫裤一套、蓝棉袄裤一套、小脚短夹袄一件、小常青夹袄裤一套、裤袍一件、淡蓝绸衫一件、红青外套一件、蓝裙一条、大红被一幅、开领黄被一幅、粉被一幅、长青圆帽一顶、槟一个、招魂袋一个。须供至七七。海婴不在身边，两位侄男亦不拟找他们。此事请您与三先生酌量办理。我若病重，此地应托何人照料，并去电报通知。老太太及老太爷的事①，亦须按时以金钱接济之。

周朱氏字

中华民国三十六年三月一日

这不啻她的遗书，重点：一、死后与丈夫合葬；二、后事由周家人——许广平、周建人——办理，不烦朱家。

无他，因为她是"周朱氏"！

29

为了避免临时手忙脚乱，北平友人写信给广平，询问大师母

---

① 此似指鲁迅母亲、父亲坟茔的照料等。

不讳之时，应如何保管遗物，如何处理丧事，如何善后。

广平1947年4月1日的回信说——

> 万一朱女士不讳，应如何善后一节，兹略陈鄙意，乞予酌裁：（1）丧事从简从俭，以符鲁迅"埋掉拉倒"之旨。其佛事烧纸供七等迷信之举，可省则省。死后入殓，如老太太坟旁能购地（不必太大，倘即下葬，棺木稍次亦可），即行下葬，如马上买不到地，暂停家中几日，俟我到平料理，但因病人沉重，恐难理解"鲁迅精神"，此节不必先向其征求意见[①]；（2）寓中遗物，能逐一登记，托阮、宋、吴、徐四位先生会同于出殡后锁起，待有家人北上再行处理善后，至于医药身后之需，除先后寄去三百五十万元外，自当尽力筹款。唯以生活高涨，病儿在旁，须加医理，书业凋零，筹款不易，丧礼称家之有无，即有人批评，亦请诸位先生多予解释，总期我们力所能及，庶于生死两尽其道。

30

我们的民族，曾用了许多的文字，记录下了鲁迅先生的弥留时刻；相形之下，下面这段记录朱安弥留时刻的文字，就显得有些简略寒碜——但历史文献中的每一个字，都自有其分量，未来时代的历史学家该不会等闲视之吧？

这是朱安逝世后十天，宋琳在给广平的信中追述的——

> 大师母临终前一日招琳至榻前，神志甚清，再三嘱琳转

[①] 这是许广平的一贯思想，她在1964年3月间为自己准备好的遗嘱中写道："我的尸体，最好供医学的解剖、化验，甚至尸解，化为灰烬，作肥料入土，以利农业，绝无异言。"

告先生二事：（一）灵柩拟回南葬在大先生之旁；（二）每七须供水饭，至五七日期，给她念一点经。琳意（一）可由先生从长核酌；（二）所费不多，都顺其意以慰其灵，念她病时一无亲切可靠之人，情实可怜，一见琳终是泪流满面，她念大先生，念先生又念海婴，在这情形之下，琳唯有劝慰而已，言念及此，琳亦为之酸心也。

31

1947年6月29日，晨，朱安逝世。

广平当日收到丧电，即汇一百万元法币，以作丧葬费用。

次日接三念经。

第三日安葬。

没有墓碑。没有行状。殓材系一大叶杨木质料的棺材，由邻居牛太太暂为赊欠，作价约一百六十万元。

葬地暂借西直门外保福寺周作人家一处私地。因作人战时投靠日伪，恐受其案件之牵连，由广平按时价付款购得。

丧事总计花费三四百万元，统由许广平女士担负。

遵广平嘱，书籍家具，集中于屋，由阮太太就近看管。

五七之日，经阮、谢二太太酌定，由七个和尚念经一堂，并烧送些许纸屋、纸衣……

她的丧事一切遵旧礼而行。

32

鲁迅原先有一位夫人朱氏……她名"安"，她的母家长辈叫她"安姑"……

一年以后，广平在一篇文章里这样写道。

世事茫茫，人间沧桑，她为朱安女士留下真名实姓。

33

许多年许多年过去了。

一位老人带着孙子，走进了西三条鲁迅故居和故居旁的鲁迅博物馆。

孩子看到了许许多多的鲁迅遗物。

孩子看到了珍重地保存和展出的鲁迅生前穿过的衣服。

孩子也看到了锁住的一间北屋①。

"这屋是干什么的呀？"孙子问。

"这……"老人觉得很难向他解释。

孙子固执地睁着亮闪闪的大眼睛。

老人叹息。

老人无语。

院中传来噼啪声——

枣儿落了。

---

① 朱安居室，许多年中一直被用来存放书箱。20世纪80年代后期已恢复她居住时的原状，可惜无说明与介绍。1992年4月1日周海婴先生致函笔者，云："从文后注释看到，北京故居朱安女士的居室，现已恢复原貌，她睡的床曾由×××家××拿去，故居以新床换回。特此奉告。"

初版后记

黄昏中的沉思

1987年深秋的一个黄昏，写完了这部长篇的最后一个字，停笔出户，这个我借居了两年的老旧小院，正响着每日必有的麻将声，我的脸孔暗黄的院邻正伏在暗黄的夕阳下，玩着那最具中国特色的游戏，津津有味地……可我也深知他们心地的宽厚善良，两年中他们助我帮我，给孤寂中的我莫大的安慰和方便——人，是多么复杂的一种存在呀！于是，鲁迅那张严峻而苦黄的脸，那双深沉而迷茫的眼睛，又出现在我的眼前，出现在这苍茫的黄昏中……

作为人的鲁迅的复杂性，在婚姻与家庭这一特殊视角展现得十分鲜明。终其一生，在所有的文字与交谈中，鲁迅都没有正面说明过自己与朱安夫人的旧式婚姻。其实这种形式上的回避，恰恰反映了实质上的不可回避——鲁迅作为一个"叛逆的猛士"，作为"历史的中间物"，与他所要背叛的旧传统之间的精神联系，有时真是"剪不断，理还乱"，时代并没有因为他是先驱者就赋予了他以超越历史泥淖的神力。因此，他在这方面的大悲苦和以后在这大悲苦中的大奋起及大追求，对跋涉这一艰难历史行程的所有中国人，就必然地具有一种深刻的、普遍的启示意义。

许广平能战胜世俗，追随鲁迅，体现了新时代新女性狂飙突进的精神，同时她对朱安终身抱着宽厚仁慈的态度，体现了中国妇女传统的善良美德。

朱安是旧式婚姻的牺牲者，在孤独中度过了凄苦的一生。她无辜，不幸，生命灰色而寂寞，用她自己的话来说，就像一只默默地艰难爬行的蜗牛。

他们三人的感情纠葛折射出了本世纪前半个世纪的时代之光，因此我产生了创作本书的强烈冲动。

人们在评价某一部传记文学作品时，常说它"忠实、客观"地记录了某人的一生。这种说法我们都习惯了，但今天想来却值得推敲：经历了琐碎忙碌的一天以后的我们，当晚写一篇日记，尚且不易抓住人生中这一天的"真谛"来，更不用说去写已被滔滔逝川载走的逝者的一生了。对于传记文学作家来说，承认这一点是不愉快的，既需要勇气，又需要眼光——茨威格在为弗洛伊德作传时，就痛切地感到不能达到对传主的"绝对真实"，只能最大限度地逼近"绝对真实"。

这是一种深刻地意识到自己的局限性的智者的悲哀，虽不如愚夫的豪勇那么快心爽气，却能导向认识的更深层次——例如鲁迅与周作人间的兄弟失和，是鲁迅思想和生活中的一大关节，现有资料帮不了我们多大的忙，可又不得不写，我只好按我自己的理解来写，不敢冒称全知全能，也许这样能给好动脑子的读者留下琢磨的天地吧。

如果用一个简洁的公式来描述传记文学作家的话，我认为，可写作：历史学家+文学家=传记文学作家。可惜的是许多读者和评论家都强调"历史"而忽视"文学"，忽视传记文学作家也是带着文化和语言这个有色眼镜进行创作的艺术家。其实，不论传主是何等伟大杰出的人物，作为创作的主体，有出息的传记文学作家都必然以其特有的方式审视、选择、熔裁、压缩以至重新构架他的生平事迹，不是倚重事实而是倚重对事实的艺术构思和叙述，去创作出既不失真又有艺术感染力的传记文学作品。我痛感中国当代传记文学对读者吸引力不大，也许是患了一种"文学贫血症"吧？这个观点鲜明地表现在本书所采用的各种艺术手段中。如第十一、十三、十五三章，是写鲁迅与许广平的异地思念之情的。我舍弃了第三人称的客观叙述和描写，采用了两个主人公交替出现、一呼一应地对谈这种形式，使读者仿佛能触到两个人的心跳，听到他们倾诉汹涌的内心激情。这些章节的内容，取自《两地书》和其他史料，包括鲁、许书信公开发表时删节的部分。在行文中，我采用了部分《两地书》的原文，但并不作为引文出现。因为我想，它既然已融入我的整体构想与艺术处理之中，便已成为其中的组成部分。说清楚这一点，是为了防止读者把它与《两地书》相混淆，也避"抄袭"与"篡改"之嫌。其实，这种方法并非我的独创，欧文·斯通在《凡·高传》中，描写凡·高与其弟提奥的互相思念和关切之情时，就采用了兄弟间如同对面而坐、娓娓谈心的那种氛围，只不过没有本书这样集中罢了。本书还选取了大量能表现鲁迅的心理特征的细节和片段：与撕扯相思树的猪搏战、争夺"月亮"（广平）时对高长虹醋劲颇足的讥讽、临终前床头所挂的迎着大风疾跑的穿长裙的女人的画片……这些多半为先前的鲁迅传记的作者所忽略，我却看重它们，试图以此重现鲁迅复杂的内心世界。

老实说，写到这些细节和片段时，我觉得自己和鲁迅先生完全处于一种平等的心理地位上，理解他的痛苦和欢乐，故有时忍不住会心地一笑——例如鲁迅头天收到广平的第一封信，第二天回信时却落了头天的日子，他好像要暗示一点什么，这难道不是男女愉悦时取悦于对方的一种老谱么？

可人又是矛盾的，有时觉得自己这样拿着显微镜和望远镜想去发现点什么，是否有点缺德？因为每个人的心灵大概都有一块不愿被别人窥视的角落吧？——看看《鲁迅日记》后为研究工作而编的附录索引，鲁迅何年何月何日与谁有过交往，一清二楚。能被人这样推敲琢磨，是一种骄傲，又何尝不是一种痛苦！因为这多少有一点被人剥光了衣裳的味道。如先生在世，大约会谢绝这种过分的关心的。我把这种想法，向我所尊敬的一位作家讲过，他深表同感——大概是他也时不时地常被人们推敲琢磨吧？

本书的写作，得到许多领导同志、师友和亲人们的关心、帮助和支持；友人何平在儿子降生前的数月中，挤时间看了大部分原稿，提出了中肯的意见；中国青年出版社的高岩老师，从确定选题到最终定稿，三年中，花费了巨大的心血；以后出版艰危之际，中青社传记文学编辑室主任舒元璋老师，副总编辑林君雄老师依然一往情深，大力扶持……可以说，没有他们的努力，就没有此书的产生……

——所有这些，我只有从心里说：谢谢！

寒日无言，斜晖脉脉，如同白昼该结束了一样，我知道，这拖得老长的后记也早该结束了，但这黄昏却有一种令人捉摸不透的苍凉，我忍不住要去想一些先哲之言——

伟大的历史学家、不朽的传记文学作家司马迁说："究天人之际，通古今之变，成一家之言。"鲁迅在给许寿裳五岁的儿子启蒙时，只给他认两个方块字：一是"天"，二是"人"。时距千余年，两位哲人不约而同想到一块了。

不管别人如何解释，我觉得，"天"大概指宇宙，"人"大概指人类。宇宙浩浩，人海茫茫，可司马迁和鲁迅已超越了这些而成了一种永恒的存在。吾生短如朝露夕烟，却偏偏想用自己的短篇来测试那比海还要深广的心，一念及此，完成本书后的自豪与激越，就渐渐地淡泊和稀薄了，化成时无时有的怅惘和苦涩。温暖的人间灯火忽然亮了起来，没有开灯，默坐屋中，我清晰地看到夜色的降临。这一刹那，我深切意识到同样的夜色也曾同样地笼罩过司马迁和鲁迅——于是，我的起伏不定的世俗之心，渐渐趋于宁静与安详，喜悦地凝视着这造物主所指挥的黄昏与黑夜的交班和接班……

1988年秋追记